李娜、许文继 著

破贼

王阳明与朱宸濠之变

生活·讀書·新知 三联书店

Copyright © 2024 by SDX Joint Publishing Company.
All Rights Reserved.

本作品版权由生活·读书·新知三联书店所有。
未经许可，不得翻印。

图书在版编目（CIP）数据

破贼：王阳明与朱宸濠之变 / 李娜，许文继著.
北京：生活·读书·新知三联书店，2025.1（2025.7重印）
（满格）. -- ISBN 978-7-108-07919-0

Ⅰ. K248.05

中国国家版本馆 CIP 数据核字第 2024VW9364 号

责任编辑	林紫秋
装帧设计	薛　宇
责任校对	曹秋月
责任印制	董　欢
出版发行	生活·讀書·新知 三联书店
	（北京市东城区美术馆东街 22 号 100010）
网　　址	www.sdxjpc.com
经　　销	新华书店
印　　刷	北京隆昌伟业印刷有限公司
版　　次	2025 年 1 月北京第 1 版
	2025 年 7 月北京第 3 次印刷
开　　本	720 毫米 × 965 毫米　1/32　印张 12.125
字　　数	193 千字　图 16 幅
印　　数	11,001-14,000 册
定　　价	59.00 元

（印装查询：01064002715；邮购查询：01084010542）

目 录

引 言 1

一、宁王的反心 1
二、武宗的玩心 30
三、守仁的初心 55
四、仕途与学问 86
五、庙堂之器 106
六、江西官场 129
七、江湖之远 155
八、事功之战 181
九、南巡与南征 207
十、北上献俘 234
十一、时人不识凌云木 255
十二、直待凌云始道高 290

十三、此心光明　311

十四、身后之事　332

十五、致良知　351

主要参考论著　369

"满格"后记　375

引 言

崇祯二年（1629），大明王朝的主宰者是末代皇帝思宗朱由检。与明代中后期的几位皇帝迥然不同，明思宗即位伊始就格外励精图治、雄心勃勃。他是一个难得的勤勉皇帝，事必躬亲，殷殷求治，既能时时召对廷臣以求治国良策，又能果断清除阉党铲除魏忠贤及其党羽，还能任用贤臣，起复被罢黜的忠贞官员，更能整顿边务任命袁崇焕委以收复辽东重担。

然而，政局危机四伏。历史大势绝非一个人所能扭转改变的，明思宗挽救大明命运的努力，更大程度上看起来是心有余而力不足。东北兴起的女真部族在万历四十四年（1616）已经建立"金朝"，此时皇太极已经底定东北、绥服朝鲜蒙古，在北方形成强大的新生势力。皇太极指挥八旗劲旅与明军作战则攻无不克、战无不胜。这一年（崇祯二年），清军绕道蒙古，攻入塞内，甚至包围了北京城，史称"己巳之变"。

袁崇焕虽然抗击皇太极，保卫了北京城，但是失去了明思宗的信任，被皇太极利用反间计轻易除去，翌年被凌迟在京城闹市，家人徙三千里之外。这一年（崇祯二年），陕西等地出现大旱灾情。大旱导致大饥，加上税赋严重，民不聊生，死者枕藉。各地起义接连不断，陕西米脂人李自成正在其中，十五年后他率领农民起义大军攻入北京，推翻了大明王朝，明思宗自缢在煤山。

面对如此多事之秋、危难之局，明朝君臣苦思良谋，更加期盼股肱之臣能够挺身救难。此时，明朝中期一位大臣的名字被提及，他就是王阳明。《崇祯长编》记载，南京太仆寺少卿邹维琏曾疏言："先臣王守仁，破宸濠未曾请兵请饷，而所属知府、同知、通判、推官、知县以至典史、巡简、驿丞皆可将卒。"王阳明振臂一呼，府州县官员云集而至，在正德十四年（1519）迅速平定了宁王朱宸濠的叛乱。百余年后当明朝国运艰辛之际，外有辽东铁骑，内有农民义军，粮饷不继，民生凋敝，大明君臣对王阳明的怀念和渴求正是对他最高的礼赞。

王守仁，本名王云，字伯安，浙江余姚人，谥号文成。青年时期，他曾在绍兴市会稽山阳明洞修炼，自称阳明子、阳明山人，后世尊称为阳明先生。王阳明是中国历史上伟大的哲学家、政治家、军事家和教育家。

王阳明被世人誉为"真三不朽",评价之高无以复加,纵观中国数千年历史仅孔子等二三人能当之。清代学者王士禛在《池北偶谈》中赞道:"王文成公为明第一流人物,立德、立功、立言,皆居绝顶。"在立德方面,他龙场悟道开创阳明心学,倡导"心即理"、体悟"致良知"、阐发"知行合一";在立功方面,他先后平定江西南赣匪患、宁王朱宸濠叛乱、广西思田兵乱;在立言方面,自撰及经弟子整理留下皇皇巨著,开馆授徒,弟子遍及天下,数百年间信从者日众,其思想早已遍布全球。

王阳明"真三不朽",有一个重要的时间点不容忽视——那就是正德十四年。是年,宁王朱宸濠在江西南昌发动叛乱。巡抚江西南赣等地的王阳明,迅速平定宁王朱宸濠叛乱,是其事功的最高峰,后来因此功绩受封"新建伯",文人以军功封爵在明朝历史上是极为罕见的荣誉。在处理宁王朱宸濠叛乱的复杂过程中,王阳明亲身体悟并阐发了"致良知"学说。按照他自己的话来说,"某于良知之说,从百死千难中得来,非是容易见得到此"。"致良知"是其心学的最高峰,王阳明本人对致良知非常看重,强调

"吾平生所学，只是致良知三字"。王阳明在平定宁王朱宸濠之乱后，声名日隆，前来拜师入门之人络绎不绝。在此时期王阳明广收门徒，开门讲学，是其立言的最高峰。因此，正德十四年平定宁王朱宸濠叛乱及其前后，正是王阳明立德、立功、立言三座高峰相互叠加、相互成就的重要时期。

钱穆先生在《阳明学述要》中说："阳明讲学，偏重实行，事上磨炼，是其著精神处。讲王学的人，自然不可不深切注意于阳明一生的事业。"本书正是以正德十四年王阳明平定宁王朱宸濠叛乱为切入点，纵向延伸，横向铺展，厘清事情的来龙去脉，缕述事情的前因后果，架构王阳明所处的历史空间，近距离观察、代入式地参与王阳明开创"真三不朽"的历史过程。书中依据平定宁王朱宸濠叛乱相关性，从上到下，逐级逐层讲述，上至正德皇帝，内阁杨廷和、费宏、严嵩，六部尚书王琼、陆完，太监刘瑾、张忠，皇帝心腹钱宁、江彬，中间层面为宁王朱宸濠，江西官员孙燧、胡世宁、李梦阳，下至举人唐伯虎、刘养正、冀元亨等，涉及人物众多，多层次地展现事件中的众生相。当然，王阳明是贯穿始终的核心人物，具体展现王阳明跃上立德、立功、立言三座高峰的进程，让后世今人身临其境地全方位感受、理解王阳明的伟大之处。

对历史人物的认识要在其时代空间下详加考察才能准确深刻,其形象要在具体事件中详加考察才能丰满鲜活。明代是一个极具个性且富有故事的朝代,王阳明本人同样具有这样的特质。王阳明短暂而精彩的一生,经历的故事之多、事件之巨、影响之广,是常人难以想象的,白描地讲述就是感知王阳明及其时代的好方法。在纷繁复杂中选取史料,依据历史事实,客观地陈述就是我们认知王阳明及其时代的好方法。以"抓拍"手法定格历史瞬间,聚焦平定宁王朱宸濠叛乱事件,在重大事件中考察,具象地陈述就是我们谂知王阳明及其时代的好方法。

王阳明是中国家喻户晓的人物,五百年来关于他的文章专著数不胜数,可谓汗牛充栋,其中不乏名家大家的巨著力作。在如此坚实而广阔的基础上,努力向前迈出一小步,哪怕是稍许挪动脚步,都是极其困难的事情。未入门径,只是管中窥豹。书中难免有不当之处,正是鞭策笔者继续努力提升的方向。三联书店的编辑为本书提出了很多宝贵意见和建议,还有其他提供过帮助的师友,在此一并表示衷心感谢!

一、宁王的反心

> 丙子，宁王宸濠反，巡抚江西都御史孙燧、按察司副使许逵死之。
> ——《明武宗实录》卷一百七十五，
> 正德十四年六月

1519年，在人类宏大的历史进程中只是极为平常、极为普通的年份，但是再平常、再普通的时代都有着各自的精彩。当我们将目光聚焦在历史的细节中，不难发现这一年世界上发生了一些大事。欧洲文艺复兴巨匠列奥纳多·达·芬奇逝世；葡萄牙著名航海家和探险家麦哲伦在西班牙国王支持下率领船队从圣罗卡尔港出发开始了环球航行；东方的明朝正是处于明武宗朱厚照统治下的正德十四年，神州大地上发生了许多有趣而深刻的事情。时势造英雄，一场变幻莫测的事变成就了一位伟大人物——王阳明，他以光明伟岸的形象闪耀千古。

正德十四年六月十四日，在明朝的历史上发生了一件大事，封地在江西南昌的宁王朱宸濠起兵造反了！宁王朱宸濠，是一个外有贤名、内拥重兵的野心家，是一个朱棣式的可能改写历史的人物。宁王造反的消息传来，朝野上下人心各异，有人惊讶，有人木然，有人忧心忡忡，有人欣喜激动，有人藏首缩尾，有人跃跃欲试。大明王朝再次来到了国运的十字路口，很多人也身不由己地来到了人生的十字路口。突发事件成为一个关键节点，在宁王叛乱及其前后并不算长的时间段里，汇聚了形形色色的人物及其迥异的人生抉择。历史如镜，直观地映射出那个暗流涌动的时代，写实地映照出那些深陷其中的人生际遇，让我们有机会拨开层层的历史迷雾，翻看尘封的历史记忆，静坐书桌前细细品味和默默体悟。

宁王生日即叛日

正德十四年六月十二日，江西南昌宁王府张灯结彩。这是宁王朱宸濠四十四岁生日的前一天，偌大的王府正在为次日宏大的贺寿仪式而紧张地忙碌着。然而，生日前夜的美好氛围，被一名从京师疾驰而来的侦卒彻底地打乱了。风尘仆仆的侦卒气喘吁吁地跳下马，急切地敲开了宁王府沉重的府门，并声称要谒见宁王。

宁王朱宸濠听到通报后，预感到一些不妙的气息，迫不及待地在书房接见了侦卒。来人名叫林华，原本是名不见经传的小人物，如果不是因为此事，历史怎会留下一个普通兵士的名字，而且还写到了明朝实录之中？他带来的消息无疑是晴天霹雳，宁王听后顿时手足无措、心神不宁。原来，林华是专程快马加鞭给朱宸濠传递情报的，内容至关重要，大意是明武宗已经派遣太监赖义、驸马都尉崔元、都御史颜颐寿，于上月（五月）二十四日从京师出发，正在马不停蹄地赶来江西的路上，不日便会到达南昌。林华是快马疾驰，奋力赶在他们前面，才得以通风报信。赖义等人的使命，是奉皇帝朱厚照的旨意宣谕宁王朱宸濠。至于宣谕的内容，林华传话只有一句话，"勿忘宣宗处赵府故事"。还有另外一种说法，林华其实并不知道宣谕的详细内容，致使宁王朱宸濠以为赖义等人是要来抓捕他的。历史不能假设，但是如果林华因故没能将消息及时送到，事情的结局会不会朝另一个方向发展，进而改写许多人的命运？

一、宁王的反心

林华冒险传来的核心内容"勿忘宣宗处赵府故事",到底是什么意思呢?传达了朝廷怎样的意图?其实朝廷已经亮出了底牌,这句话事关朝廷处置宁王朱宸濠的态度和办法。

所谓宣宗处赵府故事,指的是发生在九十二年前的明宣宗朝的事情,具体而言是指宗亲皇叔赵王朱高燧向大明第五代皇帝宣宗朱瞻基奉献护卫得以保全之事。朱瞻基继仁宗朱高炽皇位,史称宣宗,年少有为。其父朱高炽有两个弟弟,分别是二弟朱高煦、三弟朱高燧,他们是明成祖朱棣的儿子。昔年三人为争夺父亲朱棣皇位的斗争极其复杂凶险,而朱棣对太子朱高炽防范有加,似乎让朱高煦、朱高燧看到了希望。朱高炽自被朱棣立为太子,两位参加过靖难之役的兄弟汉王朱高煦和赵王朱高燧,就无时无刻不在觊觎皇帝宝座。明成祖朱棣明显更加喜欢汉王朱高煦,其高大威猛、孔武有力,更加像朱棣本人,而且在靖难之役中屡立战功,多次在危难之际救了朱棣的性命;反观太子朱高炽则是体胖多病,又是一个跛脚,行动不便,不能征战沙场,靖难之役时镇守北平。朱棣多次动了更换太子的想法,甚至拍着汉王朱高煦肩头讲过"勉之!世子多疾"这样的话,暗示已经不能再明显了。朱高炽胆战心惊做了二十年太子,经过斗智斗勇，最终还是登上了皇帝宝座，只可惜十个月后就突然驾崩了，而且死因存疑。

朱瞻基在万分惊险中顺利继承大统，但是两位皇叔则是对年轻侄儿的皇帝宝座虎视眈眈。赵王朱高燧尚在潜伏观望，汉王朱高煦则按捺不住称帝的欲望。此前明仁宗驾崩之际，朱瞻基从南京奔丧回北京，汉王就在半路上意图劫杀。只不过朱瞻基行动迅捷，汉王的队伍错过了伏击。朱瞻基顺利继承帝位后不到一年，汉王就在自己的封地山东乐安举兵造反，想要模仿其父成祖朱棣篡夺侄儿的江山。只不过，东施效颦徒增笑料，他被明宣宗御驾亲征活捉在乐安城，后被囚禁在京师。几年后宣宗去看望被囚禁的叔父，临走时汉王朱高煦故意伸出腿，绊倒了朱瞻基。明宣宗原本尚未下杀心，然而，他被此举彻底激怒。他命人将汉王罩在一口铜缸之下，汉王神勇异常，双手不住摇动铜缸，险些破缸而出。明宣宗让人在铜缸四周燃烧木材，活活将汉王烤死在铜缸之内。

当初宣宗率军平定汉王叛乱后，有大臣建言乘胜挥师征讨赵王。宣宗几度犹豫，难下决心，最终顾及血缘宗亲，况且赵王谋叛并无实迹，因此没有同意。但是廷臣弹劾赵王图谋不轨的奏章接连不断。宣德二年（1427），赵王自知危在旦夕，于是下定决心，递上奏章，献出护卫，意图自保。《明宣宗实录》记载，赵王奏章言辞恳切："兵卫未除，恐人言未弭。谨以常山中护卫，及群牧千户所官军，并仪卫司官校，归之朝廷。伏望矜从，使得自安，即拜念陛下保全之德。"宣宗见到奏章甚悦，对侍臣说"朕本无意于此。今王欲纳兵卫，以杜人言，以求自安，当从之"，命驸马都尉广平侯袁容前往，调走护卫官兵，留仪卫司，赵王朱高燧因此得以善终。

往事不足百年，此时朝廷希望宁王朱宸濠效仿赵王，主动献出护卫，以求不动干戈、各自得安。实际上，这是逼着宁王朱宸濠交出手中的武装力量。明武宗显然是过于乐观，在派出宣谕团时，完全没有考虑可能发生的意外情况，在京师及江西等地未做任何防范措施。可是他没有想到，宁王不想做赵王，而是要做燕王。宁王朱宸濠认为，此乃朝廷釜底抽薪之计，撤去护卫会令其自废武功，日后再难有起事的机会。宁王不想安享晚年，而是要皇位权势；不想作茧自缚，而要奋起一搏。宁王厚赏并安置好林华后，立即召集亲信，研究情势变化。承奉官徐钦、黄瑞、熊寿，谋士李士实、王春，都指挥王麒、王信，大户谢天一，江湖豪客凌十一、闵念四、闵念八等亲信，进府秘密商议。

在讨论时，他们内部出现了重大意见分歧，有人主张暂时按兵不动，因为他们听说皇帝身体早已被掏空，又没有子嗣，只要等到他去世，就很可能会发生混乱，届时宣布举事，大事可定。宁王另有顾虑，认定"如今差官勘我府中事情，革我护卫，若不起手，断然不好"，决意立即起兵。宁王的计划是（一说为谋士刘养正出谋划策），在其寿诞之日，江西镇巡三司等官必定前来庆贺，次日按照惯例他们会谢酒，届时宁王振臂一呼、登高举事，胁令各官顺从起兵，若有人不从，即行斩首，警示众人。

最终，亲信们都赞同宁王起兵的计划，认定"此谋最好"。宁王当即许诺，事情成功后，李士实为左丞相，加封国公；王春为尚书，其余俱升品级。众人皆欢喜，伏地叩头谢恩。宁王见大计已定，遂同众人具体谋划举事诸多安排，命闵念四召集三千死士听用。原任江西镇守太监的毕真，是宁王的亲信，现在已经调往浙江镇守，此时派遣张浩、张伦、曹松前来贺寿。宁王考虑到将来举事后毕真等在浙江必有大用，遂重赏张浩三人三百两白银，留张浩在府中潜住参与谋划，遣张伦、曹松返回浙江通报毕真，知会情况，并暗中准备响应。

六月十三日是宁王大寿的日子，江西地界上的头面人物按例都来到宁王府贺寿。藩王寿日接受属地官员祝贺，并不是因为私人关系之亲疏，而是一种法定程序，这是堂而皇之写入国家编纂的法典《大明会典》的。中国是礼仪之邦，政治制度、伦理道德、婚丧嫁娶、饮食起居、风俗习惯等多有礼制的体现。上至朝廷，下至百姓，生活的方方面面多在礼制的框架约束之中。礼制，在中国古代社会就本质而言起到规范行为、建立秩序的作用。两年后以藩王身份嗣位的嘉靖皇帝，虽然当时只有十四周岁，但是在登基伊始就因为在朝臣逼迫下，要改认伯父孝宗为皇考、生父兴献王为皇叔考而感到震怒，他驻扎在通州拒绝即位，登基后更是爆发了历史上著名的君臣之间长达数年的大礼议之争，为此还在皇宫杖毙朝廷大臣，造成了君臣间的长期政治决裂。从这一事件可以看出中国传统礼制对社会各阶层的约束及其带来的矛盾。

权倾一方、外有贤名的宁王举办寿辰大典，自然是热闹非凡。宁王府前车水马龙，人喧马嘶，大小官员穿梭往来。宁王朱宸濠身着九旒九章冕服，端坐在承运殿宝座之上。江西镇抚三司、王府官属和南昌县衙门文武官员身着朝服，各照品级，依文武东西列班，行四拜之礼。礼毕，右副都御史、江西巡抚孙燧首先由东阶走入大殿，行至宝座前，高声致祝寿之辞：兹遇殿下寿诞之辰，江西巡抚孙燧敬祝千岁寿。说罢，俯首伏地，再行四拜之礼，退回原位。巡按御史林潮、镇守太监王宏等人，按照例行规矩依次上前行礼。此后，三司官员包括布政使、按察使、都指挥使及属官，知府、知县等府县官员，宁王府的官属包括长史、审理、纪善、护卫首领、典簿、典膳、奉祠、典宝、典仪、工正、教授等官依次行礼。宁王端坐在大殿之上，意气风发，看到一批批官员匍匐脚下，内心难免浮想联翩。

南昌府学县学的师生以及耆老代表，特意入府贺寿。宁王对他们优待有加，嘘寒问暖之外，每人都赏赐重礼。之所以如此，是因为上个月他们列举宁王诸多孝行，联名上书江西巡抚兼都御史孙燧、巡按御史林潮、镇守太监毕真和镇抚三司。孙燧、林潮、毕真又分别向朝廷具疏，为宁王请加褒奖。宁王当然知道，此事实乃谋士李士实、王春等人暗中操办，只为宁王沽名钓誉收买人心而已。只是他们万万没有料到，此事的发展竟然背离了他们的设想，深深刺激到正德皇帝，带来了意想不到的后果，成为宣谕撤卫的导火索。

威严的贺寿仪式在悠扬的雅乐声中进入下一个程序，宁王在王府中宴请众人。觥筹交错，欢声笑语，

一、宁王的反心

酒席自是异常丰盛，宾主看似无不尽欢。席间有宁王府属官轻轻走到宁王身侧，俯身耳语。参会众人纷纷放下筷子，凝神静气，或明或暗地观察宁王的一举一动和细微的表情变化。其实近几年来宁王的谋逆之心，早已是司马昭之心路人皆知。但凡派遣到江西的官员，或是经手与宁王有关事务的官员，都是敏感而谨慎的。依照目前的态势，宁王叛逆犹如一颗炸弹，或许会消弭于无形，但更可能的情况是会随时引爆。因此但凡与宁王沾边的人，都好似走钢丝一般，可以说是前途未卜、命悬一线。

太后密旨不见旨

六月十四日早，镇抚三司果然按例前来谢宴。其实，有些人已经预感到要发生重大变故，只是不得不来。户部主事马思聪，字懋闻，莆田人，弘治末举进士。他在浙江象山做知县时，在当地组织修复河渠，灌溉田地万顷，颇有政声。累迁至南京户部主事，此时奉命督粮江西。其官邸在安仁，距离南昌有三百里路程。临近宁王生辰之时，身边的人劝他不必专程前往，可以裁书为贺。马思聪明知书信贺寿更为稳妥，但是他考虑尽忠国家多于自身安危，清楚地知道宁王已有反状,坚持亲身前往,并不是要为其贺寿,实质是想到南昌侦察宁王的动静,将其阴谋奏闻朝廷。在去往宁王府谢宴前,马思聪已经预感到可能会发生变故,特意招来做饭的厨师,将朝廷颁给自己的敕书交给他保管,并嘱咐他,如果自己不能从宁王府全身而退,一定要将敕书放到别人不易发现的高处藏匿起来。厨师很是纳闷,不明白马思聪为什么要这样做,但还是按照要求去做了。果不出所料,谢宴变成了鸿门宴。

十四日,镇守、抚按和三司官员在宁王府大殿外行三拜之礼。礼毕,内侍并没有让众人退下,大家站在原地不知所措。忽然,宁王朱宸濠走出大殿,站到了殿前高台之上,身后簇拥着一众武士。江湖死士凌十一、杨清、闵念四、火信、张浩等人,俱暗藏凶器在旁护卫。从大殿两旁冲出了一众王府武士,同时关闭府门,将众官员包围在中间。此时,孙燧等人已经意识到发生了重大变故。

谢蕡《后鉴录》记载,宁王朱宸濠高高在上,巡视众人,神情严峻,目光严厉。他高声道:"太后娘娘有密旨,着我起兵。你各官知大义否?"众人面面相觑,各自盘算,现场死一般寂静。突然,人群中响起了一道洪亮的声音,犹如春雷打破沉寂。右副都御史、江西巡抚孙燧首先站出来，不卑不亢地问道："既有密旨，请求赐观。"他要看皇太后密旨，既合情合理，又抓住了要害。孙燧在突发情况下，仍然保持着非常清醒的头脑，可谓一句顶万句。当然，他自己非常清楚首先站出来挑战宁王权威意味着怎样的结局。宁王没有正面回答，转头问江西按察副使许逵如何考虑。许逵只回了一句话，"只有一点赤心"，严正地表明了自己的态度。宁王朱宸濠早想要杀一儆百，于是怒道："杀这不知大义的官，以定民志。"遂令凌十一等将孙燧、许逵二人绑缚押出宁王府，由王信、张鄢监斩，在惠民门内杀害二人后，将他们的首级悬挂城头上，用以恐吓要挟众人。

《国榷》记载大体相同，略有出入。当日镇抚三司入府谢宴，宁王命人关闭府门，武士披甲。他对众人说"今上非孝宗子，又失德。太后有密旨召我"。众人大受惊吓，相顾愕然，孙燧上前请求宁王出示皇太后懿旨。宁王不耐其烦，亦未出示懿旨，转而告诫"勿多言"，直接问"若能扈我入南京乎？"孙燧叱骂："天无二日，民无二王。宁知他！"于是宁王命令武士绑了孙燧。许逵大骂宁王造反，愤恨地说自己早就想先下手，奈何到了今天这样子。宁王又让人绑了许逵，并将二人杀死在惠民门。其实，宁王原想用许遂，因此劝说良久而迟迟未杀。许逵则是立场坚定，誓死不从，怒骂"何不速杀我"，最终立而不跪，引颈就戮。

节操多以死得，名利都为生求。日常以假面目示人者多得实惠，危难际以真性情处之者方显品格。记得明朝初年，燕王朱棣以"清君侧"为名，发动靖难之役，夺得了侄儿建文帝朱允炆的皇位。据《明史·王艮传》记载，在燕王攻取南京城准备入城的前一夜，翰林院修撰王艮（明朝有两个王艮，另一人为王阳明弟子泰州学派创始人）与解缙、吴溥、胡靖（原名胡广）比邻而居，相聚在吴溥家里。才子解缙陈说大义，胡靖奋激慷慨，唯独王艮流涕不言。三人离开后，吴溥的儿子吴彀年纪尚幼，感叹道："胡叔叔要是能死节，是件大佳事。"吴溥告诉他："不会的，只有王叔叔会死节。"还没有说完，就听到隔壁胡靖高呼："外面太乱了，看好家里的猪。"吴溥回头跟吴彀讲："一头猪都舍不得，怎么会舍生赴死呢？"没过多久，王艮家里传来哭声，他已经喝毒酒殉节。解缙则跑去拜谒朱棣，朱棣甚是高兴。第二天，解缙推荐了胡靖，后者被朱棣召去，叩头谢恩。王艮、解缙、胡靖都是江西吉水人。王艮是江西乡试解元，与胡靖为建文二年（1400）同榜进士，殿试策对最好，但因建文帝嫌其面貌丑陋，钦定胡靖为状元，王艮为榜眼。建文帝哪里会想到，日后以死追随的人正是当初自己没有看上和亏待的王艮。

面对宁王朱宸濠威风凛凛的目光和卫士杀气腾腾的眼神，巡按和三司官员在此生死关头出现了分化——有死，有降，有人观望。镇守太监王宏，参政王纶，按察使杨璋，佥事潘鹏、师夔，布政使梁辰、胡濂，参政刘斐、程杲，参议许效廉、杨学礼，副使贺锐、唐锦，佥事王畴、赖凤，都指挥马骥、白昂、许清、王玘，南赣守备郑文，南昌府同知何继周、通判张元澄等，南昌县知县陈大道，新建县知县郑公奇，以及当时未到的巡按御史王金，不敢出言抗辩，皆被暂时关押，不久被释放回各自官舍。其中，参政王纶授赞理军务，佥事师夔、潘鹏俱留军前用事。

因公务派遣在江西的户部主事金山、马思聪，布政使司参议黄宏，乡官郎中徐文祥，俱被绑送到仪卫司等处监禁。黄宏字德裕，浙江鄞县（今属浙江宁波）人，弘治十五年（1502）进士。据《明史·黄宏传》记载，他先后历万安县令、南京户部主事，累迁江西左参议，按湖西、岭北二道。王守仁清剿江西横水、桶冈叛乱时，他帮助筹集粮饷有功绩。叛乱的闵念四投降后，被宁王朱宸濠收买利用，沿九江上下剽掠，

14　　破贼：王阳明与朱宸濠之变

藏匿在宁王祖墓中。黄宏发兵捕剿，尽得辎重以归。随着宁王叛逆迹象愈发显露，身边人为其担忧，黄宏正色表明决心："国家不幸有此，我辈守土，死而已。"对于那些持大义不顺从宁王的人，黄宏每次都悄悄加以保护周全。黄宏被执看押的当天晚上，下定决心，用手梏猛击头颈，最终以死明志。看守的叛军被他的气节感动，用棺椁将其收敛。其子黄绍文闻讯赶来，千辛万苦求得其棺，扶归家乡。

马思聪任户部主事，宁死不降。因其是京官，宁王朱宸濠有所顾虑，将其下狱关押。马思聪入狱后就坚持绝食，六日后死去，其子马明衡扶柩归莆阳。据专家考证，马思聪曾在狱里撰《狱中》两首诗表明心迹，下录其中一首：

萧条一片地，六月暗飞霜。
骈首衣冠尽，捐躯侠骨香。
天犹骄七国，险已失三湘。
死矣甘吾分，君恩不可忘。

后来，朝廷追赠孙燧礼部尚书，谥忠烈。赠许逵左副都御史，谥忠节。赠黄宏太常少卿，赠马思聪光禄寺少卿。后来有人议论黄宏与马思聪并非真的死节，嘉靖三年（1524）四月给事中毛玉勘查江西逆党，因巡按御史穆相列熟悉情况，力证二人死节，遂再无异议。

起兵举事开局似乎非常顺利，宁王朱宸濠没费多大气力，很快就控制了南昌城及周边县城。他派遣属下到各衙门追取印信关防，又差人去布政使司、按察司、南昌府、南昌县、新建县搬取库银。宁王朱宸濠发了一笔横财，布政使司有存银十二万两，按察司有存银一万三千四百三十六两，南昌府有存银四万零五百二十六两，南昌县有存银九千七百九十两，新建县有存银三千三百零二两。这些银两都被送到宁王府内，用来募兵赏人。

皇室宗亲不算亲

宁王朱宸濠此时四十四岁，当朝天子正德皇帝朱厚照二十九岁，两人年龄相差十五岁。追根溯源，朱宸濠是朱元璋的五世孙，朱厚照是朱元璋的八世孙，按照辈分论起来宁王朱宸濠是正德皇帝的叔祖，所以往来书信中正德皇帝皆以叔祖称之。

宁王乃世袭藩王，第一代宁王为朱权。太祖共育有二十六个皇子、十六个公主。朱权是朱元璋第十七子,《国朝献征录》中称其"智略渊宏、被服儒雅",可以说是相貌、品行、智谋均出众。朱元璋对他很是钟爱倚重,洪武二十四年(1391)册封其为宁王,二十六年(1393)派年仅十六岁的宁王朱权就藩大宁。明朝规定,皇子成人后就要远离京师,而且没有圣旨不能回京。大宁,即今天的内蒙古喀喇沁旗南大宁故城,东连辽左,西接宣府,为北方的军事巨镇。大宁地理位置非常重要,实乃"镇抚降夷,控扼北边,西翼开平,南卫辽海,藩屏要地也"。如果放眼当时的情况,就会更加明白朱元璋的心意。明朝初年,朱元璋平定中原群雄,推翻元朝统治,建都南京,开创大明王朝。当时北方蒙古军事势力尚未完全消退,元顺帝率残部逃回并占据着北方草原地区,仍然具有很强的实力,给明朝带来了严峻的威胁。朱元璋不断主动出击,经过数次用兵,蒙古军事势力退向草原深处。同时,朱元璋还有一招厉害的布局,就是沿长城部署重兵加强防备,让能力出众的八位皇子和一位皇孙,分别统领重兵镇守北方防线中的要塞。驻防的藩王权势很重,不但拥有自己的护卫,少则三千、多则数万,而且享有一定的军权。特别是北方边防线的几名"塞王",都拥有指挥军队的权力,后来起兵靖难的燕王朱棣就是其中之一。其中,宁王朱权实力最强，统领塞上九十城，"带甲八万，革车六千"，骁勇善战的蒙古兀良哈部泰宁、福余、朵颜三卫都要听他调遣。

朱权前半生含着金汤勺出生，后半生却过得有点苦闷。《明史纪事本末》称"太祖诸子，燕王善战，宁王善谋"，二王齐名，只是宁王的命运被燕王改写。燕王起兵的时候，正面与朝廷军队苦战，又要提防身后握有重兵的宁王。此时，建文朝一群夸夸其谈的谋臣给皇帝支的一个歪招，反而成为朱棣化被动为主动的妙招。建文元年（1399），在心腹朝臣的怂恿下，朱允炆急不可待地进行削藩，燕王朱棣正是在此背景下举兵靖难。朝臣担心手握重兵的朱权与朱棣合作，奏请建文帝下旨召朱权入京。朱权接到旨意后恐遭意外，就留在大宁拒不赴京。建文帝要削除宁王的三支护卫，此举彻底将朱权推到了朝廷的对立面。

《明史·朱权传》记载，朱棣早已垂涎朱权的队伍，"曩余巡塞上，见大宁诸军剽悍。吾得大宁，断辽东，取边骑助战，大事济矣"。朱棣不愧是历史上有为的帝王，如今危难之际，竟然能单骑片语，赚了朱权的数万铁骑雄兵。他在正面抵抗朝廷军队猛攻的情况下，自己从刘家口间道赶赴大宁见朱权，而且按要求将自己的亲军留在城外，一个人进了大宁城。

他当面拉着兄弟朱权的手哭诉，谎称万般无奈前来求助，自己是不得已才起兵，请宁王代拟文稿谢罪。估计宁王听了朱棣的话感同身受，留其在王府小住数日，并且对其毫无防范。其间朱棣可是没有闲着，虽然随行精锐大部队埋伏在大宁城外，但是暗中派人潜入城内，私底下用重金结纳宁王护卫以为内应。几天后朱棣告辞，朱权送他到郊外。此时伏兵四起，竟然将朱权绑架了，并让他随军而行。此时朱权的士兵都归附了燕王，燕军实力陡然而增。不过燕王很会拉拢宁王，在"军中启事设二榻"，兄弟平起平坐，并对他许诺"事成当中分天下"。

四年后，燕王朱棣即皇帝位，朱权当然不敢提中分天下的事，只是请求将他的封地改在苏州，让他到江南繁华之地享清福。但是朱棣没有同意，告之苏州属京畿（南京）之内，藩王不得求封。朱权又请封钱塘（杭州），朱棣还是不同意，提出建宁、重庆、荆州和东昌任其选择。永乐二年（1404），最终改封在南昌。建文帝因削藩而失位，但朱棣登基后继续削藩，藩王日子很不好过。有人告发朱权巫蛊诽谤，朱棣派遣密探查访，因没有证据才作罢。自此以后，朱权每日韬晦，修筑一个精庐，在里面鼓琴读书，不问世事，得享晚年。没有想到的是，朱权的遁世却成就了其个人爱好。他一生著述弘富，据专家研究，已知其编著及刊刻的书目达到一百三十五种之多，内容更是涉及历史、文学、艺术、戏剧、医学、农学、宗教、兵法、历算、杂艺等众多方面。他的代表性著作是《太和正音谱》，戏曲专家夏写时对其成就评价不可谓不高，他曾在《戏曲艺术》发表文章《朱权评传》，认为："自十五世纪初至二十世纪初，五百年时间，为中国戏剧理论的创建做出突出贡献者有十人：朱权、徐渭、李贽、汤显祖、王骥德、潘之恒、金圣叹、李渔、梁启超、王国维。按时间先后为序，朱权为第一人。"

正统十三年（1448），朱权去世，享年七十一岁。因为世子朱盘烒已死，由其孙靖王朱奠培继嗣，此为第二代宁王。朱奠培善文工辞，但性情急躁，喜欢猜疑，又与布政使崔恭不合。崔恭与按察使原杰上奏朱奠培私通祖、父二王宫女，逼迫内官熊璧自尽。朝廷查实，遂夺宁王护卫。弘治四年（1491），朱奠培去世，其子康王朱觐钧继嗣，此为第三代宁王。十年后，朱觐钧去世，其子上高王朱宸濠继嗣，此为第四代宁王。

明朝的制度规定，皇子封为亲王，授金册金宝，岁禄万石，府置官属。护卫甲士少者三千人，多者至万九千人。冕服车旗邸第，只比天子低一等。公侯大臣见到亲王要伏而拜谒，无敢钧礼（以平等之礼对待）。亲王的嫡长子，年及十岁授金册金宝，立为王世子，长孙立为世孙。嫡长子之外的亲王诸子，到了十岁时封为郡王，嫡长子为郡王世子，嫡长孙则授长孙。郡王的诸子授镇国将军，孙授辅国将军，曾孙授奉国将军，四世孙授镇国中尉，五世孙授辅国中尉，六世以下皆授奉国中尉。朱宸濠是庶出，因此最初被封为上高王，实则是郡王，父亲去世后无嫡立长，经过朝廷确认后晋升为亲王，即为第四代宁王。

《明史》说朱宸濠"其母，故娼也"，贬低至极。后人对此说法虽有怀疑，亦未有确凿证据。1952年，江西省新建县（原属南昌府，今为南昌市辖区）出土了朱宸濠父亲朱觐钧墓圹，上面记载"妃徐氏，南城兵马副指挥同知徐洪之女。（宁王）子一人，女二人"。1962年，新建县出土《皇明宁康王次妃冯氏圹志》，其中明确记载"次妃冯氏，耆民冯忠之女。弘治十三年七月十七日封为宁康王次妃，正德十一年十一月初六日以疾薨，享年六十有二。子一人……嗣宁王为之子"。朱觐钧只有一子即朱宸濠，且朱宸濠是庶子，不是徐妃所生，因此可推断冯妃是朱宸濠的生母，是耆民冯忠之女，没有其他证据说其是娼妓。

或者此文为朱宸濠为母避讳，亦有可能。祖父朱奠培在其出生时，梦见大蛇出现在房间内咬人，白天听见恶鸟聒噪，而且朱宸濠又是庶出，因此并不喜欢他，甚至一度还要溺死他，由此可见其早年生活并不如意。其父去世后，朝廷拖延了一年多才恩准朱宸濠承袭宁王。

《明史》称朱宸濠"轻佻无威仪，而善以文行自饰"。朱宸濠有文学名，既有家学影响，又是藩王保身之道。高祖父朱权著作甚丰，祖父朱奠培擅文、工诗画、书法奇绝，父亲朱觐钧体弱早逝。朱宸濠自身文化造诣如何，史料记载不多，据说有才名。从零星材料中可知其喜欢与文人交往。明末陈宏绪《江城名迹》记载了朱宸濠修建"阳春书院"，"每士子秋捷，设宴邀请"，席间请士子每人即席赋诗，由此看来他是有一定文化根基的。正德九年（1514），他慕名当世文士唐寅，重金邀请其到南昌宁王府。

宁王朱宸濠的王妃娄氏，在明清文人笔下评价极高。其原因大概有二：一是娄妃是才女，出身世门，知书识理，能诗善画，有诗作留世；二是娄妃颇具政治眼光，对朱宸濠谋反的举动早有察觉，屡谏劝之。因此，娄氏后来死于战乱，时人都觉得惋惜。另外，宁王还有妾方氏、徐氏，不甚有名。

朱宸濠是有野心的人，似乎很早就在为挑战正德皇帝而布局。谋叛的动机较为复杂，包括朱宸濠不被尊重的童年和由此产生被尊重的渴望，正德皇帝朱厚照的荒淫无道及由此带来夺位的希望，土地兼并产生的社会动荡和官员百姓的绝望，等等。同时，封建迷信对举事有很大的心理鼓动和推动发展作用，这与朱棣当年听信江湖术士言论如出一辙。术士李自然称朱宸濠有帝王之相，当为天子。这些妄言邪说，朱宸濠竟然深信不疑，甚至欢喜异常。术士李日芳又说南昌城东南有天子气，劝他在那里建离宫，镇天子气以应吉兆。但是明太祖朱元璋曾有诏令亲王不得兴建离宫游苑，对此李日芳想到了一个变通的办法：将离宫命名为"书院"，进而规避太祖的禁令。他因此在城东南修建了阳春书院，以刘养正为讲学盟主，招致四方游士，以为之所用。《西园杂记》载，阳春书院"叠石成山，宫室台榭，备极华丽，掘地数十亩为大池，夏时芰荷香馥，濠与诸妃尽日宴乐"。《明史》载，朱宸濠"浮慕梦阳，尝请撰《阳春书院记》"。李梦阳，明代前七子之首，亦是当时文坛魁首。没有想到，数年后李梦阳因此受到牵连。同时代的李开先在《李崆峒传》〔李梦阳号空同（又作崆峒）山人〕中为李梦阳辩解："宸濠久蓄异图，招集文学士，要名誉，收人心，凡吏于其土有才名者，或唆以利，或劫以威，悉入网罗。崆峒初亦不屈，被其朔望困饿，又欲借其势以挟轧己者，实则不与其谋。"

实际上，宁王朱宸濠并不是一个莽撞的人，为了图谋江山，他进行了长期的准备活动。

敛财开路。欲成大事，必要有充裕的资金保障。经过二十年巧取豪夺，宁王朱宸濠"富厚甲天下"。藩王受封时，都会得到自己的封地和丰厚的俸禄。他们还会不断地向朝廷奏请讨要闲田荒地，以满足奢靡的生活。其实，所谓闲田荒地多是农民的熟田，却被藩王强行占有。如此反复，世代积累，富者愈富，贫者愈贫。明代中后期土地兼并成为难以克服的顽疾，间接导致了明朝的灭亡。宁王朱宸濠通过重贿刘瑾，奏讨得到大量屯田和南昌河伯所（鱼税征收机构）。他在南昌府"强夺官民田动以万计"，收取的地租三倍于朝廷的价格折银。他还通过接受投献大量积累财富。所谓投献，即农民将田产托在缙绅名下以减轻赋役。明代农民负担较重，主要包括赋和役两个部分，赋即以粮为主，银绢为辅，分夏秋两季征收；役即各种徭役，为官府免费劳作。官宦和缙绅可以免除徭役，因此一些农民投献到官宦缙绅名下。然而，假借投献名义巧取豪夺的事情比比皆是。例如宁王朱宸濠榨取投献地租的手段，就可谓极其残忍。正德十一年（1516）二月，他接受瑞昌王朱拱栟置买田地的投献并强行加租，导致佃户魏志英的抗拒和百姓辜增的不满。朱宸濠竟然命令手下将魏志英、辜增两家二百余人杀害，房屋尽数焚烧。

更为甚者，朱宸濠为充实府库，招抚在鄱阳湖打劫的强盗杨子乔、江西大盗吴十三等人，命他们不时出外劫财，然后入府分赃。他们不但打劫客商、居民的财货，甚至劫掠官府库藏。《后鉴录》载："正德十三年八月，吴十三、闵念四、闵念八、凌十一等，打劫新建县库银七千余两，与宸濠分用。"因为宁王朱宸濠的庇护，官府只能坐而视之。前文南京户部主事黄宏曾到朱宸濠祖墓中捉拿大盗闵念四，尽得其辎重，从中确实可见黄宏不畏权贵的高贵品格。

交通权贵。正德二年（1507），朱宸濠结识了炙手可热、权倾朝野的大宦官刘瑾。通过重贿，朱宸濠获得好处，恢复了护卫，壮大了手中的武装力量。正德五年（1510），安化王朱寘鐇举兵作乱。明武宗派右都御史杨一清、太监张永奉旨征讨，然而大军未到，安化王已然被地方政府平叛。张永回京献俘时，在杨一清的规劝下，面奏刘瑾诸多不法之事。明武宗连夜逮捕刘瑾，将其凌迟处死。

刘瑾倒台后，朱宸濠继续物色新的人选，主要锁定了曾在南昌任职并受到朱宸濠厚待的官员陆完。陆完因政绩出色而平步青云，很快就升至兵部尚书。在陆完的帮助下，朱宸濠结识了明武宗的宠伶臧贤、大学士杨廷和、权贵钱宁等人。臧贤很是得宠，甚至有时候同皇帝睡在同一张床上。有一种说法，臧贤的女婿司钺犯了罪，被发配到南昌，朱宸濠趁机极力拉拢司钺，并通过他同臧贤搭上了关系。朱宸濠千方百计地结交京中权臣，不惜重金贿赂、拉拢钱宁、臧贤等，请他们为之进言造势，并刺探朝廷消息。正德十一年春三月，因为明武宗无子嗣，朱宸濠密谋以己世子过继，"宁王宸濠以上东宫未立，密遣万锐、林华贿钱宁等，称长子宜入太庙司香为名，迎取来京，钱宁、臧贤受厚贿，阴助之"。钱宁在皇帝面前巧妙进言，将异色龙笺赐给宁王。异色龙笺，乃以往监国所用书笺。朱宸濠大喜，企图借此取得皇位的合法继承权。

招兵买马。宁王朱权受封藩王时，太祖朱元璋令其领甲兵八万之多。成祖朱棣迁徙朱权到南昌后，早已大大削减了他的护卫，只保留少量护卫。天顺朝，借宁王府有不法事之名，英宗将宁王朱奠培护卫革去，改为南昌左卫。朱宸濠深知欲成大事，必如成祖朱棣一般拥兵自重。正德二年，他派内官梁安，以万两黄金贿赂刘瑾，"朦胧奏讨准复"，得以恢复祖上的护卫。然而好景不长，刘瑾很快倒台并由此牵出了矫诏为宸濠擅复护卫一事。正德五年秋八月，随着刘瑾被凌迟处死，"兵部革宁王宸濠护卫，仍为南昌左卫"。朱宸濠仍不甘心，差涂钦等带银两贿赂陆完、臧贤、杨廷和、钱宁等人。正德九年四月，假以地方盗贼频发为名，借指祖训，朱宸濠在朝廷内应帮助下重新掌管护卫。据《明史》载卫所制度规定："置亲王护卫指挥使司，每府三护卫，卫设中、左、右、前、后五所。""大率五千六百人为卫，千一百二十人为千户所。"据此可知，朱宸濠亲兵护卫约一万六千人。

朱宸濠在黑白两道齐发力，恢复护卫后又招徕江洋巨盗。正德九年夏六月，朱宸濠秘密派遣王府承奉官刘吉，先后招揽巨盗杨清、李甫、王儒等百余人，反抗朝廷者凌十一、闵念四、万贤一、万贤二、熊十七等数百人，以及亡命之徒皆为其所用。此外，此时在江西赣南，福建汀州、漳州一带剿匪的广西土官狼兵，亦受到朱宸濠的拉拢。土官狼兵，是少数民族土司的队伍，凶悍异常，历史上在剿匪、抗倭等战斗中屡立奇功，但是军纪散漫，严重害民扰民。

一、宁王的反心

他厚结狼兵,意图以之为援手。正德十二年(1517),朱宸濠还注意到了先进的西洋武器佛郎机铳,《明史纪事本末》载:"宸濠遣人往广东,收买皮甲及私制枪部盔甲,并佛郎机铳兵器,日夜造作不息。"

排除异己。在江西境内,特别是南昌府,宁王在自己的势力范围之内,不断剔除异己,达到立威、警示的目的。正德八年(1513)九月,巡视江西的右都御史王哲不顺从他的意愿。宁王朱宸濠借故宴请王哲,"哲自濠所宴饮归,以病暴卒,时以为濠毒之云"(《后鉴录》)。但因没有证据,也就不了了之。正德九年(1514)六月,宁王朱宸濠将南昌左卫指挥戴宣捶打而死,将其财产尽行收府,儿子监禁五年,女儿赏给王府属官陆程为妾。正德十二年二月,宁府典宝阎顺,内官陈宣、刘良等赴京揭发朱宸濠的不法之事,他派遣刘吉携重金赴京活动,要将阎顺等陷害致死。到京后,刘吉送钱宁二千两,臧贤、张雄、张锐各一千两。于是他们捏造事由,将阎顺等发配南京孝陵卫充军。朱宸濠常在南昌府县索讨夫马,加派葬祭银两,知府郑瓛阻拒不从,宁王因此对他怀恨在心。正德十二年八月,吴十三、闵念四、闵念八、凌十一等,打劫新建县库银七千余两,与朱宸濠分用,却被郑瓛派出的快手聂凤捉获了窝主何顺。朱宸濠愈加生气,差人捉拿聂凤,逼供郑瓛无名赃私,并将郑瓛押送按察司监禁。

经过多年的苦心经营,正德十四年六月十四日,宁王举事造反。因为事情进展异常顺利,他意气风发,踌躇满志,追随者更是跃跃欲试,摩拳擦掌准备大干一场。只是,朱宸濠有一点烦心,因为王妃娄氏不赞同举事。他与娄妃恩爱有加,因其是有名的才女,特意请当时名士唐伯虎前来做她的老师。娄妃早已察觉宁王有反叛之心,多次涕泪俱下加以劝阻,奈何苦劝无果。娄妃曾写《题采樵图》诗一首:"妇语夫兮夫转听,采樵须知担头轻。昨宵再过苍苔滑,莫向苍苔险处行!"字字珠玑,都是良言苦劝之意,却未能打动朱宸濠半分心意。

二、武宗的玩心

甲子,工部言豹房之造迄今五年,所费价银已二十四万余两。今又添修房屋二百余间,国乏民贫,何从措办,乞即停止,或量减其半。不听。

——《明武宗实录》卷九十三,正德七年十月

正德十四年(1519),是太祖朱元璋建立明朝的第一百五十一年。大明王朝的第十位皇帝明武宗朱厚照已经在位十四年,时年却只有二十九岁,其实他更像一个永远长不大的孩子,一个被家长宠坏的孩子,一个叛逆期要努力证明自己的孩子。朱厚照的正德朝充满了令人惊叹的戏剧性,恐怕今天最好的编剧都编撰不出来如此精彩绝伦的剧情,刺激而荒诞,曲折而悲壮。明武宗正是该剧当仁不让的主角,而宁王叛乱

明武宗朱厚照画像

则是该剧的高潮部分,其间各色人物纷纷登台亮相。

明代有四次宗藩叛乱,分别是建文朝燕王朱棣的靖难之役、宣德朝汉王朱高煦之叛,以及正德朝安化王朱寘鐇之乱和宁王朱宸濠之乱,正德朝独占其半。朱宸濠之后,明朝再无藩王之乱。正德朝接连发生两起叛乱,偶然之中有其必然。这也是朱宸濠举事的重要原因——他从明武宗身上看到了夺取皇位的希望。

最佳主角

明武宗朱厚照是带着天然的主角光环降生人世间的。弘治四年(1491)九月二十四日,大明王朝帝王之家诞生了嫡长子——朱厚照,在注重宗法伦理关系的封建社会和遵从着"立嫡以长不以贤,立子以贵不以长"原则的明王朝,意味着他将是下一任皇帝,果然5个月后他就被册封为皇太子。孩童时期的朱厚照,"粹质比冰玉,神采焕发",面貌非常清秀,性情仁和宽厚,颇有帝王风范。

严格地讲,明朝十六位帝王中,朱厚照是唯一一位以皇嫡长子身份继承皇位的(一说他是宫女郑金莲所生)。开国皇帝朱元璋自然不必说,第二位皇帝建文帝朱允炆以长孙身份即位,但他是太子朱标的次子；第三位夺侄儿江山的成祖朱棣是朱元璋的第四子，并且其嫡庶身份历来存在较大争议；第四位仁宗朱高炽和第五位宣宗朱瞻基虽是长子，但出生时父亲尚未称帝，母亲尚未被册封为皇后；第六位英宗朱祁镇是长子，生母孙氏时为贵妃；第七位景帝朱祁钰是英宗的弟弟、宣宗的次子，生母为吴妃，既非嫡子又非长子；第八位宪宗朱见深是英宗的长子，生母为周贵妃；第九位孝宗朱祐樘是第三子，生母纪氏当时只是宫人，朱祐樘都三岁了，宪宗才知道还有这样一个儿子；第十位即明武宗朱厚照；第十一位世宗朱厚熜以藩王入继帝位；第十二位穆宗朱载垕是世宗的第三子，母杜康妃；第十三位神宗朱翊钧是穆宗第三子，母李贵妃；第十四位光宗朱常洛为神宗长子，母王恭妃；第十五位熹宗朱由校是光宗长子，母李选侍；第十六位思宗朱由检为光宗第五子，以藩王的身份即帝位，母刘贤妃。

朱厚照的父亲是孝宗朱祐樘，有人评价他是一个好皇帝，也是一个好人。朱祐樘是中国历史上很特别的一位皇帝——可能是中国皇帝中唯一践行一夫一妻制的帝王。皇帝处于封建社会权力的顶端，自然会极力满足自己的欲望。同时，确保皇帝育有子嗣、延续香火，则是国本，这是涉及国家根本的重大问题。因此，皇帝拥有三宫六院、嫔妃成群是再正常不过的事情。朱元璋除马皇后外还有十九个妃子，可是朱祐樘却偏偏一生只有一个女人——张皇后，一直没有选嫔妃。晚明学者黄景昉感慨："时张后爱最笃，同上起居，如民间伉俪然。"就是说他们像民间老夫老妻一样同起居，是何等恩爱。所以说，老百姓柴米油盐的日子才最有烟火气、最真实暖心，要倍加珍惜。

张皇后是兴济（今河北沧州市北）人。她的父亲张峦是一名秀才，后以乡贡的名义成为国子监生，用今天的话来说，就是从河北地方学校保送进入京师的国立最高学府读书。只是他屡试不第，最后因为女儿的身份才在弘治五年（1492）去世后被追封昌国公。据说修建的坟茔逾制，甚至劳役军民数以万计，从侧面可以看出朱祐樘爱屋及乌，可见他与张皇后何其恩爱。成化二十三年（1487）二月初六，张氏与时为皇太子的朱祐樘成婚，同年的九月张氏被正式立为皇后。张皇后在弘治四年的九月二十四日生下了皇长子朱厚照，即后来的明武宗。张皇后在弘治七年（1494）十二月生下次子朱厚炜，可惜一年多就夭折了。她还育有一女朱秀荣，奈何于弘治十一年（1498）去世，当时才四岁多。可见，朱厚照不但贵为皇嫡长子，而且还是朱祐樘唯一的孩子。

孝宗取其名为厚照,希望他以后能照耀后世。朱厚照天资聪颖,据说八岁出阁读书,即以聪明见称,讲官所授内容当日就能掩卷背诵。数月之间,烦琐的宫廷礼节已了然于胸。孝宗几次前来问视学业,他都能率领官僚趋走迎送。但是,朱厚照并不是一个文弱书生,他生而好动,从小就喜欢骑马射箭。传说张皇后婚后四年没有生育,群臣建言再纳妃嫔。孝宗是一个好丈夫,顶住压力,就是钟情张皇后一人。张皇后在生朱厚照前夕,曾梦见一条白龙飞入腹内,以为吉兆。按照传统理论,白者乃主西方,为兵戈之象。孝宗也是一个好父亲,有意纵容朱厚照热衷于骑射游戏,希望能把他培养成像太祖朱元璋一样文武兼备的帝王,间接地养成了朱厚照日后尚武游乐的习气。

弘治十八年(1505),孝宗驾崩于乾清宫,在位十八年,享年三十六岁。朱厚照顺利即位,时年只有十五岁,第二年改元正德,史称明武宗。朱厚照鲜明、富有争议的性格,与父亲形成了巨大的反差。《明武宗实录》记载,孝宗病逝前已经意识到朱厚照容易玩物丧志的缺点,特意把大学士刘健、谢迁、李东阳召至乾清宫暖阁,委以托孤的重任:"东宫聪明,但年尚幼,先生辈可常常请他出来读书,辅导他做个好人。"只是他无法看到,托孤大臣在年幼皇帝的天威以及皇帝身边"八虎"的权威面前,是如此孱弱,简直不堪一击。

朱厚照的人生是奇幻一般的存在。十五岁正是叛逆的年龄,如果没有父母约束,很多行为是难以预料后果的。如果此时手里拥有无上的权力和无尽的财富,恐怕连成年人都难以克制自己的欲望。再假设此时还有一群围在身边一门心思变着花样谄媚的人,就是圣人也难以自持啊!明武宗登基伊始,正是处在这样的境地,而诱导他的正是历史上有名的"八虎"。"八虎"是指八个人,确切地说是指八个太监,包括刘瑾、马永成、谷大用、魏彬等人,其中以刘瑾为首。刘瑾,今陕西兴平人。他本姓谈,后依靠一个刘姓太监进了宫,便改用刘姓。朱厚照为太子时,刘瑾就在身边服侍。刘瑾为人阴险狡猾,引导明武宗耽于玩乐,不问政事,每天进奉鹰犬狐兔,还偷偷带明武宗出去游逛,变着法哄着明武宗高兴,因此很受宠信。刘瑾后来升任司礼监掌印太监,并逐渐掌握了大权,人称"立皇帝"。司礼监手握批红之权,即代替皇帝批阅公文,能够直接影响到政局,是明朝最重要的权力中枢之一。此外,"八虎"还怂恿明武宗废除了尚寝和在文书房侍奉皇帝的内官,目的就是减少限制,才能够为所欲为。皇帝找各种借口逃避枯燥的经筵日讲，根本就没听过几次大臣讲授学问，成日贪玩迟起，索性早朝都去得少了，可以说是明武宗为后来世宗、神宗的长期罢朝开了先河。诸位大臣轮番上奏，甚至以请辞相威胁，但小皇帝口头上说"知道了"，实际上依旧我行我素，大臣们也无可奈何，可见少年明武宗之顽劣。我们总是不解，为何皇帝多数难以做到近贤臣、远佞臣？归根结底，还是缺乏能束缚其行为的力量。做正确事情的成本很高，而且社会上往往缺乏惩善治恶的奖励机制。

明武宗的心思不在朝堂之上，一心逃离紫禁城，只想不受约束地玩乐，而且玩出了新花样、新高度。正德三年（1508），高高的紫禁城皇城已经挡不住明武宗要出去的决心，他就像离家出走的少年，索性搬离压抑个性的乾清宫，住进了自己扩建的豹房。明武宗自从住进豹房，就没有再回乾清宫，最后竟然也是死在豹房。

正德二年明武宗就下旨扩修豹房，至正德七年（1512）共添造房屋两百余间，耗银二十四万余两。据专家考证，现在北京东华门外的报房胡同虽然发音相近，但并不是明武宗日夜淫乐的豹房，临近西华门的西苑太液池西南岸才是豹房的原址。明代的太液池，是指今天中海、南海、北海水系，豹房约在北海公园西面的位置。选址在此,既可以离开紫禁城的枯燥和监督,又方便时常入宫临朝听政。正德九年正月十六日,宫中元宵节放烟花,不慎失火,殃及宫中重地乾清宫。乾清宫是内廷三殿之首,象征着皇帝的权力和尊贵的地位。明武宗见火起,没有下令扑救,反而跑到豹房观看,谈笑风生,回头对左右说:"好一棚大烟火啊!"

豹房里不一定有豹子,有的是纸醉金迷和为所欲为。简单归纳起来,武宗有三多:女子多,义子多,传说多。

一是女子多。明武宗即位后,立夏氏为皇后,又娶了两位妃子。可是他很快就搬到豹房,此后再没有回宫同她们居住过。皇帝不缺女人,豹房之内美女如云。明武宗遍采天下女子,西域、江南的各色美女充盈其间。豹房之内有多少女子,他自己都搞不清楚。那些一时无法被召幸的女子,就被安排在浣衣局。工部资料显示,正德十五年(1520)寄养于浣衣局的幼女甚多,每年使用的柴炭多达十六万斤。据说,经常有因饥饿、疾病死亡者。

明武宗的口味实在是超乎常情,他对平常女子不甚上心,尤好民妇、妓女、寡妇,甚至是孕妇。正德十年(1515),豹房已经不能满足明武宗的胃口了。

皇帝身边的边将江彬等人为了邀宠，鼓动明武宗出京巡视地方。北边重镇宣府镇国府成了明武宗驻跸之所，他甚至称那里为"家里"。经过修缮的宣府镇国府富丽堂皇，从豹房运来的珍宝、妇女充斥其间，皇帝就纸醉金迷，逍遥自在。而且，明武宗能够借此远离那些整日喋喋不休、聒噪规劝的大臣，他下令大臣一律不许来宣府，只有豹房的亲信可以随时出入。没有大臣的监督，明武宗更加随心所欲，似乎有了常驻宣府的意思。穷极无聊时，明武宗在晚上带着亲随在宣府闲逛，路遇高门大院便硬闯进去，掳走有姿色的妇女。

　　明武宗虽然风流成性、阅女无数，但是有一个致命的遗憾——没有子嗣。这是一个严重的生理缺陷，一个致命的心理伤痛，更是一个关乎国本的政治问题。出乎所有人意料，明武宗竟然导演了一场迎娶孕妇的闹剧。正德十一年，宠臣江彬极力推荐故人将官马昂的妹妹，说她美若天仙，能歌善舞，又娴熟骑射，精通胡语。明武宗招来一见，果然一见钟情。不顾她已嫁作人妇，并怀有身孕，将其从宣府带回豹房。马昂本是赋闲在家，由此破格超授右都督。豹房最出名的女子竟然是一名孕妇，而且腹中的孩子并不是明武宗的骨肉。消息不胫而走，所有人都知道了这个秘密。最担心的是朝中大臣,为防再发生"吕不韦进孕女"之事,纷纷上疏要明武宗驱逐马氏以绝后患。明武宗不为所动,仍是我行我素。明武宗是否有鱼目混珠的想法,我们不得而知。戏剧性的转折出现在四个月后,明武宗突然罢免了马昂的官职,冷落了马昂的妹妹。没有人知道确切的原因,传言明武宗一日入马昂府邸,酒醉之后要求马昂的爱妾陪宿,遭到了断然拒绝,由此闹剧终以闹剧的方式结束。

二是义子多。太祖朱元璋在戎马生涯中,先后收了二十多个义子。他们大多孤苦无依,在年幼时就被收养,同时也是朱元璋慧眼识才,赏识他们智勇超群,特意加以培养。沐英是其中翘楚,八岁被收养,受到马皇后的照顾,十二岁跟随朱元璋南征北战,屡立战功。后来沐英平定云南后留居镇守,后代子孙世袭镇守云南,直至明末。

明武宗收义子数量远胜于太祖朱元璋,情况却有着本质区别。朱厚照自己没有生育,却认了很多义子,有些年龄比他还要大。义子主要是投靠,多半是豹房宠臣、边将武臣、外戚皇族。正德七年,他一次性收了127名义子,并改赐朱姓,真是旷古未闻。

在这些义子中,最为得宠者为钱宁、江彬二人。钱宁,本不姓钱,因幼时被卖与太监钱能而改姓钱。

后来投靠刘瑾，借机上位。很多人误认为他是太监，其实是错的。钱宁掌管锦衣卫，权势很大。他性格狡黠猾巧，箭术精良，能够左右开弓，深为尚武的明武宗所喜欢。豹房新宅的建设，钱宁出力甚多。据说明武宗在豹房常醉枕钱宁而卧，百官候朝久不得见，只要看到钱宁懒散地出来，就知道皇帝也快出来了。当然，野史中有很多传闻，说他与明武宗有断袖之谊，此事根据现有史料无法定论，姑且作为一种说法吧。

江彬，原本是名边将，骁勇异常。在镇压刘六刘七起义时曾身中三箭，其中一箭更是射中面门，但他毫无惧意，拔之再战。因军功觐见时，他于御前大谈兵法，深合明武宗之意，遂被留在身边。有一次，明武宗在豹房内戏耍老虎。谁知平日温顺的老虎突然兽性大发，直扑明武宗。明武宗忙呼身旁的钱宁救驾，钱宁畏惧不前，倒是江彬及时将老虎制服。明武宗虽然嘴上逞能说"吾自足办，安用尔"，却是十分感激江彬，同时心里记恨钱宁。此后，江彬逐渐取代钱宁而得宠。明武宗更是毁京城中豹房西侧的鸣玉、积庆二坊（今北京厂桥、西四地区）民居，大肆营建"义子府"，供江彬等人居住。江彬发现皇帝身边多是钱宁的人，担心两人争宠受其迫害。因为自己出身边将，于是怂恿明武宗出京北巡宣府、太原等地，又要求边军和京军对调，借机摆脱钱宁，进一步巩固自己的位置。

三是传说多。皇帝身份的高贵神秘和明武宗行为举止的迥异常情，让他成为后世文学作品的宠儿。据学者考证，从正德朝开始，后贯穿明清两朝，在诗词、笔记、史传、传奇、杂剧、小说、话本、戏曲、说书、俗曲、弹词、鼓词等众多艺术形式中，都或多或少地出现了明武宗的身影。作品数量还很多，既有大家不太熟悉的朱素臣《翡翠园》、西泠词客《点金丹》、沈起凤《才人福》等作品，更有一些名家关注明武宗的离奇人生，如明末清初著名作家李渔所著的传奇剧本《玉搔头》，写的就是正德皇帝和妓女刘倩倩的爱情轶事；《聊斋志异》作者蒲松龄所著《增补幸云曲》，直接取材于明武宗微服私访、游戏人间的故事。

正史中的明武宗是怠政、荒淫、贪玩、任性的君王形象，但在明清文学作品中明武宗则有着风流、正直、神秘、传奇的特征。何梦梅撰《大明正德皇游江南传》，是清代长篇历史演义小说，又名《游龙幻志》《正德游江南全传》《梁太师江南访主》等，通行本四十五回。写明武宗闲暇无事，又生游乐嬉戏之想，慕江南好景，决定微服出游，一路往江南而去。在江宁，明武宗救了为官清正的文水知县出狱；在扬州，擒获处置了强抢民女的布政使之子唐宗显；在滁州，明武宗随员在擂台上打死土豪公孙强，为民除害。其间，明武宗访察民情，救助孤贫，辅助贤良，成人之美，行己之善，文中的明武宗正直正派、疾恶如仇、风流倜傥、智勇兼备，俨然一代明君。

李渔的《玉搔头》侧重执着的爱情，故事取材于明武宗平宁王朱宸濠之乱的历史。明武宗微服私行出宫，虽然由头仍是风流，"谁想四海虽宽，少西施而多嫫母；六宫虚设，有粉黛而无姿容"，但是着力表现了明武宗追求真爱的真性情，这正是文人骚客广泛认同的价值追求。明武宗微服私行至太原，钟情刘倩倩，托名威武将军万遂与其订婚约。刘倩倩以玉搔头相赠，作为信物。明武宗归京途中将玉搔头丢失，派人去接刘倩倩时，她因无信物而抗旨潜逃。后来明武宗以"威武大将军万遂"的名号统兵出征平定宁王叛乱，其间将刘倩倩画像分发各地寻找。战乱中纬武大将军范钦与女儿淑芳失散，淑芳因酷似画像中人而被送进宫中。刘倩倩则因纬武大将军音近威武大将军，而误投范钦。范钦问明情况后，献刘倩倩进宫。不久宁王兵败被俘，明武宗封范、刘二女为妃。戏文中，明武宗愿意为情弃江山、舍生死，"万一有了差池，

二、武宗的玩心

我也拼一死将她殉,做了个酒泉下两痴魂",李渔不禁感叹"情痴痴到武宗游,男子癫狂已到头"。

明武宗在正史与文艺作品中的形象颇有差距,是值得玩味的问题。继位的明世宗并不喜欢明武宗,主要由于他们是堂兄弟,并没有直接的血缘关系,据说在修《明武宗实录》时并没有遵循为尊者讳的惯例,而是添加了一些负面的材料,甚至是添油加醋、牵强附会。明武宗迥异于其他皇帝高高在上的神秘形象,经常微服私访,拉近了他与普通百姓的距离,为艺术创作增加了趣味性。

最佳配角

皇宫与豹房新政。 自古以来,皇宫是皇帝和后妃居住的地方,同时也是处理国家政务的地方,是国家的政治中心。当年刘邦接受秦王子婴投降后,心满意足地要留住阿房宫,张良苦劝才使他幡然醒悟,只有君主才能稳居皇宫、号令天下,因此刘邦退出阿房宫,离开咸阳。要知道,帝王薨后每人一座陵墓,皇宫却是历任皇帝前后沿用,不能随意换、随意建的,因为它象征着至高的皇权和传承的正统。明武宗与众不同,竟然不顾大臣们的劝说,称帝后勉强在紫禁城住了两年，就逃到安乐窝豹房，直到病死在豹房。放着堂堂正正的皇宫不住，一门心思住在名不正言不顺的豹房，好比是放着主角不当，甘居配角。

其实，明武宗虽因为贪图玩乐而居住在豹房，却并非放弃政权，而是以一种新的模式执掌皇权。明武宗仍批答奏章，并不时临朝听政。即使西巡宣府期间，也要求重要事项仍须报经圣裁。他在豹房发号施令，由太监到内阁宣谕圣旨，外廷部曹官员依照旨意办事。明武宗通过熟悉的太监掌管大权，朝臣负责日常行政运行，让太监与大臣形成相互牵制局面，自己则掌控最高权力。刘瑾掌司礼监，在内阁对奏章提出批示清样后，根据皇帝意见进行批红，这实际上是皇帝、内阁、秉笔太监分享决策权，明武宗仍具有最高权力。加上内阁大学士焦芳、兵部尚书王琼等能进入豹房的少数大臣，明武宗身边形成了一个人数少、绝对听话的辅政班底。同时，明武宗安排太监丘聚和谷大用掌握着东、西厂，实际上是掌控着监察权。张永掌握京军团营，即掌握军权。此后，明武宗打破祖制，将防御蒙古的北方防线的镇边军调入京师，称为"外四家"。明朝祖制，边军、京军不许互调，因为如果边军弱，蒙古就会入侵；京军弱，边军就会成为祸患，这是为加强皇权着想的制度。明武宗不顾大臣的激烈反对，打破祖制，调边军入京，由亲信许泰和江彬统领。如此一来，明武宗将全国政权、军权、监察权牢牢掌握在手中。

朱寿与应州大捷。明武宗虽有着放荡不羁的本性，但他在内心里一直盼望着能够像太祖、成祖那样立下显赫的边功。他之所以听信江彬的鼓动游幸宣府，与这种想法其实有着密切的关系，因为他一直梦想着能在广阔的草原上一展雄姿，开创不世之业。江彬还告诉他那里多美妇，自然更增加了明武宗的兴致。

正德十二年（1517）八月，明武宗一行浩浩荡荡要出居庸关，却被巡关御史张钦拦阻，张钦拒不放行，不让明武宗出关。张钦认为明武宗既没有执行公事的堪合（官府手续），又不符合天子亲征的仪式，即使自己犯下万死之罪亦不会放行。一个小小巡关御史竟敢拦下九五之尊，但是明武宗不但没有生气，反而老老实实返回了北京。当月，明武宗趁着张钦巡视其他关口的时机，终于通过居庸关来到了朝思暮想的宣府。来到宣府后，他营建了"镇国府"。为什么称"镇国府"呢？原来明武宗自封"总督军务威武大将军总兵官"，凡往来公文一律以威武大将军钧帖行之，并为自己更名朱寿，后来又加封自己为"镇国公",令兵部存档,户部发饷。放着九五之尊的皇帝不做,要更名朱寿做将军,亘古以来未见,真是视国事朝政为儿戏。《明史·明武宗本纪》就说他"耽乐嬉游,昵近群小,至自署官号,冠履之分荡然矣"。放着高高在上的皇帝不当,偏要给自己加封一个镇国公朱寿,实际上不过是一名臣子。同年十月,明武宗终于盼到了一显身手的机会。得知蒙古小王子率部叩关来袭,明武宗非常高兴,他亲自布置,希望同小王子大战一场。这场战斗十分激烈,明军一度被蒙古军队分割包围。明武宗见状亲自率领一军援救,才使得明军解围。双方大小百余战,其间明武宗与普通士兵同吃同住,甚至还亲手杀敌一人,极大地鼓舞了明军士气。最后,小王子自度难以取胜,引兵西去,明军取得了一场难得的胜利,史称"应州大捷"。不远的六十八年前,明英宗浩浩荡荡地率五十万大军出征,却在"土木堡之变"中成了蒙古军的俘虏,而此次明武宗率五六万人抗击四五万蒙古军并取得胜利,此后蒙古部落长时间内不敢内犯便是这次战斗的直接结果。而且在这场战斗中,明武宗亲自指挥布置,战术正确,指挥得法,体现了较高的军事指挥才能。应州之役,成为明武宗人生中的高光时刻。

刘瑾与安化王反叛。明武宗沉湎于玩乐之时,大权落到权阉刘瑾手中。正德五年（1510），宁夏安化王反叛，起兵的名义就是清除刘瑾。消息传到北京，刘瑾藏匿起檄文，不敢让明武宗知道檄文的内容。杨一清与太监张永奉命领兵前去镇压。人马未到，当地官员就平息了战乱。杨一清在路上尽力结交张永，二人相交甚欢。

张永为"八虎"之一，然而为刘瑾所排挤。其实不只是张永，其他六人都受到了刘瑾的压制。刘瑾担心他们得到明武宗的宠信而导致自己失势，所以经常在明武宗面前讲其他七人的坏话。一次，明武宗想调张永到南京闲住，圣旨还没下达，刘瑾就要驱逐张永出宫。张永知道自己是被刘瑾陷害的，跑到明武宗面前申诉。与刘瑾对质时，张永气愤得要挥拳打他，被谷大用等人费力拉开。明武宗令二人摆酒和解，但是他们嫌隙日深。刘瑾仍手握大权，人称"立皇帝"。堂堂天子放着至高无上的皇权不用，将权力拱手让给刘瑾，致使朝野只知有立皇帝，不知道有明武宗。

此次，杨一清就是利用张、刘的矛盾，游说张永除去刘瑾。八月，张永、杨一清班师回朝。献俘礼毕，明武宗置酒慰劳张永，刘瑾、谷大用等人皆在座。夜深时，刘瑾起身回府。张永见时机成熟，从袖中取出弹劾刘瑾的奏章，奏明刘瑾违法犯纪十七事，指出安化王造反皆因刘瑾,更说刘瑾有反叛之心,欲图谋不轨。明武宗已有醉意,俯下身子问道:"刘瑾果真负我?"此时,周围的马永成等人也都历数刘瑾不法之事。明武宗遂下定决心,当机立断派人去刘宅,自己则紧随其后。刘瑾听见喧哗声,披青蟒衣出,随即被缚。抄没家产时,搜出私刻玉玺一枚、穿宫牌五百,以及盔甲、弓箭等违禁物品,还发现他平时所用的折扇里面竟然藏有两把锋利的匕首。刘瑾被关押在菜厂,后被凌迟处死。行刑之时,许多人花钱买他被割下来的肉吃掉,以解心头之恨。

最佳导演

孝宗临终托孤,内阁大学士刘健、谢迁、李东阳临危受命。明武宗年纪虽幼,但是颇有主见,而且身边还有关系更为密切的"八虎"为伴,顾命大臣无可奈何。正德元年(1506),礼科给事中周玺批评他嗣位以来"鹰犬之好,糜费日甚",明武宗不以为意。朝臣将明武宗玩物丧志归罪于"八虎",密谋除掉他们。正德元年十月,刘健、谢迁与廷臣纷纷上疏,请求明武宗诛杀"八虎"。明武宗心动,三次派太监到内阁与刘健等商议,想折中处理,将刘瑾发配南京。刘健为英宗、宪宗、孝宗、武宗四朝元老,入阁十九年,任首辅八年,资历无人能及。他依仗资历和正义,坚持己见,拒绝了皇帝的意见。兵部尚书许进劝说,担心过激行为恐怕引发变故,不如按照皇帝旨意办理,但是刘健不听劝,顾虑斩草未除根将留下后患,坚持自己的想法。此时,吏部尚书焦芳暗中将消息通知刘瑾,导致"八虎"当晚围着明武宗跪哭不起。明武宗受到感染,反而将刘瑾升为司礼监太监,处罚了奏请罢黜刘瑾的官员。刘健、谢迁听说后非常气馁,请求告老还乡,明武宗顺势应允。同时焦芳获利,顺利入阁辅政,如此一来,原本较为均衡的政治局面开始向明武宗和宦官明显倾斜。所以说,很多时候仅坚持正确的意见是不够的,还要有策略和方法,因为现实是复杂而多变的。

明武宗和宦官掌握权力的直接后果,就是造成了政治混乱和社会混乱,根本原因在于相对于朝廷官员较为成熟的技术性操作和规范的规章制度,明武宗不受制约的随意性和宦官低下的文化素养难以承担起治理国家的重任。据说,掌握秉笔大权的刘瑾,难以处理重要政务,每天都偷偷将奏折带回家,由其姐夫或狐朋狗友代为起草批示,但是由于水平原因难免文字粗糙,次日焦芳还要为之润色。明朝国家大事,简直成了刘瑾等人的儿戏。没过几年，正直官员远离朝廷，社会底层民生涂炭，先后有安化王反叛、刘六刘七起义，各地不断有人揭竿而起。

明武宗基本上不太理会朝臣的意见，总是按照自己的想法行事。他对宗亲藩王比较友好，基本上是有求必应。正德二年（1507）夏，宁王朱宸濠以巨额私礼贿赂太监刘瑾，恢复了王府护卫。三年后刘瑾伏诛，宁府护卫再次被夺。朱宸濠"辇白金巨万，遍赂朝贵"，结交兵部尚书陆完、权要钱宁等人，于正德九年（1514）四月再次获准恢复护卫。此两件事情中，史料没有过多明确记载明武宗的言语，从结果上看，大概是认可的态度。正德二年十二月，宁王还曾因孝行被加赐二千石禄米、赏衮龙衣等。但在一些原则问题上，明武宗没有丝毫妥协。翌年宁王因赏赐奏请来朝谢恩，明武宗依照礼部提出的惯例断然拒绝。

明代最重要的节日是元宵节，假期长达十天，这是朱棣亲自定下的规定。元宵节期间，全国上下家家户户悬挂花灯。明武宗尤好张灯为乐，花费数以万计。正德九年正月十六日，乾清宫失火，从二更一直烧到了天亮。据坊间说法，此前宁王投其所好，进献奢华奇巧的花灯，让宫内辉煌如昼。有传闻，宁王派去献灯之人进入皇宫悬挂花灯，将花灯紧贴宫柱，此事是否与失火有直接关联，莫衷一是。

然而，随着宁王朱宸濠叛迹愈加明显，明武宗的态度明显发生了变化。正德十四年（1519）五月，朱宸濠鼓动南昌府县学师生及耆老上镇抚衙门表其孝行。巡抚都御史孙燧、巡按御史林潮、镇守太监毕真，各具疏请加褒奖。朝廷中大臣廷议，礼科给事中邢寰强烈反对，礼部尚书毛澄亦极言其不可褒奖，并请治毕真等人阿附之罪。此时，明武宗已经听到了很多有关朱宸濠谋逆的传闻，因此一改以往纵容态度，转而怒斥："宗藩行事，朝廷自知。真燧潮何为辄奏褒奖？其各首实以闻。"真，镇守太监毕真；燧，巡抚都御史孙燧；潮，巡按御史林潮。

接下来，明武宗采取了攻势。御史萧淮奏朱宸濠不遵祖训，图谋不轨，宜早制之。萧淮，广西临桂人，字东之。正德六年（1511）进士，由行人擢御史，官至右佥都御史，巡抚延绥。他在历史记载中没有多少事迹，但他没有想到的是，冒着生命危险呈上的究治宁王奏折，成了正德朝最大、最有影响力事件的导火索。钱宁悄悄将奏章带回家，多次在明武宗面前诋毁萧淮。明武宗没有听信他的话，反而说"虚实久当见之，果诬（萧）淮将焉往"。同时，他将奏章转交内阁，并让他们提出建议。杨廷和老于世故，建言仿效"宣宗处赵府故事"，派遣贵近勋戚大臣各一员持书以往，宣谕皇上保全宗室至意，令宁王改过自新，如此则既能彰显朝廷亲亲之仁，又能妥善解决问题。明武宗没有立即表态，而是又遣司礼监召集皇亲驸马、文武诸大臣于左顺门，命令他们集体研究议处。此举在于广泛听取意见，同时还能考察皇亲大臣所站立场。他们当然明白皇帝心意，集体附和杨廷和意见。于是明武宗遣太监赖义、驸马都尉崔元、都御史颜颐寿，往江西宣谕宁王宸濠。

正德十四年五月，赖义等人携带敕书前往宣谕。《明武宗实录》记载，敕书内容大略为："叔祖在宗室中属尊望重，朝廷所以礼待者，视他宗室不同。但府中事多启物议，流传道路，不无可疑。往者典宝副阎顺等奏诸不法，朕未遽信。近言官所奏亦与顺同，在廷群臣咸谓宗社大计宜存远虑。朕念至亲，且不深究。然隐忍不言，彼此怀疑，亦非两全之道。昔我高祖考宣宗皇帝，常因赵府有烦言，特遣驸马袁容等赍书戒谕，即□□翻然改悔，献还护卫，至今永享富贵。朕今亦为叔祖计，遣太监赖义等赍书奉告，可仿此意，以原革护卫并屯田献还，所夺官民田土，亦皆复其故主，贼首如凌十一等及其党散遣归乡，诸

二、武宗的玩心

拨置者俱不许在府出入。朕亦俯从宽典,并不深究。则朝廷与宗室两尽其道,永永享太平之福矣。此朕至情,天地祖宗实所共鉴,叔祖其图之。"

敕书说明了大小官员交章弹劾宁王的情况,因此明武宗和朝廷已经知道他诸多不法之事,但念至亲且不深究。如果"隐忍不言,彼此怀疑,亦非两全之道",毕竟事情到了必须要解决的地步。如何解决呢?明武宗提出了方案,即仿效宣宗处理赵王的故事,派遣使臣赍书奉告,要求宁王做到四点就可以永享安乐:一是革去护卫并献还屯田;二是所夺官民田土归还其故主;三是贼首如凌十一等及其党散遣归乡;四是诸拨置者俱不许在府出入。四项条件,革军权、断财路、去依附、阻交际,可谓招招致命。赍书宣谕非比寻常,应该说是一招妙棋,能看出明武宗是想主动解决宁王问题。

明武宗尚武,一心想要仿效太祖朱元璋、成祖朱棣披甲挂帅在武功上名留青史,但是此时他似乎没有为可能发生军事叛乱做好准备,譬如在京师或宁王周边增加部署武装力量。宁王也显然不是赵王。赖义等人还没到杭州,钱宁已经派侦卒林华赶到南昌宁王府报信,朱宸濠只好在仓促之间举事,起兵造反。考验明武宗和朝廷的时刻真正地到来了。

三、守仁的初心

　　升南京鸿胪寺卿王守仁为都察院左佥都御史,巡抚南赣汀漳等处。

　　　　　　　　——《明武宗实录》卷一百四十,
　　　　　　　　　　　　　　　正德十一年八月

　　宁王朱宸濠的野心和明武宗的玩心,无意间被一个人遏止了。准确地说,前者被其击败,后者被其破坏。命运似乎安排好了两个人的盛大对决,谁知道却都沦为别人的背景。好比对观众而言,票买好了,座位找好了,安静地坐好,当大幕徐徐拉开时,突然发现主角换人了。王阳明,正是以一种极其悲壮的雄姿,出现在历史节点上,为其瑰丽人生增添了厚重的一笔,为混乱的时代留存了一曲正心的雅音。

　　王阳明是中国历史上一流的哲学家、教育家、文学家和军事家,开创阳明心学,倡导致良知、知行合一，深刻地影响了明清以降的风气，其学说成为中国优秀传统文化的瑰宝。曾国藩称"王阳明矫正旧风气，开出新风气，功不在禹下"。清代文学名家王士禛评价其为"王文成公为明第一流人物，立德、立功、立言，皆居绝顶"。王阳明在江西平定宁王朱宸濠叛乱，是其人生重要节点，也是明朝历史的重要节点。

初见即战，再见决战

正德十一年（1516），王阳明四十五岁，早已名满天下，然而天道不测、造化弄人，却有高不成低不就之感。此时他凭借心学已在民间享有盛誉，但是仕途颇不顺利，职位只

明朝蔡世新《王阳明肖像轴》，现藏上海博物馆

是南京鸿胪寺卿，是一个典型的闲差。鸿胪寺，是掌管朝会、筵席、祭祀赞相礼仪的机构，职掌并不重要。特别是放任南京鸿胪寺卿，更是朝廷对不得重用官员的处置。鸿胪寺卿，官阶只有正四品。

正德十一年八月十九日，王阳明突然被兵部尚书王琼举荐，任都察院左佥都御史，巡抚江西南赣汀漳等处。左佥都御史，仍是正四品官职，属于平级调动，临时差使，但是因为要到江西福建交界地面督办剿匪事务，掌管一个区域的军事、行政、钱粮等事务，相较于远在南京的闲差有重用之意。然而，稍稍能了解内情的人都会知道，巡抚南赣实在是一个吃力不讨好的苦差事。

巡抚南赣，主要职责是平定江西南部山区的叛乱。"南"指江西安南府，"赣"指江西赣州府，"汀"指福建汀州府，"漳"指福建漳州府。以上四地是江西、湖广、福建和广东四省交界之处，同时更是南岭和武夷山脉交错之地，山峦众多，地形复杂。当时，明朝土地兼并非常严重，加之赋税徭役沉重，致使农民纷纷反抗，才有兵部尚书王琼所谓"盗贼纵横，民遭涂炭"之说。南赣四地，在四省交界，多属于"四不管"地带，又因山高林密，便于隐藏，聚集了多股叛民，谢志山、蓝廷凤啸聚江西南安府的横水、桶冈、左溪

三、守仁的初心

等地，池仲容啸聚浰头，陈曰能、高快马、龚福全和詹师富分别占据江西大庾、广东乐昌、湖广郴州和福建南靖等地。此前明朝官军清剿叛民不力，曾多次进剿无功而返。

巡抚南赣，一度出现了无人可用的尴尬局面。难以想象的是在一年之内，朝廷曾经先后派遣三名巡抚都御史督办南赣军务，结果不是因为身体抱恙，就是故意延误，都不能胜任。兵部尚书王琼在《为地方有事急缺巡抚官员事》中坦言："照得先因南赣等处四省接境，地方无官节制，以此添设巡抚都御史一员，专一禁防盗贼，安抚居民。今未及一年，凡升调都御史陈恪、公勉仁、文森、王守仁共四员。内文森迁延误事，见奉敕切责，乃敢托疾避难，奏回养病。"奏章里王琼只点了文森托疾避难，另两人则是未说明缘由，让我们仔细分析。

陈恪，字克谨，号矩斋，浙江归安县人。成化二十三年（1487）进士，授宿松县令，后升御史。正德初年，因逆刘瑾被革职除名，复官后历贵州副使、提督威清等处兵备、贵州按察使、山东右布政使、河南江西左布政使。正德十年（1515）八月，升都察院右副都御史巡抚南赣汀漳等处地方。同年十二月，改为大理寺卿，离开了江西。正德十三年（1518）四月，卒于官，当时只有五十七岁。陈恪是一位能臣，当时吏部奏表彰天下能吏，以陈恪为第一。

公勉仁，字尚德，号西埠，山东临沂人。弘治三年（1490）进士，历任江西道监察御史、太仆寺少卿。因为忤逆刘瑾被逮入锦衣卫狱，降职为盐运司同知。后升四川布政使司参议，因剿匪有功升四川按察司副使、四川按察使、都察院右副都御史巡抚大同。正德十年十二月，命服阕都察院右副都御史公勉仁巡抚南赣等处。正德十一年正月，尚未起行就改任公勉仁他职，为抚治郧阳等处地方，同年七月，卒于官。《明实录》评价其"居官谨畏不失职，然遇事伤于烦琐，无变通之才"。

文森，字宗严，号"白浦先生"，南直隶（大致为今江苏、安徽、上海地区）苏州府长洲人。成化二十三年进士，历庆云、郓城二县县令。正德年初，因宦官刘瑾擅权而致仕。刘瑾伏诛后他重受启用，历任河南道监察御史、文林郎、南京太仆寺少卿。正德十一年正月，升都察院右佥都御史巡抚南赣汀漳等处，文森托病未赴任。正德十二年二月，养病的文森乞致仕，皇帝许之。嘉靖四年（1525）卒于家，享年六十四岁。

王琼奏章中提到的三人在短时间内相继被委任巡

三、守仁的初心

抚南赣汀漳等处，但是一年内三次换将，都未能履行督剿之责。陈恪虽为能吏，但是履新四个月即改任大理寺卿，并且在两年后与世长辞。公勉仁未能赴任，就因身体健康情况难以承担重任而改任他职，半年后卒于官。文森是托疾避难，拒不赴任。此人颇有来头，他是明朝书画名家文徵明的叔父，而且在南京供职，与王阳明同为僚友。王阳明是正德七年历任南京太仆寺少卿、南京鸿胪寺卿，文森同样是正德七年任南京太仆寺少卿，仕途上存在交集。正德九年春，在滁州的王阳明应文森之请，为其先祖文山先生的文集作《文山别集序》。后文森升右佥都御史巡抚南赣，但他发现南赣是一块"烫手山芋"，于是称病而未赴任。为此，王琼在《为地方有事急缺巡抚官员事》对其进行了严厉批评，甚至建言永不叙用，以儆效尤，"其文森既系奉敕切责官员，幸不加罪，合无以后不必起用，以为推奸避事者之戒"。文森不惜以断送前途为代价，拒绝朝廷巡抚南赣的任命，至此绝迹仕途，翌年得旨允许致仕后终老于家。

九月十四日，兵部咨文送到南京。王琼在接连三人未能赴任，特别是文森托病拒绝的情况下，自然担心文森同僚王阳明同样选择拖延避祸，因此在奏章中特意强调，"或王守仁亦见地方多故，假托辞免，或在途拖延，不无愈加误事？合无早请写敕本部，差人赍捧驰驿，昼夜前去南京，交与守仁，上紧前去南赣地方"。同时严惩文森，永不叙用，以此警示他人不要重蹈覆辙。

王阳明确实对江西政局有所顾忌，同时又是遵循辞让的官场惯例，上疏谦辞新任，乞以旧职致仕。有文森在前，王阳明自然知道巡抚南赣等地实为苦差，其间是否有顾忌宁王朱宸濠因素在内不得而知，但内心是不愿履职上任的。他上疏明武宗，首先谢恩"蒙恩升授前职"，但"闻命惊惶感泣之余，莫知攸措"，面对巨大的压力和圣意，依旧想要效仿文森乞致仕，"臣自幼失慈，鞠于祖母岑，今年九十有七，旦暮思臣一见为诀"。孝是儒家思想的核心，以孝治国是传统社会的重要理念。王阳明以尽孝祖母为由来推辞，甚为得体，又有"一见为诀"之语感人至深，更为重要的是，向朝廷表明了辞避的心意。

王阳明内心显然是矛盾的，在上疏推辞的同时，他其实已经做好了巡抚南赣的准备。他上疏辞任乞休后，想要回家看望祖母。南都僚友、学生等多次为其饯行，明确知道王阳明是要赴江西任职。"正德丙子九月，守仁领南赣之命。大司马白岩乔公、太常白楼吴公、大司成莲北鲁公、少司成双溪汪公相与集饯于清凉山，又饯于借山亭，又再饯于大司马第，又出饯于龙江。诸公皆联句为赠，即席次韵奉酬，聊见留别之意。"从同僚诗友的送别赠诗中，无论是标题还是内容，不难看出他们认为王阳明是会履职赴任的。南京户部尚书邓庠作《送王都宪伯安巡抚南赣郴桂等处》中写道"遥想轺车行部处，南荒草木识威名"。轺车，是古代用一匹马驾驶的轻便小车，指王阳明即将巡抚南赣等地清剿匪徒之艰辛，勉励他"魏公自有平羌策，萧相何须汗马劳。捣穴力除狼虎虐，磨崖功并斗山高。捷书入奏天颜喜，懋赏恩覃金子袍"。邓庠，字宗周，号东溪，湖南宜章城人。成化八年（1472）进士，历任行人、御史、两广布政使、南京右都御史。正德九年，明武宗再次起用致仕的邓庠，任都察院左都察副都御史，不久升任南京户部尚书。

王阳明对巡抚南赣内心是矛盾的，既有对前途的担忧、对皇权的敬畏，更有对良知的自觉。诗文显示王阳明辞避新职的决心似乎并不坚决，南下巡抚南赣是更加可能发生的情况。他在《和大司马白岩乔公诸人送别》诗句中，既有"莫将分手看容易，知是重逢定几时"的哀叹，同时更有"无补涓埃愧圣朝，漫将投笔拟班超"的壮志，这正是他剿灭巨盗、为国为民效命的决心。大司马乔公为南京兵部尚书乔宇，

"诸人"则包括太常寺卿吴一鹏、国子祭酒鲁铎等人。乔宇,字希大,号白岩山人,山西太原府乐平县(今山西省晋中市昔阳县)人。成化二十年(1484)进士,历户部左侍郎、右侍郎,拜南京礼部尚书,后改兵部尚书,参赞机务。明世宗即位,召为吏部尚书。

九月二十五日,王阳明在龙江关整装待发,太常寺卿吴一鹏前来饯行。王阳明在江舟之上遵嘱将送别诗《龙江留别诗》抄录并送与吴一鹏。此篇诗稿书法,现藏于故宫博物院,为王阳明书法作品代表作。九月三十日,王阳明在龙江度过了自己四十五岁生日,随即发舟返回家乡余姚。十月二十四日,朝廷下达了催促赴任江西巡抚的敕谕,并给予了很大的权力,"一应地方贼情、军马、钱粮事宜,小则径自区画,大则奏请定夺",间接地为后来平定宁王朱宸濠叛乱提供了有利条件。十一月十四日,兵部咨文再次催促赴任,奉圣旨"既地方有事,王守仁着上紧去,不许辞避迟误"。王阳明赶至浙江杭州府待命,自述"闻忧惭",即担忧和惭愧的心理同时存在。十二月初二,接吏部行咨文,对于其致仕请求予以驳回,催促启程就任。吏部奏奉圣旨"王守仁不准休致。南赣地方见今多事,着上紧前去,用心巡抚"。王阳明当即明确表态,当月初三启程,体现了他的责任与担当,

草书《龙江留别诗》卷，现藏故宫博物院

也体现了中国文人"先天下之忧而忧，后天下之乐而乐"的高贵品格。

正德十二年（1517）正月，赴任的王阳明路过南昌，按照规矩拜见宁王朱宸濠。南昌，王阳明并不陌生，应该说还很亲切，因为17岁时他正是在南昌完婚，并且居住了一年半，度过了美好的新婚时光。不过此次经过南昌，他心情五味杂陈，或许更多的是沉重，因为他要直面举国瞩目的宁王朱宸濠。

这是王阳明与宁王朱宸濠初次见面，初见便是试探，对于双方而言都是一场考验。据张瀚《松窗梦语》记载，见面时朱宸濠大谈朝政缺失，装作愁苦之状，不住叹息。军师李士实说得更加露骨，"世岂无汤武耶？"商汤、周武王是历史上商朝、周朝的开国之君，意思是当今朝政混乱会有汤武一样的明君出现。王阳明则回答"汤武亦须伊吕"。商朝时大臣伊尹辅商汤，西周时大臣吕尚佐周武王，皆有大功，后并称"伊吕"，泛指辅弼重臣，意思是明君要有良臣辅弼，希望朱宸濠能做个辅佐良臣。朱宸濠讲"有汤

三、守仁的初心

武便有伊吕",意思是要有明君才会有伊吕这样的良臣,暗示明武宗不是明君,而他也不愿做辅臣。王守仁说"若有伊吕,何患夷齐!"夷齐,伯夷和叔齐的并称。《史记·伯夷列传》里面说,伯夷、叔齐是孤竹君之二子。孤竹君欲立叔齐,叔齐让伯夷,伯夷不肯,于是逃走,叔齐亦不肯而逃。伯夷、叔齐逃离孤竹国后,决定投奔养贤纳士的西伯侯姬昌。到达西岐后,西伯侯姬昌已死,武王姬发正率师东行讨伐殷纣。夷齐二人便拦住武王的马头,告诉他父死不葬还动武是不孝,以臣弑君为不仁。武王欲杀掉伯夷叔齐,因姜子牙求情而得免。伯夷、叔齐感到天下昏暗、周德衰颓,离开周地到首阳山隐居,最后不食周粟,饿死在首阳山。王阳明的意思是,有良臣辅弼皇帝,就不用担心出现伯夷叔齐劝勉止戈息武不成,随后隐世饿死的情况。双方经过初步试探,均已大体知晓对方的意图。有限的几部史料,对宁王与王阳明初次相见的记载大体相似,没有更多的细节可供后来者考察。此事在当时原本是一件走过场的程序性仪式,但是从历史发展的结果来看,这次见面对后续发展和最终结果都起到了重要作用。不过非常有意思的是,朱宸濠和王阳明经过会面后似乎得到了截然相反的认知。王阳明到达辖区后除剪除盗匪外,还派人暗中观察宁王朱宸濠的动静，同时上疏请提督军务，意在防范和对抗宁王朱宸濠极为可能的反叛之举。而朱宸濠好像对王阳明颇为认可，后来曾用心拉拢，欲请其入王府讲授切磋学问，甚至在向朝廷内应要求更换敌对的当地官员时，提到王阳明是可以接受的备选人员之一。此事虽然只是朱宸濠单方面考虑，后来却给王阳明惹来了巨大的麻烦。总之，他们当时都没有想到，初次见面即是初战，两年后再次见面已是决战。

父为状元，子为圣人

如果宁王朱宸濠真正了解王阳明的过去，他就很有可能不会犯下轻敌的错误。

王守仁，本名王云，字伯安，浙江余姚人。青年时期，他曾在绍兴市会稽山阳明洞天修炼，自称阳明子、阳明山人，后世尊称为阳明先生。王阳明的世系，被称为秘图王氏。之所以得此名，是因为余姚秘图山（亦有秘图湖之说）。秘图山，在余姚县（今余姚市）北六七十里处，传说"上有石匮，夏禹藏秘图之所"，又说"禹藏秘图，舜耕历山"，只可惜秘图山已被夷为平地，历山已只剩山脚乱石。秘图王氏世系，其源流说法不一。钱德洪在《阳明先生年谱》

中说:"其先出晋光禄大夫览之裔,本琅琊人,至曾孙王右军将军羲之徙居山阴。又二十三世,迪功郎寿自达溪徙余姚,今遂为余姚人。"秘图王氏尊琅琊王览为始祖,王羲之迁居绍兴,王寿始迁余姚。然而据专家考证,王氏宗祖源自周太子晋,后迁居山东琅琊,为琅琊王氏。王览孙王导迁居金陵为乌衣王氏,王览曾孙王羲之迁居绍兴为绍兴王氏,两者分别出自王览子王裁与王正,虽同族不同支,可谓世系泾渭分明。北宋初年,乌衣王氏后人王祐在庭院手植三棵槐树,故后裔称为三槐王氏。今天,三槐王氏是中国王氏最大一支,闻名天下。几经发展,王季迁居余姚秘图,为余姚王氏始祖。

王阳明的祖父王伦,号竹轩,一生未仕,熟于经史,在家乡授徒为业。父亲王华,字德辉,号实庵,晚号海日翁,曾读书龙泉山中,学者又称他龙山先生。六岁时,他与同伴在水边玩耍,有人喝得酩酊大醉,在水边洗脚,走时掉落钱袋,内有数十金。王华偶然拾到,想到失主酒醒后必然会回来寻找,又担心别人捡去,遂将钱袋投入水中,并在一旁等候。有顷,失主果然号泣而来,王华迎上去询问清楚,指向藏金所在。失主跳到水中,果然找到钱袋,喜极,以一金酬谢。王华笑道:"不取尔数十金,乃取尔一金乎？"拾金不昧，分文不取。成化十七年（1481）王华高中辛丑科状元，授翰林院修撰，历任翰林学士、詹事府右春坊右谕德、詹事府少詹事、礼部右侍郎，正德初年晋礼部左侍郎、南京吏部尚书。

成化八年（1472）九月三十日，王守仁出生于浙江绍兴府余姚莫云楼。吉人自有天相，据说母亲郑氏怀孕十四个月才诞下王阳明。祖母岑氏梦见云中鼓乐声响，神人着绯衣，亲手将婴儿送给岑老夫人。岑老夫人梦中惊醒，刚好听到王阳明出生时的初啼之声。祖父王伦遂为之取名为"云"以应瑞梦，乡人广传其梦并将莫云楼更名瑞云楼。瑞云楼，是王阳明出生之所，位置在余姚龙山北麓。之所以原称莫云楼，是因为该楼主人姓莫，当时王华尚未高中状元，靠做塾师授课为生，租住在莫氏家中。

关于瑞云楼，还有一个趣事。王阳明的门生传人、明代儒家心学代表性人物钱德洪，后来同样是家族租住在瑞云楼。钱德洪出生在瑞云楼，而且进士及第，终生追随恩师王阳明，可谓极其巧合。王阳明五岁多还不会讲话，家里人很着急。一日，一位道士来到家中，告诫祖父王伦"天机不可泄露"。王伦觉醒，不再提瑞梦之事，并将王云更名为王守仁。有一天，王阳明突然开口讲话，而且是背诵祖父王伦曾经

瑞云楼

读过的书籍。王伦惊诧,王阳明告之,此前虽不能讲话但是已经默背于心。

王阳明在七岁之前,一直居住在瑞云楼,其父王华则外出为子弟师,授课以养家。七岁时,王华携子守仁外出任教,以便随时教其读书作诗。王阳明在幼年时就展现出过目不忘和聪慧绝伦的天赋。八岁时,王华领其游山,看见杂耍场中有撮杆者,随口出上联"百尺竿头进步",王阳明对"千层浪里翻身"。上联强调要在学业上努力进步,下联寓意考场金榜题名,不但对仗工整,而且意思甚好。因父亲到浙江嘉兴的海盐任子弟师，王阳明随往入住资圣寺一年光景。他早期曾笃信释老，自称"仆诚生八岁而即好其说，今已余三十年矣"，大略就是从此段经历开始的。王阳明九岁时，父亲王华在浙江乡试中第二名，有传言说考官本想取其解首，但是嫌弃其为白衣（平民身份）而将榜首给了别人。

成化十七年（1481），王华在殿试上被宪宗朱见深钦点第一甲第一名，高中状元。正如乡试有传闻一样，王华得状元后同样有流言蜚语。施显卿《奇闻类记》中传言同榜的黄珣在大学士刘珝家做塾师。刘珝，字叔温，号古直，山东青州府寿光县（今寿光市）人，时任户部尚书、太子少保兼文渊阁大学士。刘珝很是欣赏黄珣的人品学问，希望他能在殿试中崭露头角，于是令其子悄悄拿一张纸条前去请教，内容是"汉七制，唐三宗，宋远过汉唐者八事，亦可出乎"，实际上这就是殿试考题。事情极其隐蔽，可是黄珣没有理解刘珝的良苦用心，草草作以回答，未能深想。黄珣是浙江余姚人，与王华有同乡之谊，两人经常走动。恰巧王华拜访黄珣时看到桌案上纸条，又得知刘珝所写，就多了一个心眼，回到客栈就开始收集资料、仔细琢磨。果然殿试时就考了此题，王华一鸣惊人，黄珣只能屈尊榜眼。当然，此事为野史闲说，不足为凭。

王阳明十一岁时，因父亲在京任职翰林院编修，他在祖父王伦带领下赴京团聚，住在长安西街。乡村少年来到天子脚下，与高官文士比邻而居，自是眼界大开。然而，王阳明到京后给人留下第一印象，就是释放了贪玩的天性。同时代思想家、王阳明一生的学术挚友湛若水在《阳明先生墓志铭》中很是直白地讲过王阳明曾有"五溺"，"初溺于任侠之习，再溺于骑射之习，三溺于辞章之习，四溺于神仙之习，五溺于佛氏之习"。此评语，大体可以看作王阳明前半生的真实写照。

当时王阳明毕竟还是一个孩子，显露出好动贪玩、旷达不检的一面，常同一群少年游乐，喜好任侠，骑马射箭，经常出入六博斗鸡、仙释相卜之所。父亲王华为此忧虑，请塾师严厉督导，想要收敛其身心。王阳明因老师督责过严，郁郁不乐。他趁塾师暂时不在，率领同学逃课外出玩乐。他们仗着身轻体健，攀爬高大的树木，如履平地。王华知道后，将其锁在房间内，令其安心读书。王阳明聪明伶俐，很快就完成了父亲安排的功课，偷偷拿到钥匙又跑出去玩耍。王华回来后，检查功课确实没有缺失，可是时间久了，父亲还是察觉了王阳明贪玩的情况，仍旧很担忧。

据说王阳明由贪玩变得用功,始于相士之言。某天,他与同学在长安街上游玩,路遇一位相士,相士见之诧异,相面后告诉他几句话:日后胡须到领口时入圣境,至上丹台时结圣胎,至下丹田时圣果圆。王阳明听后深有感触,自此改掉了贪玩的习性,每次看书时则静坐凝思,眼前放着书本,眼光望向远方,若有所思。他的举动引起了误解,塾师因为没有听到读书之声有些生气,斥责他没有用功读书。王阳明郑重地告诉塾师,自己要做第一等事。塾师反问道:"除了读书登第,还有什么是第一等事?"王阳明回答:"读书登第还是第二等事,为圣贤乃第一等事。"此时,王阳明已经立下了"为天地立心,为生民立命,为往圣继绝学,为万世开太平"的宏大志向。

成化二十年(1484),王阳明十三岁,母亲郑氏去世,年仅四十一岁(一说四十九岁)。王华于嘉靖元年(1522)离世,夫妻两人离世时间相距三十八年。成化二十一年(1485),王华娶继室赵氏、侧室杨氏,时赵氏只有十七岁。王华一生共有四个儿子,其中长子王守仁(阳明)是正室郑氏所生,官至南京兵部尚书、新建伯;三子王守文为继室赵氏所生,为郡庠生。继室赵氏另有一女,适南京工部都水郎中同邑徐爱；次子王守俭、四子王守章为侧室杨氏所生，守俭为太学生。

成化二十二年（1486），王阳明十五岁，用了一个月时间北游三关，先后过居庸关、将军石关、马兰峪关，慨然有经略四方之志。关于此次出游的动机，专家考证或与蒙古鞑靼部侵袭明朝有关。据《明史》卷三百二十八记载，成化二十二年蒙古三万人马过大宁、金山，涉老河，攻杀三卫头目伯颜等，掠去人畜以万计。消息震动京师，王阳明或受此影响，决意游历边关，借此考察边务。

同年，还发生了一件事情，对王阳明有很大的触动。王阳明有志于圣人之学，关注宋儒格物之学，遍求朱熹遗书阅读钻研。他不但读宋儒之书，还要亲身体会其中的道理。一天，他对先儒"众物必有表里精粗，一草一木，皆涵至理"的理论产生浓厚兴趣。面对学斋前的数根劲竹，他试图格他理之所以然。就这样静对竹子，深思七日，想要格出其中的道理，可是无论如何都不得其理，最后竟然因劳思而致疾。事后，他有些灰心丧气，自责圣贤不容易做到，于是转向辞章之学与科举之业。

成化十八年（1482）至二十三年，王阳明在父亲督促下于京师入塾馆受学。成化二十三年八月，宪宗卒，孝宗即位，王阳明返回家乡专注科举。其实，王华原本的想法是通过荫叙制度让王阳明入国子监。由于新帝初立，荫叙之事增加了变数，而且他希望王阳明以余姚县学诸生身份参加浙江乡试，脱颖而出，走上仕途正路。因此，王阳明从京师返回余姚，一门心思准备乡试。

明代文官荫叙制度，最早确定于洪武十六年（1383），但是没有立即施行，通常是皇帝布恩于个别大臣，所以明朝初年文官荫叙皆属皇帝给予的特恩。明朝中期以后，文官荫子逐渐形成制度，主要内容是以阁臣荫叙为核心、以三品京官考满荫子入监为框架。与前朝相比，明显缩小了文官荫叙的范围，而且荫叙与官员考核相结合，将承荫者送国子监教育入仕而非直接任官。此时王华官居翰林修撰，只是从六品，想达到三品京官的要求，还有很长一段路要走，时间绝不会短。王阳明已经十六岁，正是参加乡试的时候，等待荫叙、荒废时光绝非上策。事实上，直到弘治十六年（1503），王华因参与预修《大明会典》《通鉴纂要》之功擢升礼部右侍郎仍兼任日讲官，才晋升正三品官职，距离成化二十三年足足有十六年之久，而彼时王阳明已然高中进士，官居刑部主事。

三、守仁的初心

弘治元年（1488），王阳明完婚，迎娶诸氏为妻。同样出自浙江余姚的诸让，是王阳明的岳父，官居江西布政使司参议。两家早有婚约，是年诸让特意来书招王阳明前往成亲。七月，十七岁的王阳明奉父命来到江西洪都（南昌别称），在布政使司官署完婚，随后居住一年半时间。据《诸氏宗谱》记载，诸让，字养和，号介庵，正统四年（1439）生，弘治八年（1495）卒，享年只有56岁。他祖籍濠州（今安徽凤阳），诸氏远祖诸彦明在元明间迁居江苏仪真（今仪征），族人后再徙浙江奉化，三迁余姚县城东南里，科第连绵，逐渐成为余姚望族。诸让是成化十一年（1475）进士，历任南京吏部文选司主事、本司员外郎、本司郎中、江西布政使司左参议、山东布政使司左参政，诰授中大夫。妻张氏，侧室周氏，有子五人，分别是纮、弦、缉、经、绣。有女二人，长女适新建伯守仁，幼女字吏部侍郎谢丕。诸让虽然在历史上名气不大，但是选女婿的眼光确是一流的。大女婿王阳明官至南京兵部尚书、新建伯，亲家王华是成化十七年（1481）状元、官至南京吏部尚书；小女婿谢丕，与王阳明同样是余姚人，弘治十八年（1505）一甲三名进士（探花），官至吏部左侍郎兼翰林学士掌院事，亲家谢迁是成化十一年状元，官至兵部尚书兼东阁大学士，曾在弘治朝、嘉靖朝两次入阁，是明代中期著名阁臣。

王阳明新婚宴尔，在南昌住了一年半。他住在岳父布政使司官署里，在爱妻陪伴下读书写字。此间最大成就，则是王阳明练字不辍，书法得以大进。清人朱彝尊推重王阳明的书法，称其"诗笔清婉，书法尤通神，足为临池之模范"。意思是他的书法功力精深、字字通神，足以堪称后世临摹的范本。明代著名书画家、文学家、戏曲家、军事家徐渭，则将其与王羲之并论，认为"王羲之以书掩其人，王守仁（阳明）则以人掩其书"，因为他的名声实在是太大了，掩盖了他在书法造诣上的名气。目前在故宫博物院等博物馆还藏有王阳明的书法作品，如果有机会一定要细细品鉴。

弘治二年（1489）十二月，王阳明偕夫人诸氏匆忙赶回余姚，原因是得到其祖父竹轩公王伦生病的消息。十二月下旬，祖父病逝。弘治三年正月，王华奔丧回余姚葬父。此后三年，王华居家丁忧，利用此机会在家教授从弟王冕、王阶、王宫，以及从弟王臣妹婿牧相，当然包括悉心指导王守仁。牧相与王阳明是同年，后来王阳明被贬龙场驿与其有直接关系。王华早年清贫之时，多次外出任弟子师，教授科业很有经验，此时更是以状元身份教授本族子弟，讲析经义。王阳明受父亲家教三年，收敛身心，刻苦攻读，多至夜半，读书不辍。弘治三年，吴伯通任浙江提学副使，提督学政，王阳明拜为门下士。吴伯通，四川广安人，官至云南按察使，为政三十八年，大兴书院，从学者两千人，有"天下第一士子""当代真儒"的美誉。

经过数年苦读，弘治五年八月，王阳明赴杭参加浙江乡试，高中壬子科乡举第六名，时年二十一岁。该科人才济济，更是多忠贞之臣。明代文学家、史学家王世贞在《弇山堂别集》称之为"壬子浙江三仁"："浙江壬子举人为余姚孙公燧、钱塘胡公世宁、余姚王公守仁。宸濠之变，胡公以按察使副使指其渐，孙公以巡抚右副都御史殉其节，王公以提督右副都御史戡其乱。"这是说，在宁王朱宸濠叛乱事件中，浙江壬子举人中涌现出三位刚正不阿、气节感人、勇担大任的人物，分别是：时任福建按察使胡世宁，在宁王蓄意谋叛时冒死向明武宗上疏揭露其反叛之迹，宁王恨之入骨，用诬陷手段将其入狱，让他几乎死于狱中；时任右副都御史兼江西巡抚孙燧，在宁王叛乱时因当面指责其谋逆行径而惨遭杀害；时任副都御史兼江西巡抚王守仁，在宁王叛后振臂一呼平定叛乱。他们三人是贯穿在宁王叛乱事前、事中和事后三个阶段的关键人物,更是彰显出中国文人风骨、气节和才华的卓越代表。

浙江布政使司左布政使刘大夏,主持了浙江壬子科,被赞誉"得人最盛"。是年浙江乡试,还出现了一点意外。考试之时大雨如注,贡院号舍都灌入雨水。考生急于避雨,都跑到公堂。按察使见状命人驱逐考生,考生闹起事来,向按察使投掷瓦砾。按察使吓得逃跑了,公堂之内乱哄哄。官员们都很害怕,想要改成第二天再考。刘大夏说不行,制度不是这样的。而且雨虽然大,晚上一定会放晴。于是他令一名武官站在桌案上,传达他的话:诸位考生自己考虑清楚,认为能够考中的人留下来,自认没有机会的可以离开。考生蜂拥而出,在场官员非常担心,以为考生都要跑光了。到了傍晚时分,大雨果然止住了,而留下来要求提供蜡烛用来答卷的考生还有八百多人,官员都佩服刘大夏临危不乱、处置得法。

乡试小试牛刀,弘治六年(1493)王阳明满怀信心到京师参加会试,只不过事与愿违,会试遗憾下第。此时,岳父诸让服阕(按照规定守丧期满除服),到京师吏部报到,准备起复谋求职位。他勉励王阳明,"尔质则美,勿小自盈"。然而,仅仅两年之后，诸让就以山东布政使司左参议之职病逝在任上，王阳明作长诗祭文驰奠。弘治六年闰五月，王华服阕，升右春坊右谕德，充经筵讲官。王华回乡丁忧之前，已经履职九年，满足晋升条件，此次是循例升迁。王阳明在下第后返回余姚，此时随同父亲来京，在国子监就学。弘治九年（1496），王阳明会试再次下第。接连两次科举失利，并没有让其受到负面影响。据《阳明先生年谱》载，他甚至说出了"世以不得第为耻，吾以不得第动心为耻"这样的名言，可见王阳明在修身养性方面已有很高造诣。

弘治九年，王阳明返回余姚专心科举。路经南京，他向朝天宫道士尹真人学习道法，修炼真空炼形修行法，自己还创作了口诀歌辅助修炼，正是湛若水所言"四溺于神仙之习"的阶段。翌年，王阳明举家由余姚搬迁到绍兴光明坊。至于搬迁的原因，据《阳明先生年谱》讲，一则是因为王华喜欢绍兴的山水佳丽环境优美，二则是因为王华认为绍兴是先世故居之地。王阳明在家中专心准备科举，同时还留意国情朝政。因当时漠北蒙古的军事威胁，边关不靖、边报甚急，朝廷令举荐将才却未得良将，二十六岁的王阳明遂有志于学习兵法、留意武事，凡兵家秘书莫不精究，甚至宴请懂兵法的宾客时，将果核列成阵法与对方切磋琢磨。我们很容易联想到，这些军事知识为日后王阳明平定南赣、宁王朱宸濠谋反以及两广叛乱奠定了军事基础。

弘治十一年（1498）三月，皇太子朱厚照八岁，为培养将来的接班人，明孝宗朱祐樘令太常寺卿兼翰林院侍讲学士程敏政等多人东宫侍班，王华以右谕德兼东宫讲读，仕途前景看好。弘治十二年（1499）二月，王阳明经过六年三次会试终于进士及第，高中二甲第六名。该科主考官为太子太保、礼部尚书兼文渊阁大学士李东阳，礼部右侍郎兼翰林学士程敏政。然而，原本平淡如水的会试，却因为户部给事中华昶的一份奏章变得波澜起伏。华昶指责主考官之一的程敏政鬻题，参加会试的江阴徐经、吴县（今江苏苏州）唐寅因贿得题。皇帝很重视，特命正考官李东阳覆阅。最终的结果对王阳明没有丝毫影响，只是令大才子唐寅此后绝迹仕途，不过从另一方面来看，中国因此多了一位书画名家。登第后的王阳明，学而优则仕，正式进入仕途。五月，祖母岑太夫人八十寿，在京众多官员亲友祝寿，同时祝贺王阳明举进士，为一时盛事。

王阳明的仕途，由于自身的天分和家庭的影响，应是顺风顺水。他由观政工部做起，曾奉命出使关

三、守仁的初心

外,视察边戍军屯,归来上陈言边务疏,献安边八策。此后任刑部主事、兵部武选司主事等职,加以历练学习。弘治十三年(1500)六月,授刑部云南清吏司主事。与同僚陈凤梧、潘府、郑岳等人讲学论文,结成西翰林文士群体。十月,任提牢厅主事。"狱之繁,岁以万计"。弘治十四年(1501)八月,奉命南下直隶,赴淮安等府审决重囚。

然而,王阳明走了一条与宋儒相似的"出入释老"后"归于孔孟"的思想道路,进而对他的仕途产生了深刻的影响。在前程似锦的仕途前,他对释老之学似乎更加感兴趣。在南下审案后,他游历九华山等地,寻僧问道,遇到了道士蔡蓬头。钱德洪《阳明先生年谱》:"遂游九华……适时道者蔡蓬头善谈仙,待以客礼请问。蔡曰尚未。有顷,屏左右,引至后亭,再拜请问。蔡曰尚未。问至再三,蔡曰汝后堂后亭礼虽隆,终不忘官相。一笑而别。"蔡蓬头据传是得道之人,《九华纪胜》载:"蔡道士,不知所自来。常蓬首不栉,人以蓬头称之。弘治中居九华之东岩下,后不知所往。"

弘治十五年(1502)二月,他回京途经镇江府,往丹阳访云谷汤礼敬,游茅山道教圣地,"飘然有脱屣人间之志"。五月回到京师复命,到了九月事情发生了重大改变，不知道是否蔡蓬头"终不忘官相"等语产生了影响，王阳明感叹："吾焉能以有限精神为无用之虚文也！"他毅然决然地告病归越。他返回绍兴，修筑阳明洞，究极仙经祕旨。"静坐，为长生久视之道，久能预知。"甚至钱德洪《阳明先生年谱》记载："一日坐洞中，友人王思舆等四人来访，方出五云门，先生即命仆迎之，且历语其来迹。仆遇诸途，与语良合。众惊异，以为得道。"此段说法难免牵强附会，但是说明王阳明筑室阳明洞中行导引术之事。纵观其一生，王阳明平生好静坐，运气导引，调息吐纳。

此处阳明洞天，在绍兴宛委山。据康熙《会稽县志》记载："龙瑞宫，在宛委山下，其旁为阳明洞天。"《越中杂识》谓："阳明洞天在龙瑞宫旁，是一巨石，中罅。道家第十洞天也。"王守仁结庐石侧，读书修真，间与诗友相会，故学者称其为阳明先生。如今的阳明洞天是一块巨石，巨石前的一块平地被认为是王阳明搭建草舍的地方。有诗文《阳明思乡》写："独夜残灯梦未成，萧萧窗竹故园声。草深石屋鼪鼯啸，雪静空山猿鹤惊。"修身悟道，王阳明颇有成果。

弘治十六年，他到钱塘南屏净慈寺养病，静坐修真，然而思绪萦绕在祖母岑太夫人与祖父龙山公，未能抛却思念。思考很久，忽然感悟："此念生于孩提。此念可去，是断灭种性矣。"后来多次往来南屏、虎跑诸寺庙，一次看到一禅僧，已经坐关三年，不语不视。王阳明喝之曰："这和尚终日口巴巴说甚么！终日眼睁睁看甚么！"禅僧惊起，睁开眼睛与他对语。王阳明询问其家中情况，禅僧对答有母在。王阳明问他有没有思念的想法。禅僧坦言不能不想念。王阳明告之爱亲乃是本性，禅僧流涕感谢。第二天询问他人，得知禅僧已去矣。阳明隐居修真，并不是真的要归隐山林，而是"非独以时当敛晦，亦以吾学未成"，想着学有所成。待后来其父回绍兴省亲，应有所教诲，然后王阳明决定再次出仕。

弘治十六年冬十月，礼部右侍郎王华奉命祭江淮诸神，便道（绍兴）省亲，同时还要办理一件家庭私事。他找到了提督学校的浙江按察副使赵宽，请其在绍兴府学诸生中物色女婿。赵宽经过认真思考后，慎重地推荐了徐爱。徐爱不但成了王阳明的妹夫，还是他最早的入室弟子之一。王华、王阳明父子见面畅叙，一定谈到了人生与仕途，不久后王阳明选择了重新出山再入仕途。

弘治十七年（1504），礼部建议用京官主持各省乡试，因而山东聘请了刑部主事王阳明。六月，王阳明病愈,接受聘请启程赴山东主考乡试。一定不要看轻了乡试,这是在省会城市举办的省一级的人才选拔考试,三年才考录一次,每次全国只产生一千五百名左右的举人。这些举人每三年会有一次机会高中进士入朝为官,名额约三百人,即使落榜亦可在地方体面地生活,读过名篇《范进中举》就可知,高中乡试的意义有多重大。八月九日至十九日,王阳明主考山东乡试。明朝乡试考三场,这场考试八月初九为第一场,十二日为第二场,十五日为第三场,至十七日结束。录取举人七十五人,穆孔晖为第一名。穆孔晖字伯潜,号玄庵。山东堂邑(今聊城市东昌府区)人,历任翰林院检讨、南京礼部主事、翰林院侍讲学士、南京太常寺卿等官。他最初并不信王阳明的学说,晚年乃笃信之,深造禅学顿宗。王守仁任南京兵部尚书时,穆孔晖在南京任职,有机会亲聆其讲学,由此笃信其学,并且将良知说与佛学"顿悟说"结合。弘治十八年三月,在京师进行的殿试取进士三百零三名,穆孔晖在榜,同榜者还有严嵩、湛若水、方献夫、张邦奇、陆深、周广、郑一初、郑善夫等人,后来多与王阳明关系密切,多数向其问学,成为其门人。

四、仕途与学问

降兵部主事王守仁为贵州龙场驿驿丞。

——《明武宗实录》卷二十，
正德元年十二月

弘治十八年五月七日，孝宗薨，明武宗即位，大明王朝进入正德时代。

王阳明时年三十四岁，年富力强，对新君充满期冀，清代发现的一枚古砚显露了他期盼朝廷更化之情。同治《平江县志》记载，清代初年，有人在县东关掘井，意外发现石砚一枚。石砚呈现正方形，石色青，有白点五，高四寸，广两寸有奇。上面刻有小篆"五星砚铭"四字，左傍署正德，年份缺失，右署春王正月。下面刻有铭文，铭文曰："五气五行，五常五府。化育纪纲，无不唯五。石涵五星，上应天数。其质既坚，其方合矩。蕴藉英华，包涵今古。"后面有王守仁的落款。

由正德年号和王正月、阳明印文等,不难推断出石砚是王阳明在正德元年新帝即位之时刻制。印文虽然简单,却不平凡,更是从中可见王阳明对新君的期待。"王正月"三个字,大有讲究。儒家经典《春秋》,始于鲁隐公元年,终于鲁哀公获麟事,记录了十二公、二百四十二年事。而鲁隐公元年事,又以"元年春王正月"为全书开篇之语。此语虽然简单,但是令学者不解的是,后面没有记载具体事项,体例与其他条目记载史实有很大区别,如《春秋》第二句就是"三月,公及邾仪父盟于蔑",时间后面记载有具体的事情。《春秋》全书记"春王正月"95次,无事亦记之。后世学者对此百思不得其解,但多认为其中蕴藏深意。我们都知道,《春秋》用语虽然简洁,但是笔墨中隐含着史官的褒贬,这被称为春秋笔法、微言大义,成为中国史学界引以为傲的文化传统。"春王正月"正是如此,意思是"人君南面而听天下,视时候以授民事"的开始。所以两千多年来学者普遍认为《春秋》以此句为始,以此句为纲,不仅可以使"乱臣贼子惧",也可以警醒人君要"谨始慎微",以天下为重,提醒、劝诫国君要有"贵微重始""谨始慎微"的意思。

石砚名为五星,不仅是因为上有五个白点酷似五星,更是因为五星在传统文化中富有深意。汉代以后的方术家认为,五星聚合会带来很大的政治变动,并且尤其与帝王命运有关。据说黄帝即位正是五星连珠之时。尧帝登位时也出现了五星连珠的现象。因此,五星聚合成了祥瑞之兆。据《宋书·天文志》记载,"周将伐殷""齐桓将霸""汉高入秦"都曾出现"五星聚"的天象。

为何会在平江县发现王阳明石砚呢?平江县隶属湖南省岳阳市,位于湖南省东北部。据专家考证,应当是正德二年(1507)王阳明被刘瑾陷害,被明武宗谪发贵阳,沿途路过平江,才有此机缘。王阳明从南昌出发赶赴龙场驿,经萍乡、醴陵,在长沙居八日后过沅湘。平江县临近长沙,或许正是王阳明路经平江时遗失石砚在此。石砚现藏湖南省平江县博物馆,静静地见证着五百年斗转星移的变迁和王阳明跌宕起伏的人生。

贬谪出京

新旧权力交接的时候,往往是政治清算的开端。在弘治皇帝驾崩一个月后,即弘治十八年(1505)六月，科道交章弹劾王华等十三人"典文招议"，非议王华在多次担任乡试主考官期间有失公允。明武宗刚刚即位，对于此事采取了"不问"的稳妥态度。九月十八日，王华因被弹劾而自乞休致，明武宗同样"不允"。一年前，南京御史王蕃就弹劾南京光禄少卿杨廉因省亲主持浙江乡试、王阳明因养病而主持山东乡试，是不孝不忠，并称"礼部建议用京官各省考试"，暗指礼部右侍郎王华为子谋私。正德元年（1506）九月，南京十三道御史李熙条陈十事，弹劾多名官员，其中包括王华。王华上疏抗辩，辞免日讲。有旨："华事情已白，其勿辩，可尽心所职。"王华以言者所论，心不自安，具疏请辞日讲的职务和赐予的冠服，明武宗挽留："（王）华先朝讲官，朕亲简用，赏赐冠服亦旧典，不必辞。"

官场上的钩心斗角、相互倾轧，磨砺着王阳明的心性，他开始由辞章之学向心性之学的转变，试图在精神层面寻找人生的真谛。此时，王阳明已有名望，师从者渐渐多起来。他在教授学生都穆等人学问之时，推崇程颢"人于外物奉身者，事事要好，只有自家一个身与心，却不要好。苟得外物好时，却不知道自家身与心，却已先不好了"和李侗"默坐澄心，体认天理，若于此有得，思过半矣"，将之书写作为座右铭。都穆很是认同这两句话,每次见到王阳明都会畅谈自己理解其中的精深精妙,并请王阳明书写赐字。王阳明认为是"有志身心之学",书以赠之。

王阳明知名弟子、"浙中派"创始人王畿,曾经生动指出恩师此时的转变:"弘(治)、正(德)间,京师倡为辞章之学。李、何擅其宗,阳明先师结为诗社,更相唱和,风动一时。炼意绘辞,寖登述作之坛,几入其髓。既而幡然悔之:'以有限之精神,蔽于无用之空谈,何异隋珠弹雀?其昧于轻重亦甚矣!纵欲立言为不朽之业,等而上之,更当有自立处。大丈夫出世一番,岂应泯泯若是而已乎?'社中人相与惜之:'阳明子业几有成,中道而弃去,可谓志之无恒也。'先师闻而笑曰:'诸君自以为有志矣。使学如韩、柳,不过为文人;辞如李、杜,不过为诗人。果有志于心性之学,以颜、闵为期,当与共事,图为第一等德业,譬诸日月终古常见而景象常新。就论立言,亦须一从圆明窍中流出。盖天盖地,始是大丈夫所为!傍人门户,比量揣拟,皆小技也。善《易》者不论《易》,诗到无言始为诗之至。'"此段揭示了王阳明毅然弃辞章、坚定转向心性之学的态度和决心,并为后来龙场悟道奠定了基础。

明武宗登基后,宦官与廷臣发生了激烈的交锋。

孝宗临终托孤，顾命大臣为刘健、谢迁、李东阳。明武宗年幼，喜好玩乐，被刘瑾等八人利用，八人乘机干预朝政。正德元年九月，大学士刘健、谢迁、户部尚书韩文等，欲除去刘瑾等人，结果事情发生了反转，刘瑾趁机掌管了梦寐以求的司礼监。阁臣完败，刘健、谢迁、李东阳乞休，明武宗独留李东阳，刘健、谢迁致仕。至此，刘瑾等当权，不断打压廷臣，进而出现"科道结舌、文臣拱手"的局面。

正德元年十月，心存正义的廷臣们试图挽救局面。南京科道官戴铣、牧相等人接连上疏称"元老不可去，宦竖不可任"，声援刘健等人，反对皇帝信任宦官。此事惹怒了明武宗，先后因牵连被逮捕入狱的官员有三十余人。戴铣，字宝之，南直隶婺源人。弘治九年进士，改庶吉士，授兵科给事中，后调南京户科。刘瑾逐刘健、谢迁，戴铣与给事中李光瀚、牧相与御史薄彦徽等二十余人，或联名，或独署，交连上疏奏请留任刘、谢二人，弹劾宦官高凤。后来二十余人全部被逮捕入诏狱，戴铣竟然惨死于杖下。牧相上疏后被捕入狱，廷杖四十，几度昏厥。牧相，字时庸，余姚人，与王阳明是同乡。他年少时曾受学于王华，与王阳明同时学习，又在弘治己未年同举进士，授为南京兵科给事中。王华很是器重牧相，牧相还成为王华从弟王臣的妹婿。由此论之,牧相是王阳明的姑父。

戴铣等人因谏言而入狱,甚至身死,这并没有吓住王阳明。在群臣迟疑犹豫之际,他挺身而出,继而抗章疏救戴铣等人,谏言皇帝宽宥言官、除去权奸。他很快就因直言而付出了代价,被捕下锦衣卫。为此,他的前途变得艰难和不可预测,或许会如戴铣一样枉死狱中。但是,修身养性的王阳明此时却是异常超脱。他在狱中与南京大理寺评事林富讲诵周易,"相与讲易经于桎梏之间者弥月,盖昼夜不息,忘其身之为拘囚也"。王阳明自述,"累累囹圄间,讲诵未能辍。桎梏敢忘罪,至道良足悦","行藏未可期,明当与君别。愿言无诡随,努力从前哲"。监狱的桎梏,未卜的前途,激变的政局,未能让王阳明心灰意冷,追求至道的信念让他内心坦然、平静、充实。十二月二十一日,王阳明出狱,但是代价很大。一是在午门被杖三十下,对其从肉体上进行折磨、精神上进行侮辱;二是由兵部主事谪贵州龙场驿丞,从仕途上给予打击,从影响上给予警示。牧相被贬为民,直到刘瑾伏诛才诏复其官,后擢广西参议。

奏劾刘瑾的官员纷纷被贬职发配,但事情还在进一步发酵。三月,刘瑾矫诏列刘健、谢迁、李梦阳等五十三人为奸党,王阳明名列其中,排名第八位。刘瑾不仅榜示朝堂,而且退朝后传群臣在金水桥南跪听宣戒。专家认为,此为效仿北宋元祐党籍故事。北宋元祐八年(1093),哲宗赵煦亲政,起用变法派人士,全面恢复变法新政,打击元祐党人,苏轼、苏辙、黄庭坚等人皆遭流贬。元符三年(1100),哲宗去世,宋徽宗赵佶继位,向太后垂帘听政,再次启用元祐党人,废除变法新政。九个月后向太后患病归政,宋徽宗正式执掌大权,重又崇奉新政。崇宁元年(1102)九月,宋徽宗令中书省进呈元祐中反对新法及在元符中有过激言行的大臣姓名,蔡京列一百二十人名单,分别定其罪状,称作奸党,并由徽宗亲自书写姓名,刻于石上,竖于端礼门外,称之"元祐党人碑"。不许党人子孙留在京师,不许参加科考,而且碑上列名的人一律"永不录用"。后来,更增"元祐党人"为三百零九人,蔡京手书姓名,司马光、文彦博、苏辙、苏轼、黄庭坚、秦观等名列其中,发各州县,仿京师立碑"扬恶"。列名党籍的做法,主要是在政治上盖棺论定,达到长久镇压的效果。

正德二年闰正月初一,王阳明与同样被贬的李梦阳一起离京,过白沟后分手各赴谪所。王阳明没有直接去贵州龙场驿,而是返回钱塘隐居,并在此期间收了弟子若干，其中就有知名入室弟子徐爱。王阳明是正德三年正月初一，从绍兴启程赴龙场驿，此时距离开北京已整整一年。王阳明从北京出来后，为什么没有动身去贵州龙场驿呢？其中藏有一桩疑案。王阳明自京师返浙后，并没有回到家乡绍兴或是余姚，而是隐居在钱塘南屏，后移居西湖南岸的净慈寺，西湖十景的"南屏晚钟"即出于此间。后来因夏季炎热而南移避暑，住在不远处的万松岭胜果寺，主要是调养身心和教授学生，其诗有云"病肺正思移枕簟，洗心兼得远尘埃"。八月，原本静修会友的王阳明突然人间蒸发般地离奇失踪了。

传言王阳明离奇失踪，是因为刘瑾遣人要杀害他。冯梦龙根据《王文成公年谱》编创的《皇明大儒王阳明先生出身靖乱录》，是收录在《墨憨斋新编》的王阳明传记小说，生动艺术地再现了王阳明身受迫害的过程。王阳明暂住胜果寺，一日来两校尉胁之出寺，行三里遇乡人沈玉、殷计，两校尉威胁他们："此朝廷罪人，汝等何得亲近？"沈殷二人反驳："朝廷已谪其官矣，又何以加罪乎？"二校尉不听，将王阳明押至钱塘江畔。王阳明请沈殷二人报讯家中，自己步入江中。时二弟王守文在杭州乡试，沈殷二人告之情况。他们经过寻找，仅仅在江边找到云履一双，人已无踪迹，传言是被刘瑾所害。然而，王阳明并没有死，而是被仙所救，顺水到达江西地界。不过钱德洪的《阳明先生年谱》记载了另外一个版本，没有神话情节。"夏，赴谪至钱塘。瑾遣人随侦。先生度不免，乃托言投江以脱之。因附商船游舟山，偶遇飓风大作，一日夜至闽界。后因取间道，由武夷而归。十二月返钱塘，赴龙场驿。"此事扑朔迷离，王阳明曾做《游海诗》神话其事，但是真相如何至今无人知晓。刘瑾是否遣人侦刺追杀？王阳明是否导演投江自沉？以上等等，都成为数百年的谜团。

无论具体情况如何，王阳明及其父亲王华当时处境都是不妙的。王华的仕途，同王阳明一样受到了影响。二月，王华出任南京吏部尚书。虽然品级得以晋升，但是远离了政治中心。据说，此前为礼部左侍郎时，刘瑾曾让人带话，如果王华肯投靠他，能够送其入阁。但是王华拒绝了刘瑾的拉拢，因此才有被明升暗降、出任南京吏部尚书的结果。九月，刘瑾借王华参与预编《大明会典》中的小谬误之处，罢其南京吏部尚书。其时，王阳明从福建武夷山返回。因为九月二十九日是王华生日，王阳明至南京给父亲祝寿，当时在途中尚不知父亲被罢免职务之事。十月初，他随父亲回归绍兴，教授学生。十二月，作《田横论》，论生死智勇抉择，批评"横之死则勇也，而智则浅矣"，"死生利害撄于吾前，吾惟权之于义"，表明身处逆境以曲求伸的态度，不免让人联想到他随后赴龙场驿的决心。

龙场悟道

正德三年正月初一，王阳明启程赴贵州。三月上旬，经过百日的艰辛旅途，王阳明终于到达贵州龙场驿。从京师到南夷，从富庶江南到蛮荒之地，王阳明面对着巨大的政治落差和悬殊的生活环境。龙场驿的物质生活无疑是艰苦的，精神层面则是困苦的，但是伟大多成于困厄，王阳明在龙场实现了心性之学的涅槃和进化。

龙场驿，是明代西南边陲的一个驿站，在贵阳北面七十里，属如今的修文县城，原本是一个古老的集市。洪武朝，贵州宣慰司宣慰使霭翠之妻奢香主政时，开辟了数条驿道，其中以龙场九驿最为著名。龙场九驿，是以龙场为起点，向西依次修建了龙场驿、六广驿、谷里驿、水西驿、奢香驿、金鸡驿、阁鸦驿、归化驿和毕节驿。同时，龙场驿向东走扎佐，可至容山、草塘而连播州、思南、思州等宣慰司属地。

贵州栖霞山阳明洞

　　龙场处于万山丛中,四周都是少数民族,今天的彝、布依、仡佬、苗等民族聚居于此。王阳明初到龙场驿,不仅人生地疏,言语交流困难,而且在衣食住行诸多方面都极为不便。王阳明自己讲,"始予至,无室以居,居于丛棘之间",只能结草庵居之。他写下了《初至龙场无所止结草庵居之》记其事,至今读起来场景仿佛历历在目:

　　　　草庵不及肩,旅倦体方适。
　　　　开棘自成篱,土阶漫无级。
　　　　迎风亦萧疏,漏雨易补缉。

四、仕途与学问

> 灵濑响朝湍，深林凝暮色。
> 群僚环聚讯，语庞意颇质。
> 鹿豕且同游，兹类犹人属。
> 污樽映瓦豆，尽醉不知夕。
> 缅怀黄唐化，略称茅茨迹。

大意为：草屋很是低矮，只到人的肩膀，想必要弯腰低头方能入内。王阳明旅途劳累，正好借此安身，舒展疲劳的身体。开辟荆棘用作篱笆，就着地势作为台阶。草屋稀疏简陋，既不遮风又不挡雨，好处就是容易修葺。早上听到水流湍急，傍晚看到林间暮色。百姓闻讯前来探望，言语庞杂亲切。在山林中与鹿、猪都会和谐相处，何况是同类。他们带来了土酒，用着粗制的酒具，王阳明与众人皆大醉，忘记了时间。缅怀远古的黄帝，他们住过的茅草屋也成为遗迹。由此诗不难看出王阳明谪居环境之恶劣，但是他没有太多自怜的感慨，坚信在困难的环境里也是能够创造出丰功伟绩的。不久他在附近的龙岗山（今称栖霞山）发现一处山洞，高敞深广，于是将其改造为居所，并更名为阳明小洞天。

住的问题还未完全解决，吃的方面又出现了危机。王阳明的粮食不够吃了，经常断炊。面对如此窘境，他欣然向当地百姓学习稼穑之道，以解决迫在眉睫的吃饭问题。他见当地人普遍火耕，便趁着犹在春季，与仆人一起学习他们开垦耕种了数亩田地。如此，不但能够填饱肚子，失落的谷穗可惠及鸟雀，多余的粮食能周济穷苦，将来还能酿酒用来宴请。

蛮荒瘴疠之地，环境之恶劣，远超常人想象。一日，王阳明听说龙场驿路过一个从京师来的吏目，带着儿子和仆人赴任，住在土苗家中。王阳明前去拜访想要询问京师的消息。从篱笆墙外远远地望见了吏目，但是因故没有能相见。次日早晨再去，人已离开。中午，有人从蜈蚣坡过来，说是一老者死在坡下，王阳明猜想很可能是吏目，后来听说果然如此。傍晚，有人见其子亦死在旁边。明日，仆人又死了。他们主仆三人，不是一同死于意外，而是逐个死于绝望。王阳明哀叹，"闻尔官，吏目耳，俸不能五斗，尔率妻子躬耕，可有也，乌为乎以五斗而易尔七尺之躯？"吏目是从九品，未入流，辅助主官掌刑狱及官署内部事务。王阳明感叹"冲冒霜露，扳援崖壁，行万峰之顶，饥渴劳顿，筋骨疲惫；而又瘴疠侵其外，忧郁攻其中，其能以无死乎？"或许是发配边疆的艰辛苦难让他难免感同身受，因此心中念其暴骨于野、孤苦无主，让二童子前去埋葬。二童子面露难色，王阳明只好亲自带着他们前往，选择了一块傍山麓之地，埋葬了吏目三人。王阳明深有感慨，作《瘗旅文》以记此事。

王阳明在龙场也受到了宵小之辈的刁难。在《王阳明全集》中有一篇《答毛宪副书》，他坦诚直率痛诉自己的遭遇，悲愤之情溢于纸面，今日仍能感受到。文中虽未详细记载事情经过，但从只言片语中可窥大概。据说有一个小吏，是都察院右佥都御史巡抚贵州地方兼理军务王质的下属，路经龙场驿，强令王阳明跪拜。让原兵部主事跪拜地方小吏，不但王阳明自觉受到凌辱，龙场驿的驿夫等人更是义愤填膺，群起将小吏驱逐出龙场驿。小吏回去后恶人先告状，由此王阳明得罪了巡抚王质。此时，毛宪副居中调停。毛宪副，指的是贵州按察司副使毛科，负责提调学校兼督理屯田。为何毛科出面？因为他与王阳明是老乡，都是余姚人。毛科，号应奎，字拙庵，成化十四年（1478）进士，历官南京工部主事、山东兵备副使、云南左参议，官至都察院左副都御史。谪居贵州时，王阳明与毛科多有交往，曾为其作《远俗亭记》《送毛宪副致仕归桐江书院序》等文。毛科于正德四年（1509）离任时，特意向接替者席书盛赞王阳明并嘱咐其关照。在处理驱赶小吏的事情上，毛科"喻以福祸利害，且令勉赴太府请谢"，想让王阳明负荆请罪缓和关系。王阳明在回信中认为毛科"此非道谊深情，决不至此。感激之至，言无所容"。王阳明深知，不是因为有交情，毛科断然不会同自己讲这些话，对方确实是为自己着想，但是他没有妥协，而是据实陈述经过，据理表明态度，终究未前往谢罪，此事亦不了了之。

居夷处困、仕途渺茫，王阳明处于人生最低谷，却成为他涅槃重生的人生转折点和学术爆发点。数千年的历史反复表明，困顿是对伟大的磨砺。中国古代文人，多是在最失意时完成了华丽转身。诚如司马迁《报任安书》所言："文王拘而演《周易》；仲尼厄而作《春秋》；屈原放逐，乃赋《离骚》；左丘失明，厥有《国语》；孙子膑脚，《兵法》修列；不韦迁蜀，世传《吕览》；韩非囚秦，《说难》《孤愤》；《诗》三百篇，大抵贤圣发愤之所为作也。"

王阳明遭刘瑾迫害，被贬官去职，流离偏僻，言语不通，食住难继，甚至为小吏所辱，但是他此前已经达到"自计得失荣辱皆能超脱，惟生死一念尚觉未化"的境界，此时发配边疆远地，促发他体悟生死，突破了最后一关。《阳明先生年谱》载："因念：'圣人处此，更有何道？'忽中夜大悟格物致知之旨，寤寐中若有人语之者，不觉呼跃，从者皆惊。始知圣人之道，吾性自足，向之求理于事物者误也。"正是因为长久的思考，特别是在龙场驿如此偏僻却可收敛心性的地方，思想境界上升到了一个新的层次，王阳明终于在某天夜里突然领悟到了心学的核心要义，自此阳明心学登上历史舞台，闪耀古今。

席书是贵州按察司副使毛科的接任者，对王阳明知行合一学说大有帮助。正德四年四月，毛科致仕回浙江桐庐的桐江书院，王阳明作文赠之。贵州按察司提学副使一职，由席书接任。席书，字文同，号元山，四川潼川州遂宁县人。天顺五年（1461）生，弘治三年进士，授任山东郯县知县，后历户部主事、户部员外郎、河南按察司金事、贵州提学副使、右副金都御史、湖广巡抚。此时，席书四十八岁，王阳明三十八岁。据专家考证，席书在弘治年间京师为官时已经与王阳明认识，因此席书到任后，很快就聘请王阳明主持贵阳文明书院。他时常到文明书院与王阳明论学，或至夜分，其间重点讨论交流了知行关系。《阳明先生年谱》载："提学副使席书聘主贵阳书院。是年先生始论知行合一。始席元山书提督学政，问朱陆同异之辨。先生不语朱陆之学，而告之以其所悟。书怀疑而去。明日复来，举知行本体证之《五经》诸子,渐有省。往复数四,豁然大悟,谓'圣人之学复睹于今日;朱陆异同,各有得失,无事辩诘,求之吾性本自明也。'"席书与王阳明关于知行的辨析,促进了阳明心学知行合一理论的成熟。

至今想之,席书当年交往王阳明的举动,既要有丰厚的学识,更需要过人的胆识。试想,王阳明是因得罪刘瑾被发配边疆之人,如此厚结优待之,是与当朝刘瑾背向而驰,必然是冒着巨大风险。试想,又有几人会在此种情况下甘愿如此冒险?所幸的是,席书于其后的嘉靖朝在仕途上飞黄腾达,而且最终进入了内阁。"大礼议"刚刚露出苗头,席书率先上了一篇奏折,援引宋英宗入继大统为例,议尊皇父兴献王为皇考兴献帝,出示桂萼后上其疏,正合世宗心意,召见席书并特旨授礼部尚书,引为亲信,赐第京师,"虽诸辅臣莫敢望"。他与王阳明的友谊历久弥新,曾多次向世宗建言王阳明入阁,可惜未被采纳,此是后话。王阳明对于席书的鼎力相助,深为感动,曾在《祭元山席尚书文》中感叹"又忆往年与公论学于贵州,受公之知实深"。

转机多在危难之际。正德四年闰九月,王阳明升庐陵知县。很多人都以为王阳明是在正德五年八月刘瑾伏诛后得以启用,其学生钱德洪的《阳明先生年谱》就记载了正德五年春升任庐陵知县一事。按照束景南先生解释,参照席书的《送别王守仁序》,原因在于"适天子诏起言士,阳明复有庐陵之行"。明武宗因天灾频发,下诏求言,此时王阳明被谪已满三年,按例可以起复,故有此项升迁。正德五年八月,刘瑾伏诛。九月,王华起复南京吏部尚书。十月,王阳明入觐述职,升南京刑部四川清吏司主事。十二月,由杨一清荐,升吏部验封清吏司主事。正德六年十一月,杨一清荐升文选清吏司员外郎。正德七年三月,升吏部考功清吏司郎中。十二月,出任南京太仆寺少卿。正德九年四月,升南京鸿胪寺卿。

正德十年,王阳明完成代表作《朱子晚年定论》。四月,朝廷考察两京官员时,他曾上疏自劾乞休,不允。此时,江西举国瞩目,巡抚江西南赣等地就成了烫手山芋,接连三任官员未能成行。八月十九日,以兵部尚书王琼荐,王阳明升都察院左佥都御史,巡抚南赣汀漳等处。王阳明没有像之前三任那样逃避,而是毅然决然地选择了责任和担当。

王阳明赴江西时的官职是都察院左佥都御史,巡抚南赣汀漳等处,应该说是职权专一、统领一方。都察院,是明清时期的官署名,由前代的御史台发展而来,主掌监察、弹劾及建议之权。与刑部、大理寺并称三法司，遇有重大案件，由三法司会审，亦称"三司会审"。明代洪武十五年（1382）改前代御史台为都察院，长官为左、右都御史，下设副都御史、佥都御史。又依十三道，分设监察御史，巡按州县，专事官吏的考察、举劾。明朝都察院不仅可以对审判机关进行监督，还拥有"大事奏裁、小事立断"的权力，为最高监察机关。提督军务表示巡抚之地的军事问题是主要任务，王阳明此行既有监督权，也有军事权，有助其建功立业，成为明代唯一立德、立功、立言的三不朽圣人。

面临大是大非问题，特别是生死抉择，能够真实地映射出一个人的品质和德行。很多人喜欢读历史类书籍，各会有不同层面的收获。历史客观地折射出各色人物的原本面貌，历史是浓缩的人生。简短的字里行间，往往是一个人、一群人、一众人的生死抉择。平淡无奇的文字背后，是血，是泪，是挺直的脊梁和不朽的精神。

五、庙堂之器

乙丑，太子太保户部尚书兼武英殿大学士费宏致仕。宸濠之请复护卫也，为宏所持。权幸受其贿者深衔之，阴求宏事，亡所得。

——《明武宗实录》卷一百十二，
正德九年五月

正德九年五月十七日三更时分，京杭大运河山东临清戴家湾，河湾处停泊着十余艘各色船只。月明星稀，水声潺潺，船内旅客商贾因白日里舟车劳顿，此时都早已进入梦乡。忽然，一艘官船冒起了一点火星，在如水的月光下闪烁跳跃，忽明忽暗。江风徐徐，火借风势，迅速燃烧起来，发出噼里啪啦的响声，火光笼罩小船，照亮了水面。船舱中数人正在酣眠，他们被浓烟熏呛、热浪灼烧，朦胧中从睡梦中惊醒，见大火已经烧到身旁，惊惶中相互搀扶夺门而出。因火势难以控制,形势危急,纷纷跳入水中,大声呼救。周边船上旅客清梦被扰,先后醒来起身,看见有人落水,自觉出手搭救上船。

令人诧异的是,落水之人绝非无名之辈,乃是刚刚致仕的太子太保、户部尚书兼武英殿大学士费宏。他可是当今一人之下、百官之上的内阁大臣,位极人臣,手握大权,为何如此狼狈?大火是人为还是天灾?其实,费宏自己心知肚明。自从得罪皇帝跟前的红人钱宁,竟与从弟费寀被迫休致,离开京师。乘坐官船南下,是正德皇帝给予他的恩赐,所以无法私自隐藏行踪。为此,他特意安排从弟费寀,身着微服另乘小船,相伴在左右以备照应。乘船南归之时,他就发现有人在暗中尾随,已经猜想到是钱宁必欲除之而后快,而钱宁背后的主谋正是宁王朱宸濠。

一场大火,费宏堪堪保住性命,但是随身携带的衣物包裹全部在大火中烧成灰烬,而且皇帝颁赐的诰命亦毁于大火,以至于后来费宏不得不上《重请封诰奏》,描述了以上临清戴家湾变故的情况,并因烧毁封诰向皇帝请罪。侥幸逃过劫难,费宏更加谨慎留意,归居家乡江西铅山清湖后,索性"杜门谢客,不入城府"。但是他没有想到,宁王朱宸濠对其更大的迫害很快就接踵而至。

阁老：老乡费宏

如果从永乐二年（1404）朱权改封南昌算起，至正德九年（1514）为止，宁王朱宸濠及其祖辈已经在江西居住整整110年了。因此，宁王朱宸濠与江西铅山的费宏，如果见面的话可以喊一声"老表"（老乡）。对于江西出来的内阁大臣费宏，宁王朱宸濠格外重视，对他高看一眼，曾经多次招抚，可惜事与愿违，两人反而成为冤家对头。

费宏在正德朝、嘉靖朝的政坛上声名显赫、位尊权重。他是一位了不起的人物，身上有很多标签，是明朝历史上最年轻的状元，出仕五十年，四朝元老，三入内阁，两任首辅，《明史》称其"持重识大体，明习国家故事"，是明代中期知名政治人物。

费宏，字子充，号健斋，也号鹅湖，晚号湖东野老。江西广信府（今上饶市）铅山县仁义乡横林人。鹅湖，指的是鹅湖山。铅山县北原有荷湖山，因湖中多生荷花之故。晋末有龚氏者在此畜鹅，改名鹅湖山。历史上有名的"鹅湖之会"，正是发生在这里。宋淳熙二年（1175），吕祖谦邀请朱熹与陆九渊、陆九龄兄弟相聚鹅湖寺，意图调解学术分歧。双方进行了激烈的学术辩论，思想史上称为"鹅湖之会"。费

费宏画像

宏因家在铅山，崇敬先贤，故号鹅湖。晚年致仕回乡迁居烈桥，在清湖之东，又号湖东野老。

横林费氏早期务农经商，家境逐渐殷实，明中后期开始在举业上大展宏图，百余年间出了六位进士和十二位举人，其中以费宏成就最大。成化四年（1468）二月，费宏出生。嘉靖朝首辅夏言在其神道碑中说，"公生有奇质，少读书过目成诵，稍长即能文"。他十三岁参加童子试，十六岁参加乡试为解元，成化二十三年（1487）十九岁参加会试，殿试中状元，一举夺魁，授翰林院修撰。可以说在科举之途上，其他人千军万马过独木桥，费宏却是阳光大道一往无前；求学之路上，很多人追求逢考必过，费宏却能做到逢考必胜。

弘治朝，费宏迁左赞善，直讲东宫，进左谕德，算是按部就班。正德朝，他在仕途上突飞猛进。明武宗即位，提拔他为太常少卿兼任侍讲，参与编纂《明孝宗实录》，还是皇帝的日讲官。正德二年（1507）任礼部右侍郎，不久转任左侍郎，三年后升任尚书。处理政务，费宏敢于直言劝勉明武宗勤于政事，敢于纠正鲁王争爵纠纷，甚至遭到诬告诽谤，这些都为他在朝野赢得了巨大声誉。正德六年（1511），内阁员缺，阁臣杨廷和首推费宏，这个推举得到一致认同，四十三岁的费宏由此以文渊阁大学士入阁，进入权力中枢，与李东阳、杨廷和、梁储同心辅政。费宏考虑"内阁之设，政本所关"，"比之他官，最为华要"，自己年轻末学，上疏请辞。明武宗对其高度肯定，"卿学识俱优，才望茂著"，不允所辞，勉尽其职。

人生必有起落，有才华者更容易招惹是非。一帆风顺的费宏在仕途上第一次遇到挫折，正是在入阁不到三年的时候。宁王朱宸濠在刘瑾被诛后，得到的护卫再次被削，但是他自有应对之法。办法还是老办法，只是新人换旧人。他在京师暗中拉拢新贵钱宁以及其他人，更是通过他们贿赂大臣，替自己开路。宁王有意拉拢老乡费宏，曾授意钱宁馈赠彩币及珍玩，费宏坚决地拒绝了。此时江西多盗患，朝廷多次遣将镇压，均无功而返。朝廷议处选派刘晖前往，钱宁接受万金贿赂，暗中请托费宏在内阁票拟时选用另外一人。费宏对于钱宁插手地方事务的做法保持高度警戒之心，坚持选用刘晖。钱宁又以其诰命封赠三代为由，赠送黄金百两，借此交往，费宏再次拒绝，钱宁因而恼羞成怒。他们还试图从费宏从弟费寀找到突破口，因为费寀与宁王朱宸濠有连襟关系。宁王朱宸濠的王妃为娄氏，《明史》载娄妃为娄谅之长女，这是错的，据考证她的父亲应为南京武库清吏司郎中上饶人娄性，娄谅应为其祖父。费寀的妻子是"同郡娄郎中性之女"，是濠妃之妹也。费寀，是费宏从弟。费宏祖父费镇有五子，费宏父亲费璠行三，费屿行四，费寀是费屿的次子。费寀是正德六年（1511）进士，授翰林编修。此时费寀刚刚中进士，宁王朱宸濠使人进京祝贺，内有一小贴写"一本为正风化事"。费寀问怎么回事？对方告之是布政使郑岳贪赃，宁王府欲奏之，请费寀在费宏面前打个招呼。费寀以王府不应劾官为由拒绝。来人将以礼品进送，费寀力拒不受。后来宁王使者再求传话，都被费寀拒绝。费寀将此事如实报告兄长，费宏与之商议后，做出坚定的决定，采取婉拒策略，与之保持距离。郑岳命运多舛，虽然费宏兄弟没有帮助宁王，但是此后事涉明代文坛前七子领袖人物李梦阳，牵出一段公案，郑岳难逃迫害，另在专章详论。

费宏被迫离职，导火索在宁王朱宸濠再次奏请谋复护卫之事上。正德六年费宏入内阁办事时，首辅为李东阳，阁臣还有杨廷和、梁储。正德七年十二月，首辅李东阳致仕。李东阳贵为内阁大学士，又"以文章领袖缙绅"。老成持重的李东阳面对年轻另类的正德皇帝，在很多政务上意见并不一致。李东阳曾多次奏请乞休，明武宗没有同意。皇帝身边红人江彬因与钱宁不合，又见左右都是钱宁的党羽，因为他出身边将，就盛称边军骁悍胜京军，鼓动明武宗互调操练。廷臣对于如此违背祖制的做法交章谏言，李东阳疏称十不便明确反对。明武宗不听，更是在十二月二十七日在乾清门催促办理，李东阳很是坚决，坚持不奉诏。第二天，李东阳再次以老病乞休，明武宗就同意了。李东阳离开政治中心，明武宗如愿调辽东、宣府、大同、延绥四镇军入京师，号外四家，纵横京城都市。李东阳致仕后，杨廷和为首辅，梁储、费宏为阁臣。

正德九年三月，宁王朱宸濠又通过贿赂钱宁、陆完等人谋复护卫，内阁中费宏极力谏止。费宏身为江西人，对宁王的野心及其危害感受更加深刻，据《明史纪事本末》记载，他感叹"今宁王以金宝巨万复护卫，苟听其所为，吾江西无噍类矣"。为达成宁王朱宸濠的目的，钱宁与陆完耍起了手段。三月十五日，明武宗殿试新科举子。按照惯例，内阁与部院大臣都要赴东阁读卷。兵部尚书陆完特意在十四日上朱宸濠乞复护卫疏。十五日，明武宗遣中官卢明将此疏下内阁讨论，卢明到东阁却"只请杨师傅到阁，诸公不必劳动"。杨廷和看到奏折后，以内阁名义票拟了"既王奏缺人使用，护卫、屯田都准与王管业"，费宏等人对于此事却"竟不与闻"。明武宗同意内阁意见并经御批后，朱宸濠的阴谋遂得逞。

宁王急于除去费宏，乃是因为费宏将其隐私公之于众。杨廷和在《杨文忠公三录》中自述，宁王护卫之请，杨廷和与费宏都是极力反对。费宏曾公开说"宁府近日驮载金银数骡以谋此事"，闻者变色。午后，杨廷和与费宏同出，到承天门桥，杨廷和告诉费宏其早上"数骡之言"太过直白。昔人云：但可云骊山不可游，不可云游必有祸。我辈但知护卫不可复，银之有无不必问。他上面这些话，无外乎事后标榜自

五、庙堂之器

己反对恢复护卫，又说费宏意气用事不够老练沉稳。结合其他史料，杨廷和显然是说了谎话，只是事后为自己辩解而已。

明代文学家、史学家王世贞在《弇山堂别集》中客观评价内阁诸人对于复卫的态度："当时内阁大臣独费铅山持正不肯予，而杨新都、梁南海辈畏祸而莫敢主持。新都为首辅，其罪有不容辞者，第不得以污名蔑之耳。"杨新都，即杨廷和也。梁南海，梁储也。尤其是杨廷和，作为首辅当时既不能秉持操守，事后还要谎言弥补，徒增笑料耳。其实，"但可云骊山不可游，不可云游必有祸"，如此明哲保身用语正是杨廷和在复卫问题上睁一只眼闭一只眼的生动体现。费宏深刻地认识到"遍京师皆宁王金矣，且彼王者虎也，而授之翼可乎？予护卫不便"，就是说恢复护卫就等于宁王如虎添翼，必将引来祸端。作为江西人，作为阁臣，他明知此中凶险还是毅然决然坚决反对，乃是秉承着中国文人身上的担当和傲骨。

五月，费宏被迫致仕，从弟费寀亦受牵连。四月四日，明武宗诏复宁王府原革护卫、屯田，群情激奋，交章论奏。明武宗很不耐烦，"护卫及屯田业已断给矣，勿复奏扰"。钱宁、陆完等人衔恨费宏在复卫事情上的坚守，将群臣的奏议说成是费宏指使。同时，钱宁以及接受宁王好处的朝臣，衔恨费宏将此事公之于众，私下里访求费宏的阴事，结果一无所得，颇为失望。

此时，有人告诉钱宁一件事，御史余珊曾经弹劾费宏从弟费寀不应留任翰林院。旧事重提，让钱宁眼前一亮。费寀是正德六年（1511）进士，正德八年（1513）十月六日，翰林院庶吉士许成名等二十四人教习期满，按照内阁的安排，许成名、刘栋、费寀等十人被授予翰林院编修，金皋、吴惠等人为检讨。《明武宗实录》记载，十月三十日，御史余珊上疏称孙承恩、费寀等"非有刘知几所谓才、学、识三者之长"，于是以"留翰林者十七人，珊以为滥"。此疏"语侵内阁"，是对内阁首辅杨廷和安排人选提出异议。明武宗未采纳，"各衙门因材授官自有定规，珊何为不察可否一概奏扰"，诏令孙承恩等人"安心供职"。然而事情过去了多半年，钱宁在明武宗面前再提此事，并且忽然间传旨责备费宏并令其自陈，显然有所图谋。

费宏即日具疏自辩，当时是首辅杨廷和主持此事，自己"具疏陈情，将寀别调，以塞公议。但当时屡奉诏旨，容寀仍旧"。费宏自己考虑影响，请将费寀别调他处，但是皇帝隆恩，令费寀留翰林院，做法上无可指责。即便如此，费宏与费寀在奏折中仍然要请求休致回乡。明武宗旋即同意费宏兄弟致仕，仅给驿站使用，没有任何赏赐，朝野闻者无不骇之——扳倒一位秉公不阿堂堂阁老的不是惊天大案，竟然是似有似无的琐事私论。

费宏因为秉持正义，反遭宵小之徒暗算，被迫致仕回乡，然而政治迫害才是开头，更多手段还在后面。费宏及费寀在五月致仕后，没有丝毫停留，立即启程离京返乡。然而才走到山东临清戴家湾，就遭人放火烧船，堪堪保全性命。费宏返回家乡后杜门不出，但是祸事依然接踵而至。

宁王朱宸濠因为费宏在恢复护卫问题上反对过自己而怨恨不已，即使费宏兄弟均已致仕，他依然打压费宏，甚至仗着在江西地界上而更加肆无忌惮。他唆使铅山民众李镇、周伯龄、吴三八等与费氏家族争夺田产，密令黠吏毛让暗中支持三姓争产。其间，宁王朱宸濠多次拉拢费宏、费寀兄弟，皆未能如愿。正德十二年（1517），宁王朱宸濠遣校尉指使三姓作乱，李镇等率众围攻费氏，并据险结寨作乱，毁费氏家室，挖掘费氏祖坟，"用火烧炼棺椁，遗骸悉为灰烬"。费阁老"叩地号天，附膺痛哭"，被逼无奈，只能率族人"避恶锋移入县城"。因被讦告，费氏多人被投入监狱，周伯龄等竟然率众冲破县城大狱，到处索要费氏子弟，最后残忍肢解族弟费三六。费宏等人几乎不能自保，城中官吏畏惧宁王朱宸濠，竟然无人敢管。李镇等人愈发张扬，聚集三千余人，劫掠乡民二百余家，为害一方。费宏遣人上奏朝廷，在战战兢兢中等待讯息。

此时，宁王拥兵自重，谋反已是箭在弦上。同年，巡抚南赣佥都御史王阳明受命提督军务，便宜行事。江西当下的局势，牵动着很多人的神经。

六部：故交陆完

兵部尚书陆完是一个很有故事的人。《明史》评价，"完有才智，急功名，善交权势"。纵观陆完的所作所为，这个评价应该说是客观准确的。他比费宏长十岁，比宁王朱宸濠长十八岁。他们三人虽有亲王、阁老、尚书之别，但是在正德朝后期三个人的命运却紧密地交织在一起。

陆完，字全卿，南直隶苏州府长洲县人。他为诸生时，宫中宦官王敬到苏州办差，因事在大庭广众之下拽曳诸生，引起诸生不满并动手还击。这件事陆完没有参与，但是他的人缘不太好，平时讨厌陆完的人故意中伤他,所以王敬信以为真,以为陆完带头打了他,并将陆完名字列在首位上报皇帝。巡抚王恕为人比较正直,上奏章极力保护诸生,申诉王敬应当论罪,陆完因此得免于难。王恕误以为陆完敢于对抗权贵,对陆完印象深刻,而且是印象极好。成化二十三年(1487)陆完考中进士,极其巧合的是此时王恕刚好任职吏部。王恕逢人便讲"是尝击奄人者"的故事,还极力推荐他应"当为御史"。后来陆完果然入职都察院,在政坛上逐渐有了声望。正德初年,陆完任江西按察使。宁王朱宸濠重视陆完,不时宴请他,并赠送金罍(酒盏)。两人应该很是说得来,建立了不错的交情。陆完在刘瑾掌权时期,通过贿赂升兵部侍郎。刘瑾败,言官弹劾其阿附,正德帝没有追究。

陆完的发迹,主要是由于平定刘六刘七起义的功绩。当时土地兼并、苛捐杂税非常严重,全国各地农民起义此起彼伏。河北农民深受马政之害,所谓"江南之患粮为最,河北之患马为最"。为保证边军战马需求,官府让农民饲养战马,这一政令的施行不但影响农业生产,而且马匹喂养成本高,一旦马匹出现伤病,或是繁育达不到额度,农民就要赔偿,很多人因此鬻田卖儿、家破人亡。

正德五年,河北霸州文安县刘六、刘七兄弟以及杨虎等率领贫困农民起义。惠安伯张伟、右都御史马中锡师出无功，被逮捕入狱，降旨论死。马中锡病死狱中，张伟逢大赦获释，但停给岁禄、革职闲住，处置不可谓不重。陆完奉诏兼右佥都御史提督军务，统领京营、宣府、延绥军讨伐。刘六、刘七兄弟的队伍机动性很强，主要活动在河北、山东，曾经数次逼近京师，又曾南下攻击南京、九江等，所到之处攻城拔寨，声威大振，但是由于分散作战等原因，正德七年七月最终失败。陆完功成还朝，进太子少保、左都御史，荫子锦衣百户世职。次年，代替何鉴成为兵部尚书。值得关注的是，刘晖、许泰、江彬都是他的部将，三人被明武宗赏识并宠幸用事，尤其是江彬继刘瑾之后红极一时。因为军功以及与皇帝身旁红人关系极其密切，陆完得到了明武宗的信任。

听到陆完升兵部尚书的消息，宁王朱宸濠非常高兴。他特意致信陆完，信中极力铺陈往昔情谊。叙旧之余，宁王朱宸濠希望陆完能帮助他恢复护卫及屯田。陆完在回信中为宁王复卫献策，让其在奏请中以祖制为借口讨要护卫。正德九年，宁王朱宸濠依言奏请复卫和屯田，同时派人携带金帛巨万，以善教坊臧贤家为据点，通过亲军指挥使钱宁主持，向涉及的掌权官员馈以巨额好处，上下疏通打点。翰林院检讨郭维藩知道后,告诉了同僚翰林院编修费寀,费寀告诉了从兄费宏,费宏则在内阁挑明了此事。

明武宗收到奏请后,下兵部要求提出处理意见。也许是此事过于敏感,担心直接支持宁王容易招惹非议,陆完的回复颇值得玩味。他并没有直接建议明武宗同意宁王朱宸濠的请求,而是认为宁府护卫已经裁革,固难议复,同时以太祖高皇帝创设护卫为言,并且屯田一事是户部的职责,所以提出来宜由廷臣公议。他没有直接表态是否支持恢复护卫,但是提到了太祖朱元璋设立的藩王护卫制度,实际上是以祖制为宁王朱宸濠说好话;又以屯田为由,建议此事廷议,轻松将烫手山芋推了出去。据《明史·费宏传》记载,在朝廷上,陆完迎面遇到费宏,主动谈及"宁王求护卫,可复乎?"费宏不知道其意所在,就委婉地讲"不知当日革之者何故也"。陆完厉声道:"今恐不能不予。"费宏当即明确表达了不赞同的意见。

陆完试探费宏态度后,摸清了内阁的底数,于是使用了政客手段。他趁着内阁陪同皇帝读阅殿试试卷的时机,递上宁王奏请恢复护卫的奏折。明武宗遣中官卢明将此疏下内阁讨论,此时内阁忙于阅卷,于是卢明只请首辅杨廷和出来商议,费宏等其他内阁成员未能参与。首辅杨廷和票拟同意，明武宗降旨准许宁王朱宸濠复卫和屯田，朝野舆论哗然。正因为费宏在复卫问题上的坚守和说破重金行贿之事，宁王朱宸濠及钱宁、陆完等人对其恨之弥深，决意要铲除费宏。

十七天后，面对科道官员对于复卫的弹劾，兵部尚书陆完奏疏，"宁王宗室懿亲，特复卫又出圣断。今科道交章论奏，皆先事之深虑。乞俯从群议"。这段话比较有意思，先说宁王是宗亲，再讲复卫是皇帝圣断，最后说群情激奋，请求皇帝收回成命，看似为国家大计，听从朝议，要撤回复卫的决定，却是将皇帝架在火上烤。而且明武宗明明是一位乾纲独断的君主，如此相激必然恰得其反。果然，明武宗降旨："护卫及屯田业已断给，毋复奏扰。"复卫之事，如宁王所愿，画上了一个圆满的句号。陆完在此事中虽然没有冲在最前面，但是前有出谋划策，中有推波助澜，后有一锤定音，可谓手法高明，而且处事老练，几乎是躲在幕后的推动者。

正德十年，陆完升任吏部尚书，户部尚书王琼接任兵部尚书，两任兵部尚书在对待宁王朱宸濠复卫之事上有着云泥之别。王琼，字德华，号晋溪，山西太原人。成化二十年进士，初任工部主事，历成化、弘治、正德、嘉靖四朝。正德八年六月升任户部尚书，正德十年四月转任兵部尚书,正德十五年十二月转任吏部尚书。正德十六年(1521)四月,被言官弹劾下狱,之后被贬戍陕西绥德。嘉靖七年(1528)三月被起任兵部尚书兼都察院左都御史,总制陕甘三边军务。嘉靖十年(1531)十二月,转任吏部尚书,次年病逝。

王琼很有才干,是典型的能臣。在担任户部尚书时,他就很熟悉明王朝的收支盈亏情况。据史料记载,某次边将冒领粮草,王琼屈指一算就知道边仓有多少粮食、草场有多少草料、每年运送多少粮草、边兵屯田多少收成,计算后告诉对方粮草已经足够用了,再多要就过分了,于是大家更加钦佩他"明习国计"的本领。

在任职户部尚书时,王琼没有直接参与宁王复卫的活动,但是否接受过贿赂,没有明确记载。后世官员学者多数认为他没有接受馈赠,明末知名学者李贽曾简明扼要地评价,"晋溪不贪宸濠之赂,而阴用守仁,使居上流以擒濠"。此事只是关乎德行,在职务和意愿上王琼都未介入宁王相关的事务。但是,他接手兵部尚书后,就真实地反映了对宁王的态度,而且事先妙手布局王阳明巡抚南赣,为迅速平定宁王叛乱起到了至关重要的作用。在正德九年宁王谋复护卫前后,王琼有意识地做了两件事,值得后世重视。

一是,对于宁王谋叛,王琼在叛迹未明情况下,没有贸然硬碰硬,而是预做谋划、早做防备,不露声色、暗中着手,显示出高明的政治手段和高超的战略水平。正德十一年八月,王琼以江西地方盗贼频繁为理由,举荐南京兵部主事王守仁为巡抚南赣汀漳等处左佥都御史,主要目的除了平定地方叛乱之外,就是要在宁王朱宸濠身后安插一股重要的军事力量,是一支随时可以入场并改变局势的奇兵。王琼举荐王阳明,完全是从国家需要的角度出发的,他们之间并不熟识,不存在私人交情。王阳明顾虑重重,不愿远赴江西履职,但是王琼慧眼识珠,"明知守仁不以一钱与人,不与一面相识,而故委心用之笃也",态度很是坚决。不久,王阳明从长远考虑提出了提督军务的建议,希望统一掌管南赣军权。王琼在此事上,再一次全力支持王阳明。嘉靖朝刑部尚书郑晓在《今言》中讲,"新建伯王公为汀、漳都御史,据江西上流,意藩府久蓄逆谋,恐一旦变起,先事预防。以讨山贼为名,请得提督军务。兵部尚书王晋溪知公意,请如公言"。因此,后来王阳明最初上奏平定宁王朱宸濠叛乱的奏章中,赞扬了王琼的谋划之功,而没有提及内阁的作用。

正德十四年六月,王琼下令驻守南京的军队加强操练,同时重点部署了沿江一带的防务。从王琼下令布置南京沿江一岸的防务来看,绝非仅仅是为了防盗,提防江西宁王朱宸濠的叛乱活动才是核心要义。江西事发,宁王反叛后直趋南京,欲效仿燕王夺取南京的故事,最终在长江沿线受到坚决阻击,未能得偿所愿,事实再次证明王琼卓越的政治远见和关键的战略部署。

二是,在立国本的事情上戳破了宁王朱宸濠的美梦,王琼洞察了他的野心并坚决地反对。明武宗虽然正值壮年,但是登基后十余年没有子嗣,引起了大臣对于江山社稷的担忧,出现了在近支亲王中早定国储的言论。宁王朱宸濠敏锐地从中嗅到了机遇,通过贿赂钱宁等人,希望将儿子过继给明武宗,如此就能免去谋叛的恶名而轻易地获得大明江山。明武宗令将朝臣关于建储的奏章下发廷议,王琼明确表示反对,"斯议也,古则有之,我朝有《祖训》在",意思是当以《祖训》为准,不可随意建储。加之阁老梁储、吏部侍郎王鸿儒等人反对,此议未能通过。大学士梁储态度坚决,"预建储议邪谋也,不可听",因此后人高度评价历史上不是很有名的阁老梁储,称"储有社稷功,外人无所知者",王琼亦有功焉。

百僚:路人严嵩

与费宏同样是江西人的严嵩,此时的态度和此后的做法,颇值得玩味。

严嵩,字惟中,江西分宜人。明弘治十八年(1505)进士,嘉靖十五年(1536)任礼部尚书,嘉靖二十一年(1542)六十三岁时入内阁,在最高权力机构内阁任职长达二十一年,其中任首辅十四年之久,是明代政坛上权势显赫、举足轻重的人物,但是以媚上、贪权、敛财等丑行为人所不齿,后被载入《明史·奸臣传》。

弘治十八年,二十五岁的严嵩,以二甲二名的好成绩,考中乙丑科进士,随即被选为庶吉士,后授编修。在刘瑾揽权的时候,严嵩因身体不好,以祖父、母亲先后过世为由,退官回籍丁忧,隐居在秀美的钤山,潜心读书,前后达十年之久。其实,正常丁忧本不用如此长时间,严嵩只不过是以此掩饰。十年苦读,不但令其学问日益精进,更是让其名望倍增。钤山隐居,严嵩"起家翰林,蜚英宇内",赢得了学林士子的赞誉,李梦阳、王阳明等名流纷纷与之唱酬交

严嵩画像

往。更为重要的是,他借此躲过了刘瑾擅权的危险境地,以及阁臣焦芳对江西人的刻意打压,后者曾公然宣称"他日毋得滥用江西人"。以退为进,严嵩运用得颇有心得。

正德十一年三月,严嵩离开钤山,经过四个月旅程重返京师,仍任编修之职。翌年,他受命教授内馆。此职虽非重要官职,只是教授宫内小太监的差事,但是为他接近内廷和结识中贵提供了难得的机会,亦为日后飞黄腾达提供了契机。正德十二年,明武宗以"总督军务威武大将军总兵官朱寿"的名义,跑到了宣府痛痛快快玩了五个月,建府邸、找女人,简直是乐不思蜀。廷臣纷纷冒死谏言，给事中石天柱写血书规劝，典膳李恭谏请回銮被拷打致死。严嵩的选择再一次出人意料，没有规劝皇帝言行，反而写诗称颂明武宗"陛下神武英雄才"。

正德十三年七月，严嵩得到了皇帝眷顾，奉命与建平伯高隆赍诏往广西桂林靖江王府，传制朱经扶袭封靖江王。事情进展很顺利，翌年由桂林返回。此时他已经年逾四旬，还是七品编修，感慨自己"禄不逮养，学未有闻"。六月中旬，严嵩行至江西临江府（今樟树市），突然间宁王朱宸濠发动叛乱。

在面对宁王叛乱的紧要关头，而且他正在江西地界，严嵩再次做出了与众不同的人生抉择。临江府紧邻南昌府，府治清江县距离南昌不足百公里。此时，巡抚赣南的王阳明振臂一呼号召起兵勤王，各地义师纷纷向吉安府汇聚而来。严嵩既未兼程回京，更未就地参加义师抵抗宁王叛乱，而是再度告假，就地养病。他住在临江府慧力古寺，漫游在古道苍松、青山碧水，沉吟于僧阁石堂、孤灯禅榻，寄情于吟诗作词、怀古伤今。他在《不寐》中写道：

> 羽檄连宵至，征兵列郡闻。
> 乾坤遂戎马，云日更炎氛。

食禄宁辞难，临危好策勋。

灯残僧阁夜，孤枕百忧纷。

在"灯残僧阁"内"百忧纷"的严嵩，事后在《严氏族谱》中却是另一副面孔。族谱内《严嵩传》云："己卯归次里门，值宸藩之乱，应阳明先生招，赞成大议，与有力焉。事平，王公致燕席彩帛以酬。"据学者遍阅有关资料，都未发现严嵩参与平定宸濠之乱的记载。王阳明曾多次向朝廷奏报参与平定叛乱的有功人员，他们或率兵征战，或出谋划策，但是其中都没有严嵩的名字。况且，王阳明与严嵩私交较好，断然不会隐匿其功而不报。

严嵩在慧力古寺住了一段时间后，见明武宗在宁王被擒后仍执意南下亲征，政局扑朔迷离，索性再次归隐家乡，回到分宜静养。此次，他归隐两年有余，直至正德十六年（1521）春，得知明武宗已于上一年底返回京师，但是因为舟覆溺水，龙体每况愈下，他才迅速动身返京，四月中旬便回到京城。然而此时明武宗已经在豹房驾崩一个月，新朝天子朱厚熜正从安陆（今湖北钟祥）赶来京师即位。大明王朝变天，严嵩仕途出现了转机。

六、江西官场

> 若官于江西者……副使胡世宁抗疏发其罪状。
>
> ——《明武宗实录》卷一百九十四，
> 正德十五年十二月

洪武九年（1376），朱元璋为加强中央集权，下令对元朝时期的行省制度进行大刀阔斧的改革，重新梳理地方权力设置。与废除丞相、分权六部、重构中央机构设置的原理相同，朱元璋撤销地方上原来权力集中的行中书省，将权力拆分，分设承宣布政使司、提刑按察使司和都指挥使司，分别掌管行政、司法、军事权力，三者地位平等，互不统摄，直接向中央负责。全国分为浙江、江西、福建、北平、广西、四川、山东、广东，河南、陕西、湖广、山西十二个布政使司，洪武十五年（1382）增设云南布政使司。朱棣登基后将北平升"行在",改为北直隶,与南直隶南京合称两京,永乐十一年(1413)设贵州布政司,进而形成了明代两京十三省格局。

有明一代,三司设置是省一级主要权力架构,承宣布政使司、提刑按察使司、都指挥使司构成了地方最高权力机构。布政使司设左右布政使,为从二品,下设左右参政(从三品)、左右参议(从四品)以及其他属官。布政使总一省之政,参政、参议为其辅佐。提刑按察使司设按察使一人(正三品),副使(正四品)、佥事(正五品)及属官,按察使掌一省刑名按劾之事,以振扬风纪、澄清吏治。都指挥使司,设都指挥使一人(正二品),都指挥同知二人(从二品)、都指挥佥事四人(正三品)以及属官,都指挥使掌一方之军政,管理所辖卫所,隶属于朝廷的五军都督府,而听命于兵部。兵部有调兵权而无统兵权,而五军都督府有统兵权而无调兵权,两者相互节制,互不统属。

明朝中期,督抚制度出现,地方权力结构发生了重大变化。朱元璋强化中央集权,废行中书省,改设三司,权力分散、互相牵制,凡遇重大政事,地方须报决于中央,皇权无疑进一步增强。但是,事情都是有两方面的,强化君权的同时,必然带来了地方权力的弱化和分化,效率低下、相互扯皮等弊端逐渐显现。另外,随着社会上民族矛盾、阶级矛盾日益尖锐,各种突发的事件频繁涌现。地方三权分治在应付突发事件时往往出现权力掣肘、分散和无力的情况,中央派遣官员协调地方显得十分必要,于是逐渐出现了设置巡抚的情况。由于巡抚之设日多,但巡抚之间缺乏连属,并且起义多跨省连郡,势必设总督以节制之。有明一代,总督、巡抚始终是以中央特遣官的身份出现,而不是正式的地方官。在职务关系上,巡抚须受总督的节制,但二者非从属关系,三司在事实上降为督抚的属官。

正德朝,为官江西,需要担当、智慧和运气。江西是当时大明王朝飘忽不定政治局面的风暴眼,随时都可能狂风骤雨;是步步惊心的雷区,走错一步将会粉身碎骨;是一场生死局,但凡置身其中就是生死考验——官场中人,无不知此隐秘。江西官场,同时还是一块试金石,因为在生死考验下,无法隐藏太多,会硬生生地展现自己最真实的那一面。在历史的沉淀下,后人重新审视这一段历史和这样一个群体,生旦净末丑,人生百态,再次鲜活地呈现在历史的显微镜下。

李梦阳告遍同僚以自伤

江西布政使司左布政使郑岳，站着倒在了江西任上。

郑岳，字汝华，号山斋，福建莆田人，擅长诗文。他身世可怜，七岁而孤，家境贫寒。舅舅林嵋承担起抚养他的责任，并让其读书成材。年少时，郑岳展现出"颖慧"的特质，属于品学兼优的好学生，"属对辄多新语"，曾说过"莫谓儒生无治策，长扶明主镇山河"。

郑岳于弘治六年（1493）中进士，第二年授户部贵州主事，后改授刑部山东主事。某次与锦衣卫千户张福一同审理案件，因张福越礼而纠劾之，触怒皇帝而被捕下狱。出狱后，转浙江司员外郎。弘治十四年（1501），郑岳升湖广按察司佥事，做了一系列善政，包括归宗藩侵地于民、赈济饥民、擒治刁民，令其颇有政声。

正德初年，郑岳为广西兵备副使，因征里松洞、抚谕土酋岑猛有功，连受褒奖。后调广东按察司副使，展现出办事干练的能力，"滞狱为空，治称第一"。不久迁江西按察使，"就迁左布政使"，主政江西政务。主政期间，寻常公务在刚直精干的郑岳面前，自然是信手拈来、毫不费力，史称"锄强振废，风气改观"，是对其工作的好评。郑岳主政江西的难点，在于如何处理与宁王朱宸濠的关系。政务是否出色，不是宁王朱宸濠关注的重点，是否能为己用，才是宁王朱宸濠评判人的标准。在一件事上，郑岳惹恼了宁王朱宸濠。朱宸濠在江西大肆侵夺民田，有时手段较为粗暴残忍，民众无奈，只好立寨自保。朱宸濠想要江西衙门出面镇压，但是郑岳并没有予以支持，他力持不可的态度为宁王所记恨。朱宸濠欲迫害郑岳，于是通过疏通关系，捏造莫须有罪名，要让朝廷查办郑岳。内阁大学士费宏等人对朱宸濠的无礼要求置之不理，保护了郑岳。

正在朱宸濠愤恨之际，一件与郑岳无关的小事，却实现了宁王铲除郑岳的愿望，而始作俑者竟然是李梦阳。大名鼎鼎的李梦阳是明代中期著名文学家，复古派前七子的领袖人物。《明史》的《文苑》开篇用极短的文字梳理了明代文学流传，其中给予李梦阳高度评价："而李梦阳、何景明倡言复古，文自西京、诗自中唐而下，一切吐弃，操觚谈艺之士翕然宗之。明之诗文，于斯一变。"其在明代文学之地位可见一斑。

李梦阳，字献吉，陕西庆阳府安化县（今属甘肃）人。母亲生产时梦见太阳坠入怀中，因此取名梦阳。父亲李正是周王府的教授。十岁时,他随父迁居开封。弘治三年,李梦阳返回庆阳,准备参加科举考试,博取功名。为何从河南返回陕西考试?因为明清时期科举制度同如今的高考相似,考生考取秀才、举人都要在原籍进行。他的籍贯在庆阳,因此要回到原籍应试。此时杨一清提学陕西,对李梦阳大为欣赏,"大奇之,补为弟子员"。李梦阳终其一生非常感谢杨一清的赏识之恩。弘治五年,李梦阳崭露头角,举陕西乡试第一。弘治六年李梦阳中进士,时年二十岁。

弘治十八年四月,李梦阳干了一件惊动朝野的大事,让他的名声迅速蹿升。起因是他所写的奏章,惹恼了皇亲国戚,引起了轩然大波。据《明史·李梦阳传》,他响应皇帝号召上奏言事,"应诏上书陈二病、三害、六渐,凡五千余言,极论得失",文章开始还算是较为正常的谏言,文末却出人意料地将矛头直指"寿宁侯张鹤龄招纳无赖,罔利贼民,势如翼虎",则是将其推向了风口浪尖。要知道,寿宁侯张鹤龄可是当朝天子孝宗的小舅子,民间称为国舅爷,他的姐姐是"孝宗孝康皇后张氏",是孝宗唯一的女人。前面说过,明孝宗朱祐樘是明代为数不多的有为明君,治下称为"弘治中兴"。他不近女色,配偶只有张氏一人，这在历史上极其罕见。为此，他非常宠爱张皇后，颇为优礼外家亲属，追封岳父张峦为昌国公，封妻弟鹤龄为寿宁侯、延龄为建昌伯。

据说，李梦阳草拟了奏章后，自己都感觉到有些犹豫，想找一个信得过的人商量，毕竟弹劾国舅爷非比寻常，弄不好要丢乌纱，甚至是掉脑袋。他想到了好友太常博士边贡，找其拿个主意。边贡，字廷实，历城（今山东济南）人，弘治九年丙辰科进士，官至太常丞。边贡是明代著名诗人、文学家，以诗著称，与李梦阳、何景明、徐祯卿并称"弘治四杰"。后来又加上康海、王九思、王廷相，合称为明代文学"前七子"。

李梦阳与边贡是挚友，关系密切。他们还没有来得及商议，刑部主事王阳明凑了过来，李梦阳就将奏章藏在袖子里。王阳明瞟了瞟衣袖，问道："袖子里有东西吧？一定是谏言草稿。"李梦阳很是吃惊，自己做这些事连妻子都不晓得，王阳明是从哪里知道的？他信任王阳明，索性将草稿拿出来请两位好友过目。王阳明看过之后，直言"疏入必重祸"，提出愿意为他卜筮一卦。结果出来，筮得"田获三狐，得黄矢，贞吉"。王阳明很欣慰，鼓励李梦阳"行哉，此忠直之由也"。此卦何意？按照王弼的注释，狐者，表示

六、江西官场　　135

隐伏之物；黄，表示理中之称；矢，表示直也。此卦说明处在危险的境况中，但知道危险的程度，而能以正直之道处之，是可以解脱危险的。正因为如此，王阳明支持李梦阳谏言。

事情的发展果然如王阳明卜筮一样，过程和结果都得到了验证。奏章呈上去后过了一段时间没有声响，李梦阳以为奏章被压下，事情就此了结了。可是，不知道怎么回事，孝宗的岳母金氏知道了这件事，不满李梦阳攻讦张鹤龄，首先跳了出来在皇帝面前痛哭控诉。孝宗毕竟也是女婿，岳母发火了一定要有交代的，只得将李梦阳逮捕下锦衣卫诏狱。诏狱，在明朝历史上可是臭名昭著，他们直属皇帝，最大的权力就是自行判人生死，刑部、大理寺、都察院等三法司均无权过问，有剥皮、断脊、堕指、刺心、"琵琶"等种种酷刑，投入诏狱意味着九死一生、吉凶难料。张鹤龄随后奏辩，摘录李梦阳奏章中"陛下厚张氏语"，诬告其诋毁皇后，论罪当斩。张鹤龄明显是在牵强附会，将指责他自己的奏言转嫁到张皇后身上，扣上大帽子，想要将李梦阳置于死地。

如何处置李梦阳，比较开明的孝宗犯难了。轻了，岳母不满意；重了，于心不忍。左右之人都看出了孝宗有爱护李梦阳之意，请求不要判以重罪，建议给个杖刑，让金氏出出气。孝宗果然是明君，坚决不同意。他曾对尚书刘大夏说："他们是想以杖刑打死李梦阳啊！我能杀直臣来让身边人高兴吗？"原来孝宗早已看出，如果听信身边人杖刑的主意，有人就会暗中动手脚，将李梦阳活活打死在乱棍之下。最后，孝宗的处置方案充满智慧，"李梦阳妄言大臣，姑从轻，罚俸三个月"，罚俸算是给岳母的交代，然后完完整整地将李梦阳放出了诏狱。事情还没有结束：随后，孝宗还特意请小舅子张鹤龄吃了一顿家宴，席间历数其不法诸事，狠狠地将其批评教育一番，吓得张鹤龄摘下帽子不住地叩头。

孝宗如此厚待李梦阳，后者非但不领情，出狱后还搞出了一个剧情的续集。一天，好巧不巧，李梦阳在路上遇到了寿宁侯张鹤龄。这次，两个人当街打骂了起来，只不过仗势发火的不是国舅而是李梦阳。他气不打一处来，对着国舅破口大骂，越骂越激动，还冲上去用马鞭打张鹤龄，打掉他两颗牙齿。可能是刚刚被姐夫孝宗敲打过，堂堂寿宁侯张鹤龄竟然不敢计较，选择了忍气吞声，不了了之。

明武宗正德六年至正德九年，李梦阳出任江西按察司提学副使，主管一省学政，级别相当于或略高于今天的省教育厅厅长。他此时刚好四十岁，虽然已经三次入狱，但是刚直耿介的性格丝毫未改。到达江西后，他与当时江西官场的重要官员多有芥蒂，没有处理好关系。

首先，他与总督陈金存在矛盾。陈金，字汝砺，湖北应城人，成化八年进士。正德六年二月，江西盗起，朝廷降诏起用陈金为左都御史，总制军务，平叛江西盗贼。南畿、浙江、福建、广东、湖广文武将吏都要听命，更许便宜从事，都指挥使以下，有不用命者，可以先斩后奏，陈金的权力甚大。按道理讲，作为按察使司副使的李梦阳，是隶属于总督陈金的，但是不知道为什么，李梦阳有点瞧不上陈金。《明史》讲"副使属总督，梦阳与相抗，总督陈金恶之"。

其次，他与监察御史江万实产生了矛盾。江万实，四川大竹人，正德三年进士。监察御史，是都察院派到各省的官员，主管清军和提督学校，因奉命巡按地方又称为巡按御史。李梦阳不去拜见监察御史，同时禁止诸生迎接上司，如果诸生必须要去，只能长揖不许跪拜。他还试图废止衙门每五日集体拜谒监察御史的惯例。因此，监察御史江万实十分厌恶李梦阳。

最后，他惹怒了饶州（鄱阳）的淮王朱祐棨。淮王府的校卒与当地的诸生发生争端，李梦阳维护诸生，鞭打了王府校卒。淮王被惹怒，上奏章弹劾李梦阳，朝廷命令下御史审查，成为李梦阳一案的导火索。

有意思的是，淮王告李梦阳案件，兜兜转转到了监察御史江万实手里。此时，李梦阳有些坐不住了，因江万实与自己有矛盾，担心他偏袒淮王。于是，李梦阳率先出招，向朝廷讦告江万实。朝廷依旧采取折中稳妥的办法，诏书令总督陈金行勘。陈金利用职权，转檄布政使郑岳审理。令人意外的是，事态的发展越发不可控。李梦阳担心陈金袒护江万实，竟然伪造江万实弹劾奏章草稿，借此激怒陈金。同时，李梦阳与郑岳产生了矛盾，并因此两败俱伤。其实，李梦阳与郑岳应该很亲密才对，因为他们都是弘治六年进士，属于同榜进士，有"同年"之谊。在注重礼教的年代，座主、同年之情格外珍贵。

李梦阳给郑岳带来了很大麻烦。虽然李梦阳将郑岳卷进来的具体情况或有出入，但是有两点值得注意：一是李梦阳主动挑起了争端，二是宁王朱宸濠推波助澜。李梦阳得知同年郑岳审理案情后，似乎没有欣喜，而是担忧。在史料中，并未发现二人之前存在过节和矛盾，然而李梦阳由于担心郑岳偏袒江万实

（另一说李梦阳欲要挟郑岳办案偏向于他），竟然采取了极端动作。宁王朱宸濠与郑岳有隙，曾因不同意出兵镇压反抗宁王的民众而产生怨恨。同时，他与李梦阳关系密切，浮慕梦阳文名，曾请其撰《阳春书院记》，而阳春书院乃是宁王朱宸濠为上应天意称帝特意修建。李梦阳危难之际，宁王朱宸濠出手，协助其弹劾郑岳。他将郑岳的门子刘奉抓进府里拷打逼供，"掠治不已"，告发郑岳之子郑沄接受贿赂。宁王此举实在是一石二鸟之计，既可拉拢文坛名士李梦阳，又可借其手铲除政敌郑岳。

事情愈加复杂。江万实反攻，复奏李梦阳短处以及伪为奏章事。参政吴廷举因前与李梦阳有隙，此时加入战团，上疏劾其侵官（意思是手伸得太长），而他竟然不等朝廷的判决就挂冠而去。陈金以军务无暇为由，将各种诉状统统交给巡抚都御史任汉等处理。任汉是四川温江人，进士及第后历任御史、江西巡抚、南京大理寺卿。任汉也有顾虑，这些都是他得罪不起的人，因此他始终不愿做出裁决，事情就这样搁置起来。

正德九年，眼见江西官场已然乱作一团，朝廷再不能坐视不理，下诏派遣大理寺卿燕忠前往江西审理案情。燕忠，字良臣，别号西谿，成化甲辰进士，

《明史》无传，但是1983年天津市蓟县（今蓟州区）修人民东路时，在城关镇东大井村北的高台地出土了明代燕忠墓志，现收藏在蓟县文物保管所。墓志铭由光禄大夫、柱国少傅兼太子太傅吏部尚书杨一清撰写，荣禄大夫、太子太保兵部尚书陆完书写。碑文中称其"性狷介峭直，居常寡言笑，不轻交际，人望而畏之，有包赵之风焉"，从评价上看，他是个正直的官员。碑文里面有关于他奉旨查办江西的记载，看来此事在其生平中亦是一件大事。不过记载较为简略，只有一句话"江西藩臬官交恶，相奏讦，致兴大狱，久不决。公受敕往，狱成，人无异言"。

最终结果是多败俱伤，唯一人得利。郑岳藏私有实迹，被贬官为民，儿子郑沄被发配远地；李梦阳欺凌僚属、挟制抚按，令其"冠带闲住"；参政吴廷举因论事过当、擅离职守，被罚俸一年；布政使黄瓒、按察使王秩、佥事李淳承勘迁延，被罚俸半年；总督陈金被宽恕免罪；江万实后来因为考核去官，然而祸端是此事；宁王朱宸濠坐收渔翁之利，大获全胜，利用李梦阳除去了郑岳。

燕忠素有铁面之名，且无证据表明他与宁王有瓜葛，但是做事未能从全局上考量，致使客观上帮助了宁王肃清政敌。事后，朝中大臣为郑岳鸣不平。南京

六、江西官场

十三道御史罗凤等言:"近布政使郑岳守正不阿,(朱宸濠)乃假手副使李梦阳罗织中伤。陛下特差官往勘,岳竟获罪。则其稔恶何所不至?"郑岳清醒地认识到,此事乃是宁王借李梦阳构陷的结果:"宁庶人宸濠久蓄异志,予由臬转藩,裁抑逆萌,濠不能堪,阴嗾同僚,横加诬讦,威胁上下,文致其辜,逮系逾年,始得罢归。"郑岳对李梦阳甘于被利用并奏讦自己痛心疾首。他在《山斋文集》说"如何自猜忌,枝叶伤同根。川洛构党祸,善类鲜安存",哀伤之情溢于言表。

《明武宗实录》对李梦阳有批评,"梦阳素有才名。然刚愎险薄,好阜人争。又借王府以报仇,由是得罪公议,无复有齿录之者"。如果顺着历史的发展往后看,宁王发动叛变后,郑岳与李梦阳的命运又发生了戏剧性的变化,此是后话。

胡世宁自投诏狱以自保

江西官场敢于正面打响弹劾宁王谋反第一枪的人,是江西按察司副使胡世宁。

胡世宁,字永清,号静庵,浙江杭州人。他出身世代农家,幼时家境贫寒,家里节衣缩食供其读书。

在乡试中,他取得第二名佳绩,并在弘治六年顺利考中进士。仕途伊始,胡世宁从节推转郎做起,历湖广德安府推官、南京刑部主事、南京刑部郎中、广西太平知府等职。初入官场,胡世宁因为岐王从官骄慢,敢于裁撤。岐王后来复请划拨湖田,他坚决不赞同。正德七年九月,朝廷升胡世宁为江西按察司副使,整饬抚州东乡等处兵备。《明史》称其"性刚直,不畏强御,且知兵"。以他的性格,在江西官场一定会有故事发生。

正德朝,宁王朱宸濠的政治野心逐渐膨胀起来,越来越多的人已经察觉其异志,但是没有人敢站出来。胡世宁疾恶如仇,决心向朝廷举报宁王不法事。《明史·胡世宁传》记载,正德九年三月,他上奏了第一篇揭露宁王的奏疏。在奏疏中,他先从平定江西盗寇谈起,认为或剿或抚,其实不难,"江西之盗,剿抚二说相持,臣愚以为无难决也。已抚者不诛,再叛者毋赦,初起者亟剿,如是而已"。随后笔锋一转,直接提出了核心观点,朝廷需要担心江西的不是盗寇而是宁王朱宸濠,"顾江西患非盗贼。宁府威日张,不逞之徒群聚而导以非法,上下诸司承奉太过"。

他列举了宁王朱宸濠诸多不法事,"数假火灾夺民廛地，采办扰旁郡，蹂籍遍穷乡"，进而导致两方面出现问题：一是"良民不安，皆起为盗"，即宁王粗暴敛财、官逼民反；二是"臣下畏祸，多怀二心，礼乐刑政渐不自朝廷出矣"，即地方官员已依附宁王。为此，他奏请朝廷"请于都御史俞谏、任汉中专委一人，或别选公忠大臣镇抚"，目的是抑制宁王发起叛乱，"敕王止治其国，毋挠有司，以靖乱源，销意外变"。该奏章直截了当地点名宁王朱宸濠，可谓犯了忌讳，胆大包天。

据《明武宗实录》，明武宗命奏章下兵部议处。兵部尚书陆完回禀，请以俞谏提督兼巡抚，并会商地方官员确定或剿或抚之计。至于戒谕宁王之事，陆完力挺朱宸濠，轻描淡写地化解了宁王的危机，更是给朱宸濠戴上高帽，生生将黑的说成白的。"窃惟宁王之贤，乃宗室之望，夙守祖训，岂肯有违意者"。他将罪责归于无赖和郡王将军，谎称"无籍之徒冒称官校，及各郡王将军仪宾家人，转相假托出外生事"，建议"令（宁）王约束之"。不但洗脱了宁王的恶行和叛迹，而且令其约束，增加了宁王的权势。明武宗完全听信陆完，并同意他的建议，如此则胡世宁一片忠心换来一盆冷水，相当于朝廷全面否定了他对宁王的指控，他也因此被置于极其危险的境地。

宁王朱宸濠知道此事后非常愤怒，罗列胡世宁离间等罪名上奏朝廷，同时出巨资贿赂朝中权臣和宠臣暗中助之，存念要必杀胡世宁。明武宗将宁王奏章下都察院议处，右都御史李士实（后投靠宁王朱宸濠，为其主要谋臣）与左都御史石玠等回复，宁王朱宸濠世守忠贞，而胡世宁狂率当治，将后者推向深渊。明武宗命江西的巡按御史逮捕胡世宁，而此时朱宸濠奏章又至，这次指责胡世宁妖言诽谤。明武宗更加重视，升格改命锦衣卫官校逮捕胡世宁。

胡世宁在朝廷发出逮捕旨意前，已经升任福建按察使，取道回家乡杭州。朱宸濠听说后，遂诬告胡世宁逃跑，差人骑快马至浙江，命浙江巡按御史潘鹏尽快将其捉拿归案并执送江西。潘鹏没有捉到胡世宁，将其家人捉拿起来，逼迫索要甚急。好在浙江按察使李承勋尽力保护了胡世宁的家人。胡世宁听说后，知道自己一旦被送回江西一定有死无生，因此亡命抵达京师，直接到都察院跪门投案，奏请送至恶名昭著的锦衣狱北镇抚司勘问。胡世宁在狱中曾三次上书，备述朱宸濠叛逆的情景，但是毫无效果。

外界听说他在狱中被严加拷问，御史徐文华上疏搭救，称"世宁之论宁府，非独为朝廷为地方，亦为宁王虑也，安有所谓妖言诽谤亲亲者"，更直言"世宁一言置之重法，异日谁复肯为陛下言者"。胡世宁被关押在监狱中有一年多的时间，言官程启充、萧鸣凤、邢寰等人交章救助，但是明武宗始终不听，依旧关押胡世宁，拒不放出。

钱宁在宁王朱宸濠的授意下，矫诏下旨内阁，意欲重判胡世宁，并将其押送回江西。杨一清时在内阁，认为胡世宁所言原本就没有大过，要定什么罪名？因此加以保护，一直抗衡钱宁，未能令其如愿。一日，杨一清偶遇到钱宁，对他讲："外面对宁王议论纷纷，你现在为什么一定要为宁王报复胡世宁而杀死他呢？恐怕将来日子不好过啊。"钱宁有些害怕，解释道："杨公为什么要责备我，这些岂是我想做的吗？"杨一清听后笑了，告诉钱宁："等到胡世宁保全了性命，则外面的议论就自然消除了。"钱宁顾忌朝廷的议论，听从了杨一清的意见，果然从中斡旋，胡世宁最终得以减轻处罚，发配辽东。

真的勇士，敢于直面死亡，置身危险境地而无所顾忌。宁王朱宸濠重金结交朝中权贵，日夜窥视朝廷动静。在江西地界，他通过厚贿和打压两种手段，拉拢官员为己所用。对于不愿合作的人，采用各种办法威逼利诱，甚至是极端手段。王哲，正德五年担任金都御史,巡抚南赣。正德六年,宁王朱宸濠有意与王哲结亲,但遭到拒绝,由此怀恨在心。正德七年,宁王宴请王哲,却在瓜果中下毒。王哲虽未立即身亡,无奈之下却只能请求辞职养病,次年不幸去世。右副都御史董杰代之,上任仅八个月就莫名其妙地死掉了。自是,受命任职江西的官员,都惴惴不安,甚至以被免职为幸事。正德七年八月,江西左布政使任汉为都察院右副都御史巡抚江西,很快就调离。正德八年,俞谏升右都御史,巡抚江西。他在江西缩手缩脚,毫无作为。正德九年,俞谏受到弹劾,"愎而寡谋,乞别选有威望者以代其任",下部论处。俞谏则托病辞归乡里,杜门不出六年。正德十年,孙燧临危受命,以河南右布政使升都察院右副都御史巡抚江西。孙燧听到任命,自是知晓前途凶险,不禁叹道:"是当死生以之矣。"他下了必死的决心,安排妻子儿女返还家乡,独自携带二名童子悲壮地赴任。

当时在江西做官是高危职业,因此如前文所说的文森等很多人根本就不愿前去任职,即使去了也要想办法尽快脱身。胡世宁上疏获罪,并不能恐吓和阻止有担当的大臣。副都御史、巡抚江西孙燧在此后站了出来,连上七份奏章揭发宁王,更是在宁王朱宸濠发动事变当场，以死捍卫心中正义和大臣气节。孙燧、胡世宁与王阳明，都是浙江人，是同一科壬子年参加乡试的同榜考生，因都参与抗击宁王朱宸濠叛乱被称为"壬子浙江三仁"。

孙燧做下赴任江西的决定，情况与王阳明一样，是需要巨大的勇气和担当的，因为官场内都清楚江西是仕途的泥潭深渊。孙燧赴任，从没有想过离开，一干就是四年，直到宁王叛乱。面对复杂的处境，他没有简单地意气用事，而是巧妙周旋，显示出政治家的风范。明清之际的著名史学家、文学家张岱，在撰写的《孙忠烈公年谱序》中称赞其"知宸濠必变，不敢先事发奸，实意实心，蚤防豫备"，"日后除残戡乱，非公预为之计"而不能成。

孙燧的左右，都是朱宸濠的耳目。他处处提防，令他们无法窥探。通过暗中观察，他发现副使许逵为人忠勇，可以托付大事，遂与之谋划。他们看到胡世宁上奏朱宸濠叛逆阴谋，却被朝廷中个别中官幸臣暗中迫害，因此明了奏知朝廷也毫无益处，索性自己在江西暗中加紧防备，"缜密绸缪，不露声色"，"实结民心，则缓征宽役；实翦羽翼，则捕盗除凶；实防要害，则筑城浚隍；实置声援，则设官选锐；实备输挽，则编舡储粮"，做了很多实事。

宁王朱宸濠逐渐发现孙燧的意图，便贿赂朝中权贵想要撤换孙燧。宁王朱宸濠甚至将孙燧家中厨师都纳为己用，情况危急可见一斑。朱宸濠派人送来礼盒，打开发现里面有四种水果蔬菜，分别是枣子、甜梨、生姜和芥菜。孙燧自然明白，是欲其早离江西界，"枣梨姜芥"即"早离疆界"之寓意。孙燧笑而却之，不为所动。

面对愈发严峻的形势，孙燧预感叛乱已经迫在眉睫，不顾胡世宁前车之鉴，毅然连上七疏奏明宁王朱宸濠叛逆图谋。正德十三年九月，奏《撤护卫以严曲突之防疏》，被中官所阻，不报。此奏是揭露宁王叛迹七疏中之第一疏。随后再上《藩封交通之禁疏》，不报。此为第二疏。冬十月，上《交结日密踪迹可疑宜慎先事之防以绝觊觎之念疏》，不报。此为第三疏。十一月，上《堤防宜蚤消弭宜预以遏方张之焰以全亲亲之谊疏》，不报。此为第四疏。再上《违制练兵纵盗养奸亟宜预防以杜后患疏》，不报。此为第五疏。十二月，上《密营兵仗私立邮传暧昧纵图大于国宪疏》，不报。此为第六疏。上《蔑理欺君僭恣睥睨亟赐处分以彰国法疏》，不报。此为第七疏。十四年六月，宁王朱宸濠反，孙燧和许逵誓死不降，慷慨赴死。张岱曾经看到孙燧的七道奏疏，不禁发自内心地感叹:"读其疏,原其心,真可告天地泣鬼神。"

毕真邀宠挟威以自重

镇守太监在明代权势很大。镇守,原是明代武官的职衔,有镇守、分守的分别,"总镇一方者为镇守,独镇一路者为分守"。担任镇守的是总兵官,分守的则为参将。边疆地区设有镇守总兵官,掌握该地军事大权。明代的皇帝对于称霸一方的武官自然不放心,于是想了一个办法:派遣亲信宦官前去监视。

派遣镇守太监的做法始于永乐八年(1410),明成祖"敕内官马靖往甘肃巡视"。我们都知道,明太祖朱元璋对于宦官要求严格,命令他们不许干预政事,为此还在皇宫铸铁牌加以禁止。明成祖朱棣在起兵夺位过程中,太监出力甚多,因此即位后更改了太祖的命令,宦官由此获得很多权力,包括大家都知道的郑和下西洋,都是肇始于永乐时期。

明仁宗时期正式出现了镇守太监的名称,而且朱高炽将宦官镇守地区由边地扩展到内地。明武宗派遣了更多的镇守太监,差不多全国各省都有设置。而且,正德朝镇守太监的职权急剧膨胀,由监察军事慢慢地开始插手地方事务,甚至由于某些不合适的做法引起过个别地方的民众骚乱。

镇守两广的太监刘琅，首先投靠宁王朱宸濠。正德十年四月，他回南京任守备途经江西，见宁王朱宸濠声势日大，便令弟弟刘璋入宁府结交，并馈送宁王礼物以示交好。宁王朱宸濠深知镇守太监握有实权，趁机拉拢刘琅兄弟。刘琅接受了宁王朱宸濠的重金贿赂，承诺将来可为内应。要知道，刘琅为南京守备太监，这对宁王朱宸濠来说充满魔力。朱元璋在金陵起家，东征西讨，建立了大明王朝。在定都的时候，朱元璋虽然有所动摇，但是最后还是定址南京。当年朱棣起兵靖难，直扑南京，顺利夺位，建立了南京、北京的两京制。不论是追溯正源如太祖定鼎南京，还是效仿靖难如成祖夺位南京，南京对于宁王朱宸濠都有着特别的意义。事实亦是如此，宁王朱宸濠起兵反叛，战略上就是率军直扑南京。因此，刘琅在南京镇守意义重大。当宁王朱宸濠叛乱的消息传到南京，刘琅派人持兵器、率家丁分布城中，家丁百余人在棺材中藏了火药军器，密谋出城响应。此时城中出现了刘琅交结宁王为之内应的传言，闹得人心惶惶。刘琅以追查奸细的名义，派兵四出，在城中大肆抓捕传播流言的人，并治以军法，众人因此更加惊慌。

与宁王朱宸濠走得最近的镇守太监是毕真。正德十二年十二月，毕真奉命镇守江西。毕真有意结交宁王，初到南昌就"将玉带、宝石、各色纻丝、纱罗、羊、酒、马匹送与宸濠"。毕真主动示好，宁王朱宸濠自然喜出望外，加以拉拢，希望借助毕真之力谋逆。镇守江西期间，毕真与宁王朱宸濠亲厚。凡是宁王忌惮的江西官员，毕真都会与其一道打压排挤或奏请将该官员外调，范辂便是其中之一。

南京云南道监察御史范辂，是一位正直敢谏的大臣。正德十年，他见明武宗无子，进而忧心国储，上书请择宗室中贤者在宫中培养，又弹劾太监黎安、刘琅及卫官简文、王忠等人罪，皆不听，翌年被罚俸两个月。正德十一年冬，范辂奉敕清理江西。面对复杂敏感的局势，有人劝他找个借口避难，范辂引用"张纲埋轮"的典故表明决心。

张纲埋轮，比喻敢于弹劾当权者，出自《后汉书·张纲传》。张纲，东汉人，汉留侯张良的后代，任朝廷御史，其时朝政混乱不堪。东汉顺帝刘保派遣张纲等八名专使巡行各州郡，宣讲皇帝威德，推荐人才，弹劾奸佞。张纲到近郊洛阳都亭，将车轮卸掉，埋在地下，愤然道："豺狼当道，安问狐狸！"随即草拟奏章，不顾个人安危，上书历数当朝权贵罪状，京城为之震动。

范辂到江西几十天,就接连弹劾宁王、毕真。宁王命江西诸司以朝服相见,范辂奏称不可,除王府属官之外的官员应以便服相见,"臣以为尊无二上,凡不称臣者,皆不宜具朝服,以严大防"。宁王朱宸濠驰疏争之,廷议请如范辂所言。宁王朱宸濠的伶人秦荣奢侈过度,范辂弹劾治之。他还弹劾镇守太监毕真贪虐十五事,被留中不报,弹劾都指挥使郭宇向外泄漏诸司消息,罪状众多。

正德十三年春,在宁王朱宸濠和镇守太监毕真的构陷下,范辂被捕下狱。《明史纪事本末》云:"十三年春正月,宁王宸濠诬奏清军御史范辂贿近幸,逮问除名。辂与毕贞(真)争坐,及辨朝王服色,故被陷。"《明福建左布政使质庵范公墓志铭》称:"然真、宇皆濠党也……各先诬奏公离间骨肉,诽谤宗藩。公巡历至赣,被旨令拿解系狱,拷掠几毙。"范辂被毕真、郭宇诬陷后受了很多苦,先是被关押在南昌,后又"械系辂至京问理",前后长达一年多。

正德十四年,宁王朱宸濠与毕真商议,谋求改差浙江镇守。起程前,宁王朱宸濠将银三千两、金壶一把、台盏四副并器皿、茶芽等物送毕真,又将银三百两送给毕真的参随张浩。毕真到浙江后,积极准备以

六、江西官场

响应举事，"假以操演官军为名，各重赏银两，暗邀人心，及又打造盔甲千余副，堆积本镇衙门，待时起兵助逆"。

宁王朱宸濠反叛，秘密派遣校尉赵智，前往浙江会合毕真，约以响应。毕真给他出主意，建议宁王世子率兵攻浙。他还差人四处散布谣言，称朱宸濠差世子来取浙江等语，动摇人心。毕真又差人往余杭县（今余杭区）买米万石，以备军饷，当被巡按张御史行文该县禁止。他还拘收城门钥匙，令官军着甲胄夜半入城。众官警觉，没有听从安排，并且拒不到城，严守以备，以防发生意外。此时浙江的形势依旧严峻，军民皆惊恐。

正德十四年十月，毕真被捉获。经"三法司"、锦衣卫奉旨会审，将毕真依谋反重罪凌迟处死。律坐同居家口，籍没财产，毕铠、喜同等十一名年纪在十六岁以上者，俱依照谋反罪被判处了斩首，而且立即执行，以免他们得到赦免的机会；毕大伦、进住等二十六名十五岁以下者及妻女侍妾，俱给付功臣之家为奴。

七、江湖之远

> 守仁又尝遣其门生湖广举人冀元亨者游说濠，时人莫知其故。
>
> ——《明武宗实录》卷一百七十六，
> 正德十四年七月

宁王朱宸濠叛乱是正德朝最为重大的政治危机，庙堂之高、江湖之远，都被席卷进滚滚历史洪流。不论是皇帝、朝廷权贵，还是江西等地方的政要，置身其中在所难免，然而本与此毫不相干的民间文士等各色人物，则是不由自主地被卷入进来。纵观中国历史，举人、秀才是一个特殊群体。他们已经取得了功名，但又未能进士及第，很难进入官场。寒窗苦读数十载，称得上才学满腹，在地方已经是名流。可是皓首穷经，仍是布衣之身，可谓心比天高，命比纸薄。因此，在很多大事件中都能看到举人、秀才的身影，如清代小说家之蒲松龄、太平天国运动之洪秀全、民国风云人物之袁世凯，不一而足。在宁王朱宸濠事件中，有三个举人以各自的方式涉身其中，各有各的故事，各有各的结局。"大江东去，浪淘尽，千古风流人物"，杯酒酹江，寄怀那些远去的人物。

风流才子唐伯虎

由于文学和影视作品的传播，明代"江南第一风流才子"唐寅（伯虎）为今人所熟知。但是，与风流潇洒的艺术形象迥异的是，他的一生命运多舛，充满了悲剧色彩，而且在不如意中只活到了五十四岁。不巧的是，他还和宁王朱宸濠有了瓜葛，让自己再次深深陷入非常危险的境地。

成化六年（1470）二月四日，唐寅出生在苏州吴县吴趋里的一户普通人家。据说，父母开了间小酒馆，家境虽不富裕，也算是小康之家。他出生在庚寅年，就是民间所说的虎年，所以取名寅。他还是家中长子，因古人以伯仲叔季排序，干脆字伯虎，后改字子畏。没想到吧，一代才子的名和字，竟然取得如此随意洒脱。

唐寅小时候就显示出聪颖的资质，父母自是希望

唐寅像。方筠《唐六如先生小像》(局部),现藏上海博物馆

他通过科举改变命运,特意为他延请塾师授课。成化二十一年(1485),他不负父母的期望,考中了苏州府试第一名,进入府学读书。然而,他二十多岁的时候,家中意外接踵而至,父亲、母亲、妻子、儿子、妹妹相继过世,连续的打击致使他消沉避世、萎靡不振,家道随之中落。此时,好友祝枝山见其无心举业,深感惋惜,特意找他谈了一次,规劝他应以举业为先,"子欲成先志,当且事时业"(出自祝枝山写的《唐子畏墓志并铭》)。挚友的促膝谈心颇有成效,唐寅当即表明心迹:明年就是大比之年,要拿出一年时间准备应试,如果不中就放弃科举。祝枝山长唐寅十岁,对唐寅帮助很大,两人终生亦师亦友。随后的一

年，唐寅果然杜门不出，安心读书。

弘治十一年（1498），唐寅参加应天府乡试，高中第一名解元。是年应天乡试，司经局洗马梁储与翰林院侍读刘机为主考官。梁储对唐寅的文章甚为欣赏，回到北京后以其文示翰林学士程敏政，后者亦奇之。在人杰地灵的南直隶应天府折冠，前途是何其光明！考中解元后，唐寅不禁有些飘飘然，完全放飞了自我，终日放浪形骸。

是年冬天，唐寅意气风发，乘舟北上京师，准备参加会试。此时，一个名叫徐经的举人，以百金为其祝寿，借以结交。徐经是直隶江阴人，是一个喜好文雅的富二代。文徵明在《贲感集》序里说，"世以高赀为江南鼎甲，膏腴连延，货泉流溢"，世代经商，家资巨万。徐经虽家资殷厚，然能服儒信古，喜欢附庸风雅，"无所顾藉，日惟悬金购书，以资博综。雅游参会，以事扬确。所与游者，皆一时名硕，追琢淬砺，悠然自怡"。他用重金为敲门砖，同名士唐寅拉上了关系，还得到了同舟北上参加会试的机遇。真不知道，当初唐寅要是拒绝了徐经，明朝是少了一位名士，还是多了一位名臣？

弘治十二年二月，唐寅如期参加会试。然而，剧情发生了重大反转。他没有迎来预期中的脱颖而出，却身陷"徐经科场案",以致身败名裂。该年会试,皇帝命太子少保礼部尚书兼文渊阁大学士李东阳、礼部右侍郎兼翰林学士程敏政为会试考试官。原本平静的会试,因一本奏章而天翻地覆。

考试刚刚结束,正当大家都在焦急地等待开榜之时,户科给事中华昶上疏弹劾程敏政。据《明孝宗实录》记载:"丁巳,户科给事中华昶奏:国家求贤,以科目为重,公道所在,赖此一途。今年会试,臣闻士大夫公议于朝,私议于巷:翰林学士程敏政假手文场,甘心市井,士子初场未入而《论语》题已传诵于外,二场未入而表题又传诵于外,三场未入而策之第三、四问又传诵于外。江阴县举人徐经、苏州府举人唐寅等狂童孺子,天夺其魄,或先以此题骄于众,或先以此题问于人。此岂科目所宜有?盛世所宜容?臣待罪言职,有此风闻,愿陛下特敕礼部场中朱卷,凡经程敏政看者,许主考大学士李东阳与五经同考官重加翻阅,公为去取。俾天下士就试于京师者,咸知有司之公。"

华昶将矛头直指主考之一的程敏政和参加会试的江阴举人徐经、苏州举人唐寅,告程敏政贪财泄露考题给徐经、唐寅,而且徐经、唐寅竟然"天夺其魄",在考前向众人炫耀考题,或者问询他人,真是嚣张至

七、江湖之远 159

极。华昶与他们并无仇怨，上奏弹劾只是职责所在，况且泄题情况言之凿凿、清清楚楚，看来是街头巷尾早已有非议，流言四起。

皇帝将奏章下礼部商议后奏闻，礼部经过研究后给出了意见：华昶一定是听到了传闻，才会有此奏章，但是风闻之事可能不是真的，而且还未开榜，尚不知道徐经、唐寅是否考取。明孝宗赞同礼部的意见，令主考官李东阳会同五经同考官，将凡经程敏政看中的试卷重加翻阅，按照公平取舍，平息非议。关于开榜日期，礼部请求延后至本月二十九日或三月初二日，皇帝采纳礼部的意见，重新阅卷，至三月初二日放榜。可见，在官场处事，尤其是处理重大事件，一定要平稳周全，特别是在书面回复上一定要谨慎小心。礼部的答复恰到好处，事情查清楚前考虑到多种可能，不轻易下定语，又要秉持公平正义的态度，凡事都要等审查结果，同时将影响降到最低，事先考虑并妥善处理后续问题。

三月，经过礼部初步审查，大学士李东阳将审查结果奏报皇帝。奏报内称，李东阳等人奉旨重新翻阅，取看试卷之时，考校已定，并按弥封号籍。他们查阅后发现，徐经、唐寅二人的试卷俱不在取中之内，进入正榜之数目与同考官批语可以相互验证。李东阳等会同五经诸同考官连日再次审阅考卷,定取正榜三百卷,按照程序会同外帘比号拆名(旧时科举乡试、会试,在贡院内阅卷的官员叫内帘,在考场提调监试的官员叫外帘),此次礼部会试取中式举人伦文叙等三百名。

李东阳奏请审核会试中式举人的事情告一段落,至于审查徐经和唐寅是否存在作弊情节,应该是内帘阅卷官员的事情,礼部无从定夺,应将案件交还考官负责,辨别是非,以息横议。皇帝准许了礼部的建议,将两件事情分开处理,下旨按照审阅确定的名单发榜,同时将华昶、徐经、唐寅执送到锦衣卫镇抚司,要求讯问明白,不许徇情。

"徐经科场案"中,程敏政的遭遇最为可惜。他在孩童时就有神童之誉,十三岁时朝廷听闻其名,特意下诏测试,随后安排在翰林院读书,跟从阁臣学习,这是从未有过之殊荣。十六岁,中顺天府乡试第一。二十岁,一甲二名(榜眼)进士及第,为同榜三百五十余人中最年轻者。此后,他开始在政坛崭露头角。"徐经科场案"发生后,程敏政未受影响,而华昶被下狱拷问,对此工科都给事中林廷玉为华昶鸣不平。他上书奏言程敏政在此案中的六大疑点,对如今被弹劾的程敏政晏然如故,而华昶身先就狱表示不满。随后给事中尚衡、监察御史王绶，都请求释放华昶，逮捕程敏政。此时徐经上书，称华昶纯属诬陷。瓜田李下，程敏政只好多次上奏自辩，并请求辞官归隐。

镇抚司经过初审，以徐经和华昶的供词出入太大为由，请求明孝宗裁决。明孝宗只好令三法司和锦衣卫廷审此案。此时，徐经却说自己曾经送给程敏政金币。于是，左都御史闵珪等请逮程敏政对问。明孝宗很是为难，奏折被留中十余日，最后还是批准了。四月二十二日，程敏政也被下狱。随后，他们在午门前置对（对问答辩）。程敏政不服，认为华昶所指控的两个士子都不在被录取之人中，而且李东阳等人再次审校时废弃的十三份可疑卷子，也不是全都经过程敏政校阅。当时有同列的言官再次弹劾程敏政，程敏政于是请求继续与华昶廷辩。华昶等人面对程敏政的质问，却无法自圆其说。

随后再次拷问徐经，他的证词又有很大变化。他称来京之时，仰慕程敏政学问，以金币求从学，其间问及会试三场可能会出的题目。徐经因与唐寅据此事先拟作了文稿，加上唐寅招摇的性格，导致风声传到了外面。后来程敏政主考，且考题正好有他谈过的内容，就有了程敏政贪财卖题的传闻，华昶于是奏言弹劾。但其实徐经并没有贿赂程敏政泄题，是因他害怕拷打审问，所以才自己招供诬陷。

最终，经皇帝同意，程敏政被迫致仕，华昶谪南京太仆寺主簿，林廷玉谪海州判官，徐经、唐寅除名充吏役。程敏政经受不了如此重大的打击，出狱仅四天就因痈毒不治而卒，赠礼部尚书，赐祭葬如例。程敏政应该是被冤枉的，因为当时学子到京师后拜访官员是惯例，更何况江苏和安徽在当时还没有各自成省（江苏、安徽分设两省是在清朝顺治年间），同属南直隶，因此程敏政与唐寅、徐经有同乡之谊。最直接的证据就是唐寅与徐经并不在录取的士子名单内，即他们没有从程敏政那里得到有关会试的好处。

关于程敏政之死似有内情，大概是成名太早遭到官场倾轧。《明孝宗实录》载："敏政以少年擅文名，以文学跻侍从，自是以往，名位将不求而自至。乃外附权贵，内结奥援，急于进取之心恒汲汲然，士夫多有议之者。但言官劾其主考任私之事，实未尝有。盖当时有谋代其位者，嗾给事中华昶言之，遂成大狱，以致愤恨而死。有知之者，至今多冤惜之。"大意是程敏政成名很早，遭到他人嫉妒，而他本人对仕途谋求甚急，致使他人恐惧。"徐经科场案"的发生，应是有人唆使华昶出面弹劾，欲借此事掀翻程敏政。至于是谁要谋代其位，说法不一，又无确切资料，姑且不再赘述。

此案在民间传闻中还有另一个版本。据钱谦益的《列朝诗集小传》丙集《都少卿穆》："余闻之故老，玄敬少与唐伯虎交，最莫逆。伯虎锁院得祸，玄敬实发其事。伯虎誓不与相见，而吴中诸公皆薄之。玄敬晚年，深自悔恨，其殁也，不请铭于吴人，而远求胡孝思，盖亦其遗意云。"玄敬，指的是唐寅曾经的好友都穆。都穆，字元敬，一作玄敬，号南濠先生，苏州吴县人，跟唐寅是同乡，年少时的好友，明朝大臣、金石学家、藏书家。弘治十二年，同唐寅参加同一届的会试，只是都穆进士及第，后授工部主事，正德三年转礼部郎中，累迁太仆少卿。民间传言，都穆在会试后告发唐寅，导致了两人长期不和。其实，有学者考证，在科场案后，都穆还曾多次在唐寅的画作上题字，可推测他们关系还是很好的，陷害说应该是不能成立。

巧合的是，王阳明同样参加了弘治十二年的会试和殿试，顺利地进士及第。他当初亲眼看见、亲身经历了才子唐寅的意外。科场案对唐寅的打击无疑是巨大和毁灭性的，整整二十年后的正德十四年，唐寅在睡梦中忽然梦到了科场案，仍然心有余悸，作《梦》记之：

> 二十年余别帝乡，夜来忽梦下科场。
> 鸡虫得失心犹悸，笔砚飘零业已荒。
> 自分已无三品料，若为空惹一番忙。
> 钟声敲破邯郸景，依旧残灯照半床。

经此屈辱性、戏剧性的遭遇，唐寅彻底打消了在科举和仕途上的奢望。对于朝廷安排的小吏职位，他深以为耻，坚决不去就职。没有想到的是，归家后打击更是接踵而至。先是夫妻失和，他无奈休妻。心情极度不好的唐寅选择了远游闽、浙、赣、湘等地，意在散心解忧。显然，心结难解，游历回来后他大病一场，很长时间才得以康复。此时，他的弟弟唐申又与其分家。至此，唐寅只能靠卖文作画为生，以纵情酒色自娱。狂有狂的资本，他奇颖天授，诗文潇洒，书画冠绝。绘画上与沈周、文徵明、仇英并称"吴门四家"，又称"明四家"。诗文上，他与祝允明、文徵明、徐祯卿并称"吴中四才子"。

安定的日子没有多久，唐寅就陷入了另一场麻烦中。正德九年，他四十五岁。这一年秋天，宁王朱宸濠野心勃勃，四处招揽人才。因为长期经营，他享有

七、江湖之远

美誉，被称为"王今天下长者"。他的使者来到人文鼎盛的苏州，带着亲笔信和重金招揽才名之士。负有盛名的唐寅，自然在招揽名单之内。我们无从知道唐寅当时的想法，从结果上可以知道他最终同意前往南昌。

宁王还邀请了文徵明，但是文徵明称病不往。使者来到家里，他躺在床上不起来，礼金也不收。有人问原因，他笑而不答。如今我们知道，除唐寅之外，还有两位名士接受了邀请，他们是谢时臣、章文。谢时臣，字思忠，号樗仙，苏州人，山水画很出名，"颇能屏障大幅，有气概而不无丝理之病"。章文，字简甫，苏州人，出身印章世家。

唐寅到达南昌，宁王以礼待之，而且待之甚厚，特意安排其住在别馆，还经常与其赛诗论画，据说还请他教授娄王妃书画。大约如此过了半年光景，唐寅渐渐发现宁王所做多为不法之事，预感到日后他一定会造反。宁王朱宸濠在酒席间，曾经有意无意说出悖逆之语，唐寅不敢回答。为了自保，唐寅决定尽快离开南昌。为此，他不惜装疯卖傻，表现出癫狂之态。史料中称其"宸濠差人来馈物，则倮形箕踞，以手弄其人道，讥呵使者"，总之是癫狂之态超出想象。使者返回将所见予以禀告，宁王朱宸濠遂产生厌恶之心:"孰谓唐生贤,直一狂生耳。"于是翌年三月,唐寅被赶回苏州老家了。

没过几年,宁王果然发动叛乱,唐寅逃过一劫。但是,宁王叛变失败后,朝廷开始追拿逮捕宁王余党,有人说唐寅曾经附会朱宸濠,于是他还是被牵扯进来。具体办事的人虽然很同情他,但是无计可施。后来,据说办事者偶然看到了唐寅当初在南昌题在墙壁上的诗,内容是:

> 碧桃花树下,大脚黑婆浪。
> 未说铜钱起,先铺芦席床。
> 三杯浑白酒,几句话衷肠。
> 何时归故里,和她笑一场。

办事者深感唐寅强烈的思归情愁,明显是不愿与宁王朱宸濠同流合污,遂将墙壁保护起来,并将此情况奏报以闻,由此解除了唐寅的嫌疑,恢复了他的自由和名誉。

唐寅佯狂躲难,还算是幸运。谢时臣、章文两位名士,当时的处境更加危险。他们未能及时逃离,宁王反叛后,挟持二人参与行动。二人苦无脱身之策,只好在中途将身上所有金帛都拿出来贿赂看守之人,半夜看守稍有松懈,他们一同逃离,在兵荒马乱之中,好几次差点死掉。他们最终几乎是赤身裸体地走了两千多里路,才回到苏州家中。看到家人时不免痛哭流涕,真是九死一生。虽经此劫的磨难,他们却都很长寿,章文得寿八十有二,谢时臣八十一岁尚在世。

举人军师刘养正

唐寅是举人出身,宁愿装疯卖傻也要逃离宁王朱宸濠。还有一位举人,却被宁王朱宸濠委以军师重任,他就是刘养正。刘养正在历史上并不出名,至少在今天看来是如此,但是在当时他有一定的名望。因为参与过叛乱,所以留存下来的史料是少之又少,我们只能从零散的记载中窥视他的人生。

明朝徐咸在《西园杂记》中记载:"李士实,以诗文名世。正德间,为耆旧大臣。予至南昌,访之东湖里第,所谈皆道义之说。刘养正以举人居家,负道学名,不苟交接。予至吉安,伍太守义定为予言,其人品甚高,有欲见而不可得者。阳明亦推重之。不半岁,皆从逆。李为太师,刘为国师,俄而身戮族灭,遗笑万世。昔之虚名,安足凭哉!甚矣,知人之难也。故曰盖棺事始定。"

刘养正，字子吉，江西庐陵人，生年不详，系举人出身。史称此人读书知兵，颇有凌云之志，"素有诗文名，以不仕自高"。刘养正无意科举和仕途，也不善于交际，在家专研学问，在诗文学问方面有造诣，又不媚俗，所以吉安知府伍文定称其"人品甚高"，就连王阳明都很推重。如此说来，刘养正应该是一方的名士高贤了。

正德十年二月，宁王朱宸濠素闻刘养正有才名、习兵法，礼请至府中密谋。朱宸濠讲论宋太祖陈桥之变，刘养正盛赞朱宸濠有拨乱大才，二人秘密约定待时举事。他深受宁王青睐，成为宁王府的主要幕僚，也是朱宸濠之乱的主谋。

刘养正与王阳明很早就认识，交情深厚友善。《罗洪先集》记载，正德十四年春，刘养正的母亲病故了，他前往赣州请王阳明为之作墓志铭，其实是要借机暗中为宁王充当说客，拉拢王阳明投靠宁王。王阳明自然不会投靠宁王，最终两人不欢而散，刘养正只能怅然离开。他回到自己的船上，跟门生王储说及此事，以王阳明不能合作深以为憾。他感叹宁王之事全在自己肩头，"且吾安得以一身当此重担"，压力是很大的。王储安慰他，今天下大事属先生，您怎么能退让呢？王阳明共事与否，其实无所谓。刘养正认为，宁王之事固然在他身上，但还是多几个人分担比较好，而且王阳明正在江西练兵，日后恐为威胁。王储不以为然，称先生以为王阳明是大才，而他只看到了王阳明的怯懦。刘养正内心里认同学生所言，戏称这个王阳明对付赣州的毛贼尚且终日练兵，遇到大兵时还不得惶然无措。说罢，二人哄然大笑，乘舟而去。

徐咸提及的李士实，是致仕的南昌籍高官。李士实，字若虚，江西南昌人，成化二年（1466）进士，官至刑部侍郎、右都御史，著有《世史积疑》。据《国朝献征录》记载，李士实在职期间，颇有政声。他文章很好，学问精深，尤其擅长书法。官场中，与李东阳、林俊、杨一清关系较好。以刑部侍郎致仕的数年后，仍然被皇帝启用，特意将他从家乡召回到朝廷，升右都御史。正德八年，李士实在七十二岁高龄时上疏请辞归乡。他家居南昌，与宁王府距离很近。

宁王非常想结交李士实，据说李士实并不想攀附，但是宁王朱宸濠纵容属下侵扰，李士实不得已只好前去拜访。两人谈了很久，宁王朱宸濠大悦，说他就是"吾子房也"。子房，汉朝的张良，帮助刘邦夺取天下。李士实建议宁王，用重金结交当朝权贵，让他们在太后和皇帝面前不断地称赞宁王贤明。他曾在朝为官，了解宫内外的详情，因此向宁王具体分析政局，认为皇帝虽然年轻力壮，但是纵情酒色，身体早已透支，还能有多少日子？宁王要夺取皇位，只需借助一个宦官的力量即可实现。宁王听从他的意见，遣人携带珍异巨资到京城四处活动。

李士实内心可能还有一层考虑，其实他不想鼓动宁王发动叛乱，否则会将自己及家族拖入深渊。他鼓动宁王采取柔和的策略，实际上是想拖延，或者将叛乱消弭于无形，或者静待明武宗发生变故。

正德十四年六月，宁王生日前一天，从京师疾驰而来的林华传来口讯，皇帝已经差遣太监赖义、驸马都尉崔元、都御史颜颐寿前往江西宣谕宁王，想让他效仿赵王献出护卫。宁王以为皇帝要擒拿他，急忙召刘养正等人密谋对策。刘养正献计（一说宁王亲自定策）："事急矣！明早镇巡三司官入谢宴，可就擒之，杀其不附己者，因而举事"。宁王听从了他的计谋，当晚召集大盗吴十三、凌十一、闵念四等人，做了周密安排。宁王朱宸濠急召李士实到王府，亲自迎接他入府，告之将要举事，李士实唯唯而已。试想，李士实此时七十八岁，已是风烛残年。这把年纪的人一定是想要安享晚年和保全家族，其实不愿意参与株连九族的谋逆之事。退一步讲，即使将来举事成功，耄耋之年还指望能得到什么好处？也许，多活几年才是他最大的愿望。

矢在弦上，不得不发。李士实、刘养正被朱宸濠封为左右丞相。在宁王举事之后，刘养正最出名的事情，就是撰写了所谓的讨伐檄文《讨正德檄》。由于《讨正德檄》内容犀利，明武宗非常忌讳。最初，南京兵部尚书乔宇将所获《讨正德檄》呈报朝廷后，明武宗将乔宇奏疏压了下来，不令他人知晓檄文内容。同时，他还立即传下旨意，"移文江西及邻省大小衙门，今后但系宸濠片纸只字，不许转递，即行烧毁，擒其持檄者如律治罪，违者不贷"。这从侧面说明，刘养正撰写的檄文，还是很有杀伤力、战斗力的。正是因为如此，《讨正德檄》未能完整流传下来。现在或有以《讨正德檄》面目出现的文字，但是其真伪难以辨别。

明朝沈德符著《万历野获编》中《郑旺妖言》条目记载："正德十四年，宁王宸濠反逆，移檄远近，中有'上以莒灭郑，太祖皇帝不血食'之语。"这是明确记录《讨正德檄》内容的一条史料。以莒灭郑，又称莒人灭鄫，讲的是春秋时期鄫国国君立其外孙为继承人的事,其外孙是莒国国君之子。这里刘养正用心良苦,用"以莒灭郑"的典故,公开质疑明武宗皇太子继位的身份,即否认其皇帝正统血脉的合法性,为举兵造反找到充分而且正当的理由。

刘养正提出明武宗不是张皇后亲生的说法,其实是社会上流传的旧闻故事,当时被称为"郑旺妖言案"。在撰写檄文之前的十余年,怀疑明武宗身份的言论就已出现。弘治四年(1491)明武宗出生,其生母为张皇后,翌年其被册立为皇太子。然而,当时就有"太子非真中宫出者"的传言。这种猜测主要是因为,张皇后多年未育,此前大臣们曾奏请皇帝从速选妃。然而明孝宗未立嫔妃,一说他与张皇后感情笃深,不愿再娶,还有一说是张皇后妒忌心强,不许皇帝再沾惹别的女人。现在,张皇后突然生育皇子,显得多少有些不合乎情理,社会上免不了产生流言蜚语。

这时出现了一个郑旺,让流言蜚语有了明确的佐证。郑旺是北京城东北郑村镇的成中卫军余。明朝户籍主要分为军、民、匠、灶等,所谓军余,就是说郑旺是军籍家庭中正军外未参军的子弟。他有一女儿名叫郑金莲,12岁时被卖给了别人,后来多次转手,听说最终进宫做了宫女。郑旺到京师找朋友妥刚、妥洪兄弟帮忙，找到乾清宫太监刘山打听消息，得知宫中果有宫女叫郑金莲，但她不认郑旺这个父亲。有一个叫王女儿的宫女被皇帝选入内宫，但她自称父亲姓周。刘山为贪图好处，蒙骗郑旺并给了他一些宫女王女儿的物件。郑旺因此深信不疑，还宣扬自己是皇亲国戚，借此与京师齐驸马等人走动，造成了一定的影响。此时张皇后突然产下皇子，京师好事的人就传言是郑旺的女儿生了皇子，被皇后冒充生母将孩子抚养成人。

奇怪的是，事情过了十几年，谣言就这样堂而皇之地流传着。到了弘治十七年（1504）底，由于皇太子已经十几岁，明孝宗觉得不能拖了，就下令逮捕了郑旺等人。他没有让外廷衙门过问，而是直接亲自审理，这出乎所有人的意料。结果下来后，又让人有些摸不着头脑。定的罪名是妖言罪，王女儿不是郑旺女儿，但是最终只有太监刘山被处死，郑旺被监禁，王女儿被送去浣衣局，郑金莲的结局则无从知晓。随后，明武宗继位，郑旺因为大赦竟然安然回家。出狱后的郑旺，依然坚持认为是他的女儿生了皇子，自称皇亲国戚。正德二年（1507），郑旺的邻居王玺特意跑到京师，通过关系进入东安门，声称正德皇帝并非张皇后所生，而"国母"（郑旺的女儿，他所坚持的明武宗生母）现在正被幽禁。事发后，郑旺等人再次被捕,关入刑部大狱,最终被处死。郑旺虽然被处死,但是关于明武宗生母之谜早已流传到全国各地。

刘养正敏锐地利用了"郑旺妖言案"的流言,在《讨正德檄》中公开质疑明武宗皇帝血统问题,为宁王朱宸濠起兵高高竖起了一面迎风飞扬的战旗。檄文就是宣战书,宁王朱宸濠很是满意,命令军队在南昌府以及兵锋所至之处四处张贴,轰轰烈烈的举事正式拉开了序幕。

深入虎穴冀元亨

冀元亨,同样是一位举人,但他还有一个身份,是王阳明的学生。王阳明剪灭宁王有功,参与平叛的人士多被加官晋爵,唯有冀元亨因牵涉宁王谋逆一事而得祸,身陷囹圄,最终丧命。但是,他确是践行知行合一的真学者,为了恩师深入龙潭虎穴的真学生。此中详情或许成为历史谜团,但冀元亨的正直光明的形象却是如此清晰高大。

冀元亨,字惟乾,号闇斋,湖广常德府武陵县(今湖南省常德市)人。冀元亨与恩师王阳明相遇,是在后者人生低谷的时期。正德初年,在王阳明赴龙场驿途中,冀元亨曾拜见王阳明。正德五年,王阳明从龙场驿升任庐陵知县,路经常德时,再次见到冀元亨。冀元亨此时向王阳明行拜师礼,正式成为其门生弟子。他对王阳明的学说佩服得五体投地,大有"犹恨得见阳明子之晚也"的意思。正德七年,王阳明从北京外调滁州。此间,王阳明曾做《送惟乾二首》,从中可以看出冀元亨"相从千里",很早就从家乡出来跟随王阳明学习的经历。

(一)

独见长年思避地,相从千里欲移家。
惭予岂有万间庇?借尔刚余一席沙。
古洞幽期攀桂树,春溪归路问桃花。
故人劳念还相慰,回雁新秋寄彩霞。

(二)

签笈连年愧远求,本来无物若为酬。
春城驿路聊相送,夜雪空山且复留。
江浦云开庐岳曙,洞庭湖阔九疑浮。
悬知再鼓潇湘柁,应是芙蓉湘水秋。

正德十一年,冀元亨乡试中举,次年赴京闱会试未能录取。他深信阳明学说,而且在乡试和会试考卷上直接以阳明学说作答。要知道,阳明学说虽已名满天下，但是当时并非主流学说，而且很多人，特别是在位者，并不赞同，甚至相当抵触阳明学说。因此，在科场敢于用阳明学说应试，需要做好不能考中的思想准备，而且一定是深信之人才能做到这一点。冀元亨在乡试时，遇到了赏识之人才涉险过关，"一时场屋号知文之士，且目之为怪，独西野长公以侍御监试事，谓必楚豪杰也，竟置优选"。到了会试，就没有这样幸运了，遗憾落选，"丁丑试礼闱，主司大奇之，以遗二判弗敢取"。

此后，冀元亨转而跟随王阳明至江西，孜孜以求学习阳明学说。王阳明非常赏识冀元亨，请他在家中帮助教育孩子，两人的关系应该很是亲密。然而，平静的日子陡然起了波澜。据《明史》载，宁王为谋大计，四处招徕名士以邀名，王阳明自然在拉拢名单之内。他曾在王府内宴请上任顺路前来拜访的王阳明，李士实出言试探，被王阳明当面婉拒。正德十三年十二月，宁王朱宸濠"饰诈要名，礼贤求学"，写信给王阳明，邀请其来王府讲学。王阳明自己不便前往，又不好得罪宁王，退而求其次，派遣冀元亨去宁王府。按照王阳明的想法，此去有两个目的：一是用道理规劝宁王朱宸濠，使其收敛谋逆之心；二是暗中监视宁王朱宸濠的行动，以图防御之策。他后来在《咨六部伸理冀元亨》中力证委派冀元亨的目的所在:"本职因使本生乘机往见宸濠,冀得因事纳规,开陈大义,沮其邪谋;如其不可劝喻,亦因得以审察动静,知其叛逆迟速之机,庶可密为御备。"

冀元亨到南昌后,确实按照恩师王阳明的嘱托,向宁王朱宸濠讲授北宋先哲张载《西铭》篇,反复强调君臣之义。宁王朱宸濠曾用言语暗示王霸之道,冀元亨装作不理解的样子,继续与其研讨学问。他们之间观念完全不一样,言语上也是大相径庭。朱宸濠认为他是一个书呆子,但因是王阳明派来的,即使心中很是不满意,还是隐忍未发,索性赠送了很多礼物钱币,将他打发回去了。冀元亨离开前,将朱宸濠赠送的金钱物品全部转赠给王府的官员了。他见到王阳明后,通过此前的观察,明确告"濠必反,先生宜早计"。后来,宁王朱宸濠暗中派遣党羽,四处寻找冀元亨,欲以加害。冀元亨自己不知情,王阳明听到了风声,赶紧让他从小道悄悄返回常德老家避祸。

只身探险已是英雄壮举,而蒙冤受辱更显英雄本色。宁王朱宸濠叛乱,很快就被王阳明率军平叛。胜利的喜悦,对于冀元亨来讲很是短暂,剩下的是无边的黑暗和煎熬。按照《明史》记载,平定叛乱后,为了抢夺功劳，王阳明受到了一群宵小之徒的诬陷，太监张忠、安边伯许泰诬陷王阳明与宁王私通。经过多次审讯，朱宸濠并没有承认私通王阳明。一次，朱宸濠偶然提及曾经与王阳明学生冀元亨研讨学问。张忠如获至宝，遂逮捕冀元亨，严刑拷问，甚至动用了炮烙之刑。其目的显然是要套取口供进而扳倒王阳明，但是冀元亨始终不承认。后来，他被关押在京师的诏狱，继续接受拷问。

王阳明多次上疏表明冀元亨是被冤枉的，并将前因后果解释清楚。他说得很明白，这只是宁王朱宸濠挟仇妄指，"且本生既与同谋，则宸濠举叛之日，本生何故不与共事，却乃反回常德，聚众讲学？宸濠素所同谋之人如李士实、刘养正、王春之流，宸濠曾不一及，而独口称本生与之造始，此其挟仇妄指，盖有不待辩说行道之人皆能知者"。甚至，王阳明愿意用新建伯爵位换取冀元亨的清白。嘉靖元年（1522）正月初十，王阳明面对世宗封爵之赏，上《辞封爵普恩赏以彰国典疏》，冀元亨以忠受祸缘于自己，故认为"虽尽削臣职，移报元亨，亦无以赎此痛"。

明世宗即位后，许多正直的大臣都为冀元亨鸣冤。刑部主事陆澄认真梳理案件后，负责任地为冀元亨洗脱冤屈。"其遣冀元亨往见者，是守仁知宸濠素蓄逆谋，而元亨素怀忠孝，欲使启其良心，而因以探其密计尔。元亨一见，不合而归。使言合志投，当留信宿，何反逆之日，反在千里之外乎？"

最终，冀元亨被释放出狱，但是由于在狱中惨遭折磨，出来后仅仅五天就病逝了，时年仅三十九岁。《明史》对冀元亨评价极高，"守仁弟子盈天下"，"惟冀元亨尝与守仁共患难"。冀元亨被关押在监狱的时候，与同囚者相处很好，有如兄弟，众囚都很感动。逮捕冀元亨的同时，还抓捕了他妻子李氏及女儿，对此李氏毫无惧色，从容道："我的丈夫尊师乐善，有什么好担忧的。"在狱中，李氏带着两个女儿织麻不辍。事情查明后，让她们出狱。李氏说："不见我的丈夫，我怎么能出去。"按察使的妻子听说她的贤名，想要召见，她坚持不去。后来见面了，还是穿着囚服，手里拿着麻线。有人问她丈夫的学问，李氏回答"吾夫之学，不出闺门衽席间"。按照现在学者的解释，李氏的意思是，丈夫的学问是在生活的点点滴滴中加以体悟而来。李氏的回答就是阳明心学的方法，听者无不惊诧，家中妇人尚且有如此见识，冀元亨的学问必定渊博扎实。

八、事功之战

> 辛亥,提督南赣等处军务都御史王守仁等,率兵复南昌。
>
> ——《明武宗实录》卷一百七十六,
> 正德十四年七月

王阳明被称为立德、立功、立言的三不朽圣人,我国古代历史上的"完人"。其中,王阳明以一介书生,运筹帷幄,先后平定思田、诸瑶叛乱,剿灭南赣盗贼等,而迅速荡平宁王朱宸濠叛乱是其事功的顶峰。

应变之神真不可测

宁王朱宸濠发动叛乱是在六月十四日,六月十五日王阳明便得到谋反的消息,此时他正在丰城县(今丰城市）一个叫黄土脑的地方，而丰城距离朱宸濠的巢穴南昌府仅有百余里的路程。王阳明本是受命巡抚南赣等地，正常情况下应驻守赣州，此时为什么会到此地呢？原来，王阳明得到了朝廷下达的新指令。二月，福建的延平、建宁、福州、邵武等地士卒等胁众谋反。六月初五，因王阳明完成了平定南赣的任务，朝廷特命王阳明再去福州等地，会同当地官员查议处置兵士哗变。因此，王阳明于六月初九从赣州启程，十五日刚好到达丰城黄土脑。

关于王阳明北上丰城，存在一个未解的历史谜团。王阳明由赣州赴福建，正常来讲直接西行是最佳路线，北上丰城实际上是兜了一个大圈子。因此，有人怀疑王阳明北上是为宁王贺寿，由于某种原因路上耽搁了，所以未能及时赶在十三日到达南昌。这种说法后来甚至成为某些人攻击王阳明的罪状之一。

目前，学界最合理的解释是王阳明原准备回浙江省亲，然后赴福建公干。此次北上并非王阳明一人，他还携夫人诸氏和儿子正宪同行。他在《飞报宁王谋反疏》中承认，"今兹扶病赴闽，实亦意图便道归省"。福建兵患未平，携妻挈子很是不便，便道送回家中乃是妥善之举。而且，江西浙江两省虽然比邻，但他常年在外领兵平叛，公务繁忙，已多年未能回家看望年迈生病的父亲。况且祖母岑氏病故,王阳明急欲归省。要知道他丧母较早,感念"祖母自幼鞠育之恩",与祖母感情极好,此前曾多次上疏乞休归葬祖母。由此看来,王阳明便道省亲,是情理之中、人之常情。

那么,其间是否准备前去南昌祝贺宁王朱宸濠生日,尚无直接史料证明。最直接、最简单的办法就是依据事实判断而非猜测——事实就是王阳明没有参加宁王朱宸濠的寿宴。从另一方面讲,当时宁王朱宸濠尚未叛乱,王阳明按礼制前往贺寿并借机考察谋逆情况,也是很正常的事情。

六月十五日,丰县知县顾佖已得到宁王叛乱的消息,于是向王阳明禀告详情:宁王朱宸濠叛乱,都御史孙燧、副使许逵遇难,巡按及三司、府、县大小官员不从者俱被执缚,不知存亡;各衙门印信尽数收去,库藏搬抢一空;见(现)监重囚俱行释放;舟楫蔽江而下,声言直取南京,一面分兵北上。应该说,知县顾佖反应迅速,了解的情况非常全面且准确,此人后来参与了平叛,因功官至大理寺少卿。

六月十五日,宁王朱宸濠向北用兵,意图奇袭南京。他派遣闵念四、闵念八、凌十一、吴十三、万贤一等人,领兵北上,分别进攻九江、南康,令校尉赵智前往杭州约镇守太监毕真起兵。仪宾李蕃、李世英赴瑞州华林、玛瑙等寨，贡士王春到丰城、奉新、东乡等处招募兵士。十六日，南康知府陈霖、同知张禄未战先逃，叛军轻易就攻陷南康。十七日，九江的兵备副使、知府、推官等一众官员早已逃跑，九江城陷于叛军之手，按察司佥事师夔等官员投降。短短三天时间，宁王朱宸濠毫不费力就攻陷了南康、九江，简直是势如破竹，由此更加谣言汹汹、人心惶惶。

形势万分危急，王阳明将如何面对并处置眼前的巨大危机，是一个必须在短时间内明确立场的生死难题。在思索研判之际，各路官员纷纷劝阻其继续赴福州。其实，当他看到逃难的民众四处奔溃，王阳明确信宁王朱宸濠已经叛乱，自己势必难以再赴福建，于是当即做了一个重要决定，立即回程赣州，回到自己的势力范围，然后整饬队伍平叛。刚刚决定返程，宁王朱宸濠就派遣了千余名士兵，沿着赣江夹江并进，前来追拿王阳明。船夫非常畏惧宁王权势，以南风逆行为由，不愿开动船只。俄顷，忽然转换为北风大作，王阳明催促船夫立即前行，中间又另换了一次渔舟，才算是侥幸逃过追杀。据说最危急的时刻，沿江山路上都能看到前来追杀的宁王兵士。

六月十八日，王阳明来到吉安府。知府伍文定表示"地方无主,乞留暂回区画",请求他驻留吉安指挥平叛的军事行动,王阳明还是有些犹豫和顾虑,因为他得到的命令是远赴福建平定兵乱。违抗命令甚至未得朝廷准许而组织军马应对宁王叛乱,必然是需要慎之又慎的事情。而且,宁王反叛势头凶猛,临江府并新淦(今新干)、丰城、奉新等县接连告急,战局胜负未可预料。若宁王如朱棣靖难成功,他将处于何等境地?毕竟,争来争去,都是朱家的江山。

有些时候,外界的声音对于坚定自己的信心具有重要的作用,因为它可能代表了值得关注的风向。此时,知府伍文定的恳请坚定了王阳明的信心。伍文定具体分析了当前情势,认定只有王阳明才能率领大家平叛:叛军是乌合之众,必然会失败,目前只是因为事起突然,才会让所有人惊慌。王阳明素有众望,只要在吉安集合各路人马,率军讨伐宁王朱宸濠,一定会击溃叛军。

在伍文定的恳请下,又见"远近军民亦皆遮拥呼号",王阳明秉持着"天下之事莫急于君父之难"的责任担当,认为宁王叛乱"此诚天下安危之大机",不顾自己将来处境之担忧,毅然决然承担了出头抵抗宁王朱宸濠叛乱的重担。他入城安抚慰问军民,与伍文定等人筹划,调集兵粮,号召义勇。由此,在宁王朱宸濠军队的南面，形成了以王阳明为首的平叛力量，成为抵抗并牵制宁王叛军的胜负手。

王阳明在这里展现出了卓越的运筹帷幄能力。在筹集粮草、人马的同时，他还采用了反间计，成功影响并耽搁了宁王反叛的步伐。他组织假写火牌（军中传递消息的凭证），内容是由两广调兵四十八万入江西；假写报帖（官府公文），内容是京军、边军以及从凤阳、徐州等处发兵，合围南昌。又安排人写了很多告示和招降旗号，写明从逆叛乱招致的祸端和宣传归顺的好处，命人潜入叛军地界四处张贴告示，在路口标插招降旗号，用以瓦解叛军军心。假消息传递到南昌，宁王知道后果然犹豫不决，速战南京的计划被打乱，直扑南京的行动也暂时推迟。

王阳明还写了两封回信，分别送李士实和刘养正，内容大意是知其精忠报国之本心，近日之事是迫不得已，身陷罗网而心在皇室，来信所谕密谋非老先生不能及，嘱咐对方身在叛军要慎之又慎，目毕即付丙丁（指火），落款知名不具。他派遣人员分别将信送给两人，结果自然被发现。宁王朱宸濠愈发怀疑李刘两人，李刘由此不肯出身任事。王阳明派兵增援丰城，一方面造成围攻之势态，另一方面将丰城刘养正家属保护起来，密遣其家人到南昌传递消息，亦是反间之计。

宁王朱宸濠本意在攻取南康、九江后亲自率军出征奇袭攻克南京，然后效仿成祖拜谒太祖陵，取得道义和战略上的先机，再挥师北上攻取北京。但是见到王阳明假写的火牌、报帖后，心中不免疑惑，担心重兵已然来袭，于是下令暂停亲征，打乱了原有军事计划。在前方的叛军将领迟迟未见宁王亲征，亦踌躇不前，浪费了宝贵时机。又听说朝廷调重兵前来，军心难免涣散。另一方面，沿途各府县抓住机会，迅速做好准备，避免了慌乱无措。等到宁王朱宸濠探听明白，传言都是王阳明的计谋，并无勤王之师，已经被耽搁了多日，军队"师老气衰"，早已没有一鼓作气的气势了。

六月十九日，王阳明迅速向朝廷报告宁王朱宸濠反叛的消息，上奏《飞报宁王谋反疏》。二十一日，再次向朝廷报送谋反疏。同时致信朝中当道（指内阁杨廷和诸人），表示在新帅任命前会竭尽全力平叛。同时，他提出了一个重要的战略，即等宁王朱宸濠率军出击南京离开南昌，他就率军直捣巢穴，令宁王进不得前、退无所归。事实证明，王阳明是一位战略家，战势的发展与他所设想的几乎一模一样，而且该战术确实起到了极其关键的作用。在此阶段，王阳明在吉安召集所部南赣和省内各地队伍，同时还向福建、两广、南京等邻近省份行文调兵勤王。

六月二十二日，南昌教授赵承芳、参政季敩奉宁王之命送来檄文。举事之后，宁王不断遣人四出，向丰城、吉安、赣州、广东、福建等地送檄文招降。檄文已不承认正德皇帝的正统地位，不写正德年号，只写大明己卯年号。王阳明没有丝毫动摇，直接没收檄文，并将赵季两人捉拿监禁。

赵承芳、季敩为何会甘心犯险呢？从后来审问季敩可知，他们都是被迫的，而且季敩的经历很是悲催。他原来任南安府知府，后来升迁广西参政，带着家小由水路赴任。当他来到省城南昌的时候，刚好赶上宁王生日，传令庆贺。次日他随众参加谢宴，没想宁王发动叛乱，他与众官都被关押。季敩自述，原本要以死殉国，他的妻女在船上，于是写信要她们都自杀，奈何侍卫看守严密，求死不得。后来宁王将其妻女看押起来，令季敩入王府，以妻女为要挟，令其前往州县发送檄文。如果换其他人前来送檄文，王阳明早已将其斩杀，但是王阳明以前听说过季敩的名字，知道"此人平日善士，又其势出于不得已"，所以将其暂时关押起来。

七月初一，宁王朱宸濠留宜春王朱拱樤、内官万锐，率万余人守南昌。朱宸濠举事之初就想要统兵直取南京，但是听说王阳明在赣江上游聚集了兵马，朝廷也下诏重兵前来征讨，因此派遣凌十一等为先锋，领兵攻安庆，自己率大军留守南昌。过段时间发现王阳明尚未集合兵马，朝廷兵马亦未到，朱宸濠有点等不及了，就与李士实、刘养正商议，令宜春王朱拱樤、内官万锐等守南昌，自己则率大军出征。朱宸濠因为此前作威作福，早已积怨于众，担心出兵后南昌城内会发生变故，所以不惜花费重金，城中军民每户给米一石、银五两，用以收买人心。

宁王朱宸濠亲自率领李士实、刘养正，以刘吉为监军，王纶为参赞，指挥葛江为都督，兵马八九万人，战船千余艘，顺着长江东下，准备攻取南京，船舰相接六十余里，遮天蔽江。然而，船队抵达安庆时，遇到了困难，因为此时徐钦久攻安庆而不能下。

安庆方面负责组织防卫的主要有三个人：知府张文锦、都指挥佥事杨锐、指挥使崔文。知府张文锦出于大局考虑，没有避让强敌，而是担心宁王朱宸濠直取南京，于是令军士在城墙上大声鼓噪、痛骂宁王，想要将宁王朱宸濠的主力部队截留在安庆，避免宁王顺江而下攻占南京的局面。宁王朱宸濠果然气不过，意气用事，留下来与徐钦会合，围攻安庆。

宁王朱宸濠所乘的黄色船只停泊于黄石矶，他亲自督战。此前，南康、九江不战而降，周边各州县无不震骇。加之宁王亲征，安庆能否保住，大家心里都没有底。不过安庆军民没有投降，而是进行了艰苦顽强的抵抗。知府张文锦等三人，用忠义激励将士，凭借安庆一座孤城，誓死抵抗叛军，硬生生将宁王拖在了安庆。

眼见久攻不下，宁王朱宸濠想起一个人——佥事潘鹏。潘鹏就是安庆人。朱宸濠强令潘鹏派遣家僮持书入城劝降，没想到送信人当即就被指挥崔文亲手杀死，拦腰斩为两段，并抛尸在城墙下以示决心。朱宸濠还是没完没了，逼迫潘鹏跑到城墙下游说招降。指挥崔文登上城墙，弯弓搭箭要射潘鹏，吓得潘鹏赶紧逃回去，勉强保住了性命。知府张文锦为防意外，下令将安庆城内的潘鹏家人尽数杀掉。

朱宸濠再无他法，命令队伍用尽办法，围城数周，猛攻猛冲，但是仍然无法攻克安庆。宁王部队架起数十座云楼，可以俯视城中，城中守军同样造起飞楼，双方相互射击。到了晚上，安庆守军趁着夜色，派兵悄悄溜下城墙，将敌军的云楼烧毁。宁王军队第二天又摆出了天梯，宽二丈，高于城，围以木板，前后有门，伏兵其中。士兵在后面缓缓推动天梯，直逼安庆城。城上守军将早已准备好的芦苇捆，沾上肥油汁，等到天梯快到眼前，将芦苇捆点燃，抛向天梯。天梯很快就燃起大火，躲在里面的士兵不是烧死，就是跳下去摔死，死了很多人。城中的老弱妇女也组织起来，主动送饭送菜，每次还背上一两块石头，后来城墙上堆石如山。每次宁王部队攻城，守城士兵就砸下石头或是浇下沸水，不断打退叛军的进攻。局势稍有缓和，都指挥佥事杨锐便招募敢死队，主动出击，趁着夜色骚扰敌营，让宁王部队疲于应付。他们还将宣谕的信射入敌营，瓦解军心，宁王兵士看到信后果然有悄悄逃走的。

这一切让朱宸濠产生了动摇：一个小小的安庆城都攻不下了，更何谈攻取南京？其实他哪里知道，兵部尚书王琼才是幕后操盘高手。几年前，王琼感觉到了宁王谋叛的迹象，他明面上不事声张，暗地里却下了几招先手棋，早就进行了布局，包括选用王阳明巡抚南赣、整饬南京及其沿线防备，同样包括他认为安庆地处要害，应当设军防卫宁王，于是提拔杨锐等人守备其地。甚至朱宸濠叛乱消息传到朝廷时，王琼极其平静，只是说王阳明很快就会平定叛乱。

安庆保卫战名垂史册。朱宸濠的部队被阻在安庆城足足有十八天，而且未能破城，最后无奈撤离。有人附会说，朱宸濠驻扎黄石矶不吉，黄通王，石通失，矶通机，就是"王失去机会"。封建迷信，不足为信。但是，安庆保卫战的意义非常重大，将朱宸濠牢牢困在安庆十八日，打破了其所向披靡的神话，而且为王阳明整饬队伍攻取南昌赢得了时机，更为重要的是成功地阻止了朱宸濠夺取南京的图谋，否则南北两京分庭抗礼，局势或将不测。因此，保卫安庆城堪称平定宁王之乱的奇功。费宏填词作《念奴娇·咏安庆府守备杨锐知府张文锦阻遏宁贼》，歌颂杨锐、张文锦的功绩：

> 宁王东下，要把那、龙虎江山占据。安庆城边，却被我，两个忠臣拦住。火箭空多，云梯枉设。贼死应无数。几番大败，痛哭相呼且去。
>
> 闻是守备杨侯，协同张太守，一心防御。遮蔽江淮，功不让，往日睢阳张许。逆贼回舟，魂游江上，已心灰气沮。功劳如此，何人为达明主。

忠义之风日以奋扬

七月二日，各路勤王之师陆续赶到吉安，兵马稍集，略成规模。王阳明调拨部分兵马至丰城等处布防，相机而动。他在给父亲王华的信中坦言："所调兵亦稍稍聚集，忠义之风日以奋扬，观天道人事，此贼不久断然成擒矣。"

居家的阁老费宏，遣弟子致书王阳明，议兵事、献良策。远在福建莆田老家的致仕官员林俊，听闻王阳明在江西主持平定宁王叛乱，特意赶制了佛郎机铳，献出火药配方，命两位家仆冒着酷暑，昼夜奔行了三千余里，于八月三日送到前线。虽然此时已平定叛乱，林俊仿制的佛郎机铳没有发挥作用，但是王阳明还是被林俊的义举"感动涕下"。《大明律》规定不许私造铜铁材质火器，违者按谋反论处。林俊仿制之炮，是以锡为材料，规避了法律风险。与此同时，明人邹守益的《阳明先生图谱》记载的"林俊家仆赠王守仁佛郎机铳图"显示，里面画中的铳很小、而炮架很大，说明林俊所造之炮应该是锡制模型，供

嘉靖年间的铜制佛郎机铳

王阳明仿制之用,这也是两位仆人能三千里送炮的原因所在。

据研究,这是中国最早拥有佛郎机铳的记载,有人说林俊是我国第一个仿制出佛郎机铳的人。林俊,字待用,号见素、云庄,福建莆田人。成化十四年(1478)进士,历任云南按察副使,南京右佥都御史兼督操江,湖广、四川巡抚,工部尚书,刑部尚书等职,嘉靖元年(1522)加太子太保,卒于嘉靖六年(1527)。隆庆元年(1567),追赠林俊为少保,谥贞肃。佛郎机铳是欧洲的一种火炮,从葡萄牙传入明朝,因当时称葡萄牙为佛郎机,因此将火炮称佛郎机铳。佛郎机铳在当时可是个新鲜事物,在文人圈引起了不小的轰动。王阳明还作文《书佛郎机遗事》记载此事,他的弟子邹守益和黄绾、江西巡按御史唐龙作诗词和之,致仕阁老费宏亦赋诗以纪其事。

七月八日,王阳明准备领兵启程前,特意行文各府县安排防务,以解决后顾之忧,足可见其心思之缜密。他考虑到各府县掌印正官要统兵平叛,为此安排佐贰官(即辅佐知县的县丞和主簿)居城防守。因为在非常时期,又邻近叛军势力范围,为防止艰危之际事变不测,出现意想不到的情况,他认为还要安排历练老成之人维持局面,让佐贰官员能有所依赖,既能凭借他们的威望稳定局面，又能在突发情况下安抚人心。为此，他行文各地州县，要求物色深孚众望的老成乡宦一二人，以礼敦请至城中，以备紧急情况下协同行事。至于吉安府，关系尤为重要，王阳明早已有心仪的人选——致仕按察使刘逊素有才望、忠义奋激，他令吉安府请刘逊至公馆，待以宾师之礼，所有军机大事，都要向其咨询而定，依议而行。

七月十三日，王阳明见时机成熟，与知府伍文定兵发吉安。十五日，各路人马齐聚临江府樟树镇。知府戴德孺引兵自临江来，知府徐琏引兵自袁州来，知府邢珣引兵自赣州来，通判胡尧元、童琦引兵自瑞州来，通判谈储、推官王暐、徐文英，新淦知县李美，泰和知县李楫，宁都知县王天与，万安知县王冕，亦各以其兵来赴。总计有数万人，号称三十万。与此同时，宁王朱宸濠在安庆得到了王阳明率兵汇聚的消息，决意撤兵回救南昌。李士实不同意，希望宁王能率军进攻南京，趁着南京没有防备，奇袭攻取南京，朱宸濠不听。王阳明使用的反间计此时起到了作用，宁王与谋臣之间多少有些隔阂。最终，朱宸濠撤掉对安庆的包围，率军救援南昌。

七月十八日，王阳明率军至丰城县，准备发起对南昌的进攻。其实，此时军中存在战略上的分歧。有人认为南昌城坚难攻,不如联合安庆兵马,夹击江中的宁王朱宸濠。王阳明进行了详细分析,指出安庆仅能自保,难以合击于江上,如果贸然攻敌于江,则北有南昌敌军威胁后路,又有南康、九江成掎角之势,战略上处于被动局面。如果先攻取南昌,朱宸濠势必回来救援,如此击败他更加容易。经过王阳明的分析,大家在战前统一了作战思路,其后的战势发展果然如王阳明所料。

王阳明调兵遣将攻取南昌,做了周密安排,分兵十二路:

仰一哨统兵官吉安府知府伍文定,即统部下官军兵快四千四百二十一员名,进攻广润门;就留兵防守本门,直入布政使司屯兵,分兵把守王府内门。

仰二哨统兵官赣州府知府邢珣,即统部下官军兵快三千一百三十余员名,进攻顺化门;就留兵防守本门,直入镇守府屯兵。

仰三哨统兵官袁州府知府徐琏,即统部下官军兵快三千五百三十员名,进攻惠民门;就留兵防守本门,直入按察司察院屯兵。

仰四哨统兵官临江府知府戴德孺,即统部下官军兵快,新、喻二县三千六百七十五员名,进攻永和门;就留兵防守本门,直入都察院提学分司屯兵。

仰五哨统兵官瑞州府通判胡尧元、童琦，即统部下官军兵快四千员名，进攻章江门；就留兵防守本门，直入南昌前卫屯兵。

仰六哨统兵官泰和县知县李楫，即统部下官军兵快一千四百九十二员名，夹攻广润门；直入王府西门屯兵把守。

仰七哨统兵官新淦县知县李美，即统部下官军兵快二千员名，进攻德胜门；就留兵防守本门，直入王府东门屯兵把守。

仰中军营统兵官赣州卫都指挥佥事余恩，即统部下官军兵快四千六百七十员名，进攻进贤门；直入都司屯兵。

仰八哨统兵官宁都知县王天与，即统部下官军兵快一千余员名，夹攻德胜门；直入钟楼下屯兵。

仰九哨统兵官吉府通判谈储，即统部下官军兵快一千五百七十六员名，夹攻德胜门；直入南昌左卫屯兵。

仰十哨统兵官万安县知县王冕，即统部下官军兵快一千二百五十七员名，夹攻进贤门；就把守本门，直入阳春书院屯兵。

仰十一哨统兵官吉安府推官王昈，即统部下官军兵快一千余员名，夹攻顺化门；直入南、新二县儒学屯兵。

仰十二哨统兵官抚州通判邹琥、知县傅南乔,即统部下官兵三千余员名,夹攻德胜门;就留兵防守本门,随于城外天宁寺屯兵。

王阳明还做了战前动员,既有澎湃的鼓动,"承委官员务要竭忠奋勇,擒剿叛逆,以靖国难",又立下了严厉的军规,"如或退缩观望,违犯节制,定以军法论处。军兵人等敢有临阵退缩者,就仰本官遵照本院钦奉敕谕事理,就于军前斩首示众"。

同日,王阳明在战前还发布了两条告示,向南昌城内军民宣谕政策、安抚人心。他发布《告示在城官兵》,表示自己知道他们"皆被逼胁",现"调集两广并本省狼达汉土官兵二十余万,即日临城",申明政策是"惟首恶是问",城内百姓尽可放心,要求"宗支郡王仪宾各闭门自保,商贾买卖如故,军民弃甲投戈",鼓励"该府内臣校尉把守人员开门出首,或反兵助顺,擒斩首恶",事后会奏闻升赏;对于那些甘心从贼的人,"怀奸稔恶从逆不悛者",破城之后必杀不赦。同时又发布《示谕江西布按三司从逆官员》,主要是针对那些被胁迫的地方官员,告示中表示自己体谅他们无奈的情况,"三司官员各悚于暴虐,保其妻子,以致临难之际不能自择",但是鉴于当前情况,要求他们"兵临之日,仰各开门出首",抚谕良善百姓,同时警告他们,如果执迷不悟,必杀无赦。

七月十九日,王阳明发兵市汊,即今天江西南昌县(莲塘镇)西南市汊街,南昌府城已近在咫尺。王阳明在这里召集所有军队,进行了进攻南昌府城的最后动员。"申布朝廷之威,再暴宁王之恶,约诸将一鼓而附城,再鼓而登,三鼓而不克诛伍,四鼓而不克斩将。"数万将士莫不切齿痛心,踊跃激奋。傍晚,大军迎着暮色朝着南昌府城进发,七月二十日黎明,各队人马按照指令,达到了各自区域,大战一触即发。

七月二十日晨,王阳明下令开始攻城。城中严密防守,守备甚严,城墙上滚木、灰瓶、火炮、石弩、机毒之械无不毕备,甚至堆积如山。然而出乎所有人预料的是,攻城竟然异常顺利。原来,十八日王阳明驻扎丰城县时,探知在南昌城附近的新旧坟厂埋伏了敌军千余人,准备作为南昌城之后援。他当即派遣奉新知县刘守绪、典史徐诚领兵四百人,抄小道趁夜突袭,大破其军,拔掉了外围的据点。从新旧坟厂逃回南昌的兵士,惊慌失措的样子早已将城中守军吓破了胆。此时,十二哨兵马同时发动进攻,呐喊声声,鼓声阵阵,个个奋勇,人人争先,架着梯子攀上城墙,而守城的士兵早已无心恋战,瞬间土崩瓦解,或者投降,或者溃逃,偌大一个南昌城就这样被攻占了。

攻破城池后,顺利擒住了留守的宜春王朱拱樤、太监万锐,以及其他人员一千余人。宁王府的官眷不愿被俘,放起了大火,很多人都自焚而死。大火烧了起来,波及附近的民房,王阳明命令各官兵分道救火,抚定居民,散释胁从,封府库,谨关防,搜获了原被朱宸濠抢掠的各级衙门印信九十六颗。此前被朱宸濠胁迫的三司官员,包括布政使胡濂、参政刘斐、参议许效廉、副使唐锦、佥事赖凤、都指挥王玘等人,全部自首认罪。朱宸濠的老巢南昌被破,意义非同凡响,王阳明当日上奏朝廷《江西捷音疏》。

当日,王阳明召集各路官员商议进止之策。大多数人都认为宁王朱宸濠兵众势盛,"气焰所及有如燎毛",应该归拢队伍进入城内,坚壁自守,等待援军,然后再视情商议。王阳明在这里再次体现出高超的战略能力,他研判宁王兵力虽强、军锋虽锐,然而是因为没有遇到强敌,现在出征还不到一个月就退归,士兵的情绪已经沮丧。如果此时我军派出精锐,趁其懈怠,迎头痛击,一定会挫败其军锋,令其不战自溃,所谓"先人有夺人之气,攻瑕则坚者瑕"(意思是先人一步就会压倒敌人,攻击脆弱则坚固的也会变脆弱）。当日，抚州知府陈槐领兵至，兵容更盛。

神器之尊不可觊觎

七月二十一日，王阳明乘胜出兵，派遣知府伍文定、邢珣、徐琏、戴德孺合领精兵分道并进，向北沿江迎敌。派遣都指挥佥事余恩率兵往来湖上，意在诱敌。知府陈槐，通判胡尧元、童琦、谈储，推官王昈、徐文英，知县李美、李楫、王冕、王轼、刘守绪、刘源清等，各自领兵在四面设伏，只等伍文定等人与敌交战，然后四起合击。

七月二十三日，据探报得知，宁王朱宸濠的先锋已至樵舍（南昌城北），风帆蔽江，前后有数十里。王阳明面对强大的对手，毫不退缩，督兵趁夜进发。伍文定从正面阻击敌军，余恩为后援，邢珣率兵绕到敌军后方，徐琏、戴德孺从两侧分散其兵力。

七月二十四日晨，宁王的队伍擂起战鼓，乘风向前，已经逼近了黄家渡，气势汹汹，不可一世。伍文定、余恩率兵正面作战，稍稍接触就装作溃败而逃。宁王部队争着追赶，致使队伍前后脱节。邢珣部横着从中间穿了进来，将敌军从中断开。宁王部队见中了埋伏，一触即溃，惊慌失措地回逃。此时，伍文定、余恩部反过头来追击敌军，邢珣、戴德孺部与之夹攻，而早已埋伏在四周的伏兵同时在呐喊声中加入战斗。宁王部队一时间搞不清实际情况，忽然间看见伏兵四起，吓得纷纷逃跑。王阳明督军乘胜追击十余里，杀死俘获总计二千余人，落水被淹死的更是多达万人。宁王率军退守八字脑，士气低落，很多人悄悄逃跑了。宁王见状，用重金激励将士，赏赐奋勇当先者以千金，被伤者每人百两白银。同时，他调来九江、南康全部兵力，以壮军威，拼死一战。

王阳明根据战场变化，进行了新一轮的部署。当日，建昌府知府曾玙领兵前来增援，军力更强大了，运筹帷幄的空间就更大了。王阳明命抚州知府陈槐领兵四百与饶州知府林珹乘间攻取九江，建昌知府曾玙领兵四百与广信知府周朝佐乘间以取南康。

七月二十五日，战斗再一次展开，只是此次王阳明的义师受到了挫折。宁王部队在重金的刺激下，发动了进攻。同时由于风势不利，义师被迫后退，死伤数十人。王阳明见情况紧急，立即督促将士向前，同时将带头撤退的人斩首，义军停止了后撤。此时，伍文定站立在火炮之间指挥作战，发射的炮火烧焦了他的胡须，而他伫立其中毫不退缩，依旧督促兵士奋勇杀敌。在他的指挥下，一炮击中了宁王乘坐的大船。

宁王被吓坏了，稍稍退却。然而，宁王部队见王舟后退，众人都胆怯了，于是纷纷后撤，结果宁王部队又一次大败。这次宁王军队损失更加惨重，无奈退回樵舍，将战船连成方阵，并拿出所有的金银珠宝赏赐给部众。

七月二十六日，双方进行了大决战。前一晚，王阳明根据宁王连接舟船为方阵的情况，决定使用火攻之策，连夜命伍文定等人制作火攻的武器，又令徐琏、戴德孺率兵至敌军右方，余恩等各路官分兵四伏，等待发动火攻后合围。当日早上，宁王朱宸濠还在召开朝会，拘集此前扣押的三司官员，责备他们不肯用力，反而坐观成败，盛怒之下要将他们推出去杀头。正在争论的时候，王阳明命义军发动进攻。义军借着风势催动小舟，舟上燃起大火，冲进了叛军的船队。叛军还没来得及阻拦，船队又都是竹木，很快就烧了起来。此时，伍文定等人跟着冲杀上来。叛军舟船失火，又有义军掩杀，只好弃舟上岸对战。

叛军众人见大势已去，纷纷四散逃窜。大火烧到了宁王的副舟，娄妃跳水自杀。宁王带着四个妃嫔和宫女，找了一条小船，准备逃走。万安知县王冕远远看见宁王，追杀了过去。宁王吓得跳进水里，可是水很浅，终被王冕所擒。被俘之后，宁王傲慢地问王冕是谁？王冕回答是万安知县。可笑的是，宁王对他讲，刚才幸亏是你从水里救了我，我将封你高官作为酬劳——此时他还在装糊涂要面子。

宁王世子、郡王、将军、仪宾以及李士实、刘养正、刘吉、屠钦、王纶、熊琼、卢珩、罗璜、丁馈、王春、吴十三、凌十一、秦荣、葛江、刘勋、何镗、王信、吴国七、火信等数百余人都被生擒活捉。早前被宁王捉拿胁从的太监王宏，御史王金，主事金山，按察使杨璋，佥事王畴、潘鹏，参政程果，布政梁辰，都指挥郏文、马骥、白昂等人，都被解救出来。王阳明的义军擒获斩杀三千余敌军，落水死者有三万余，剩余的叛军驾驶着数百艘船只四散逃溃。王阳明又令各路官分路追剿，绝不让他们逃到别的地方继续为患。二十七日，义师接连在樵舍、吴城打了胜仗。二十八日，知府陈槐与叛军在沿湖多次交战，擒斩各千余人。由此，基本平定了宁王朱宸濠的叛乱。

《明武宗实录》记载，宁王朱宸濠被俘后见到王阳明，没有多说什么，只是要求其安葬娄妃。后来，王阳明果然厚葬娄妃。《王阳明全集》的记载更加详细，朱宸濠对王阳明说："娄妃，贤妃也。自始事至今，苦谏未纳，适投水死，望遣葬之。"此时此刻，朱宸濠已经意识到当初娄妃苦劝其不要举事是为自己着想,如今兵败被俘才悔恨没有听从娄妃的规劝。朱宸濠为何托付王阳明葬娄妃呢?这在前文也有所提及,因为娄妃之祖父是王阳明的启蒙老师。江西省上饶市信州区博物馆有一件珍贵的文物,是王阳明的父亲王华为娄妃父亲娄性所写的墓志铭——《南京武库清吏司郎中致仕进阶朝列大夫娄君墓志铭》,从中可以知道王华与娄性是同年进士,而娄性之父娄谅是王阳明的启蒙老师。娄性生两女,长女为宁王妃,次女嫁费寀。得益于家学传承,娄氏姐妹知书达理,才貌双全,为人所重。因此,王阳明于公于私都会厚葬娄妃。

王阳明押送宁王入南昌城,万人空巷,盛况空前。全城内外军民数万人跑出来,聚集在城门街道两旁观看。宁王等人被押入城,观者欢呼之声震动天地,莫不雀跃。因为早些年南昌城及附近的民众,多受到宁王朱宸濠的压迫,当时敢怒不敢言,今日终解心头之恨。王阳明将宁王及其世子等人监羁,等候解送京师。宁王志大才疏,性又多疑,临事不够果敢坚毅,举事才有月余,就被王阳明率领义军平定。朱宸濠从六月十四举事,至七月二十六被擒,前后不过四十三天而已。

王阳明随即向朝廷上《擒获宸濠捷音疏》,归功于"上天之阴骘谏缄樱菹轮灵，而庙廊谋议诸臣消祸于将萌而预为之处"，同时向朝廷奏请参与平定叛乱的有功之人，"御史谢源、伍希儒监军督哨，谋画居多，倡勇宣威，劳苦备尝。领哨知府伍文定、邢珣、徐琏、戴德孺、陈槐、曾玙、林城、周朝佐，署都指挥佥事余恩，分哨通判胡尧元、童琦、谈储，推官王晖、徐文英，知县李楫、李美、王冕、王轼、刘源清、刘守绪、传南乔，随哨通判杨昉、陈旦，指挥麻玺、高睿、孟俊，知县张淮、应恩、王庭、顾佖、万士贤、马津等，虽效绩输能亦有等列，然皆首从义师，争赴国难，协谋并力，共收全功。其间若伍文定、邢珣、徐琏、戴德孺等冒险冲锋，功烈尤懋"。

文疏之中，王阳明还念念不忘向明武宗直言进谏，"尤愿皇上罢息巡幸，建立国本，端拱励精，以承宗社之洪休，以绝奸雄之觊觎，则天下幸甚，臣等幸甚"。罢南巡、立国本，都是事关社稷的大事，只是这两样都没有实现。而且，王阳明当时没有意识到，平定叛乱、捉住宁王不是事情的结束，在某种意义上又是事情的开端。

九、南巡与南征

> 太监萧敬传旨：朕亲统六师奉天征讨，仍托总督军务威武大将军总兵官镇国公名号，还写制敕，俾其便于行事。
>
> ——《明武宗实录》卷一百七十七，
> 正德十四年八月

王阳明平定宁王叛乱，江西由乱转治，而朝廷上的大戏则是好戏连台，逐渐转向高潮阶段。明武宗是中国历史上比较另类的皇帝。他聪颖，不是平庸之辈，所作所为往往出人意料；他也贪玩，玩出了少有的花样，因为玩乐做了不少荒唐事。宁王朱宸濠叛乱之前，明武宗已经北巡宣府等地，还京后又吵着要南巡江南，但是再次遭到了廷臣的坚决反对，大臣们前仆后继、舍生忘死地抵制，使得局面一度近乎失控，君臣矛盾达到了前所未有的高度。宁王朱宸濠叛乱之际，明武宗似乎没有担忧，反而惊喜——他终于可以借此机会乾坤独断，率军南征。在南征前，王阳明已经平定了叛乱，奏章报捷，此时廷臣谏言苦劝，但是无疑螳臂当车、蚍蜉撼树。明武宗南征途中发生了很多趣事，李渔等文人墨客据此写出了很多浪漫的故事，但事实残酷得多，而且南征基本上与平乱无关。最终，明武宗因南征而丧命，王阳明因此受到磨难，很多人的命运因此改变。

南巡：文人风骨的惨胜

正德十二年（1517）九月，明武宗朱厚照在江彬等人鼓动下，离开偌大的北京城，浩浩荡荡来到宣府，心满意足地住了下来，大有乐不思蜀之意，亲切地称之为"家里头"。甚至太皇太后病逝，他都没有进北京城，只是回到昌平，为其穿孝安葬。正德十四年（1519）二月，他才恋恋不舍地回到京师。然而没过多久，明武宗突然对江南产生了极大的兴趣，准备在春暖花开的时候南下巡视。二月二十五日，明武宗手敕谕旨吏部，命加镇国公朱寿太师官职；传旨谕礼部，命总督军务威武大将军总兵官太师镇国公朱寿，往南北两直隶、山东泰安州等处，尊奉圣像，供献香帛，祈福安民；又谕工部，今南行巡狩，宜急修黄马快船。朱寿何许人也？说起来好笑，朱寿只是凭空捏造出的一个名字，其实就是明武宗朱厚照本人。皇帝下旨给自己封官，天下奇闻。朱寿这个名字早在几年前明武宗就已经创造出来了，在"应州大捷"中明武宗正是以"大将军朱寿"的名义统兵出战。

面对皇帝的南巡安排，内阁首辅杨廷和首先提出反对意见。这位老臣对于明武宗的做法觉得难以理解，言语之间像极了长辈对后辈的劝诫和无奈。他在奏言中说，"陛下天纵圣明，何故有此举措。天子之尊，与天相等。天不可降而称地，天子岂可降而封公，又降而官、为太师"。意思是，皇帝本来是人世间的至尊，怎么能自降身价？

他还对此做了具体分析。第一，公爵虽然爵位居侯伯之上，太师虽然品级居百官之上，都已经是顶层了，但怎么说都是人臣啊！天子岂能轻易自我贬损？这种做法简直就是倒行逆施，自从开天辟地以来，史书上从来没有记载过这样的事情，也从未听说过。他说，臣下岂敢曲为阿顺？说白了，就是皇帝胡闹的做法，大臣们实在是不敢苟同。第二，至于祭拜泰山，按礼制都是命官员前往，天子不宜亲往祭祀。陛下应该做的，就是"端居大内，自能祈福安民"。第三，如果千乘万骑南巡，所过之处必然造成骚乱，导致"福未能祈，而民已不安甚矣"。再说，现在国家正值兵荒不断、民穷财尽之时，而且皇帝想去的山东、南直隶等处，去年发了大水，至今还很困难，难以应付南巡的供需。"凡此数事，皆关系国家安危。"他甚至还恐吓皇帝，撂下狠话，"天下祸变或将从此而起，他日陛下虽欲追悔，亦恐无济于事矣"。最后，杨廷和请求明武宗，"亟将太师镇国公等项名号通行停革，仍诏谕中外停止巡幸"。

明武宗完全没有意识到，他此前巡游北方和自封镇国公的做法，已经让朝臣们难以理解。此时再度意欲南巡，彻底激起了他们的愤怒。礼部尚书毛澄等人，纷纷上疏规劝明武宗，与杨廷和的意见多有相似，主要说了几件事：一是由于明武宗自去年秋天出居庸关到山西、陕西等地，数月之间内外奏章不能按时批阅，大小政务几至废弛；二是陛下有皇帝之号，而今自称总督军务威武大将军总兵官太师镇国公朱寿者，臣等莫知所指；三是南巡之事，会造成民力不堪、商贾不通，或许还会引发突发情况。因此，"伏望俯察愚衷，早收成命，毋令传示天下后世，则居中崇正之道两得而无遗矣"，请求皇帝安居京师不要南巡、不用朱寿名称，否则会被天下人耻笑，被后世耻笑。六科都给事中邵锡等、十三道御史熊兰等，也都纷纷上疏劝诫。但是他们的奏言，无一例外地被压了下来。

到了三月，朝臣们还在苦口婆心妄图说服皇帝。三月初七，礼科给事中邢寰如实向明武宗反映，南北直隶等地因为连年重灾已经民不聊生，甚至淮安地方出现了"人且相食"的情况。如果皇帝巡视地方，还会造成科扰。如果他们听说皇帝南巡，啸聚为变，难免惊犯圣驾。原文是"惊犯属车之尘"，用得极其巧妙。"犯属车之清尘"出自司马相如《上书谏猎》，大意是如果发生意外，即便是惊扰了皇帝随员车驾的尘土，也是没有人能担得起责任。况且圣驾南巡，北方空虚，会形成很大的隐患。他还批评自号朱寿形同儿戏，"至于天子之尊，而自列于臣工；舍崇高之贵，而自署曰威武涣号，不经事同戏剧"。南京六科给事中孙懋等，十三道御史张翀等，都上了相似的奏章。要知道，当时大明王朝并不太平，大小起义不时而起，大江南北遍布反抗势力，哪怕是京畿重地，在几年前都爆发了刘六刘七起义，因此大臣们的顾虑也很有普遍性。

三月初九，刑科给事中田赋，从历史角度规劝明武宗"兴亡之迹可为殷鉴"。他说，"神龙不可以失所,人主不可以轻行。故八骏游而周替,骊山幸而秦亡,夏之太康、隋之炀帝,皆以弃离宫阙、远事巡行卒致祸败"。意思是,周穆王驾驭八匹神骏西游瑶池致使周朝兴替,秦始皇修骊山而导致亡国,夏朝的太康、隋朝的炀帝,都是远离皇宫、远游巡幸导致灾祸。同时,他又从财政角度进行规劝:东南是明朝国家财税的依赖,已经连年水涝、死者相枕,如果皇帝率领大批人马巡幸其地,难免会惊扰百姓、增加负担,致使雪上加霜,"万有一陈胜黄巢者假仗义之名而起",激起当地民变,拖累国家财税。兵科左给事中齐之鸾、十三道御史杨秉中等陆续奏言:"伏望皇上内念根本之重,外悯民物之穷,勉从中外恳留之请,即日停止巡游,则京师自实,水陆居行自不惊扰,而各安其业矣。"

三月十三日,奏章递上去后,过了多日还是没有报给皇帝。眼见着奏章不能引起皇帝的重视和回音,科道官员们群情激愤,采取了更加激进的做法——"伏阙俟命",干脆跪拜在宫门前,恳请皇帝采纳谏言。他们自辰至申,即从早上七八点到下午四五点,都在宫门跪着。明武宗不能无视了,只好命宦官出来宣谕圣训。经过劝慰,他们才从宫中退出。第二天,鸿胪寺以月望请皇帝升殿视朝,就是想请皇帝出来跟百官见一见面，这样才有机会当面劝谏。可是传来旨意，皇帝因为生气感到身体不舒服，不能升殿视朝。皇帝这样的说法，分明是怪罪那些请命的官员，认为他们做得太出格。

三月十四日，内阁大学士梁储、蒋冕、毛纪只得出面力挺科道官员，称近日京师风霾大作、日色无光（潜台词是天生异兆，皇帝应该躬身自省），传言圣驾有南巡之举，如今科道官伏阙陈奏，乃是忠诚之心，伏望皇上俯从其言，以安人心。首辅杨廷和甚至以退为进，提出了乞休，声称此前屡次因疾乞休，现在郁火上攻、痰中咯血、耳目昏愦、步履艰难，志有余而才不逮，希望皇上能体会他的迫切之心，允许他归故里。明武宗没有同意，他还需要这位老成、忠心的首辅重臣为他处理日常事务，稳定朝野涣散的人心，因此一直温语慰留，"卿辅导年深，德望隆重，朕心简在，方切倚毗，岂可偶因微疾累求休致，宜即出供职，再不必辞"。

持续而严肃的反对声音，让醉心于南巡的明武宗非常反感。而事情的发展逐渐呈现出更加激烈的趋势，以至于局面难以控制。明武宗没有因为群臣的集体反对而改变心意，仍旧决意南巡。廷臣对于明武宗此前北巡不理政务已颇多微词，此时因为担心南巡造成国家不稳定和财赋受影响,更是担忧好玩、好乐、好色的明武宗对江南造成不可估量的破坏,因此此起彼伏地交章奏言,试图通过空前的言论,强迫明武宗改变主意。

事情胶着发展着,但丝毫不见明武宗改变心意的迹象。因担忧、惶恐皇帝坚持南巡,群臣毫无办法、计无所出,更多中下级官员无奈地加入了谏言的行列。兵部武选郎中黄巩与车驾员外郎陆震直言:"陛下临驭以来祖宗之纪纲法度,一坏于逆瑾,再坏于佞幸,又再坏于边帅之手,盖荡然无余矣。天下知有权臣,而不知有陛下。"他们奏请皇帝要图治六事:一曰崇圣学。陛下聪明天纵,有古帝王之资,但是盘游无度,流连忘返。皇帝招延故老,咨访忠良。则圣学惟新,圣政日举。二曰通言路。言路者国家之命脉也,伏望陛下广开言路。三曰正名号。即日削去威武大将军镇国公等项名号,以昭上下之分。四曰戒游幸。此前幸宣府、幸大同、幸太原、幸陕西榆林延绥诸处,所至贵财动众,使民间一夫一妇不能相保。现在复有南巡之命,南方之民争先挈妻子以避去,请求皇帝下罪己诏、罢南巡、撤宣府行宫、发内帑赈饥民。五曰去小人。点名江彬,外挟边卒,内拥兵权,不诛则天下之乱必自彬始。六曰建储贰。明武宗春秋渐高，前星未耀，请于宗室中遴择亲贤一人养于宫中，使视皇子，以系四海之望。待他日诞生皇子之后，俾其出就外藩。如此则继体有人，国本以固。

医士徐鏊从医学角度谏言："养身之道，犹置烛然，室闭之则坚，风暴之则泪。陛下轻万乘，习嬉娱，跃马操弓，捕鱼玩兽。迩复不惮远游，冒寒暑，涉关河，膳饮不调，肴蔌无择，诚非养生道也。况南方卑湿，尤易致病。乞念宗庙社稷之重，勿事鞍马，勿过醉饱，喜无伤心，怒无伤肝，欲无伤肾，劳无伤脾，就密室之安，违暴风之祸。臣不胜至愿。"没有想到，后面发生的事情果然印证了徐鏊的论断。如果明武宗听从了他的规劝，也许就不会出现回到北京时已病入膏肓的情况。

紧接着，考功员外郎夏良胜与礼部主事万潮、太常博士陈九川联名上疏，声称"方巡游不已，臣等将不知死所矣"。随后，朝臣谏言蔚然成风，有如雪片纷至沓来。翰林院修撰舒芬等十六人，吏部郎中张衍瑞等十四人，礼部郎中姜龙等十六人，刑部郎中陆俸等五十五人，都相继呈上抗言奏疏。

明武宗看见如此多的大臣反对自己，开始由生气转为愤怒。他身边的红人江彬，因为兵部武选郎中黄巩等人的奏疏中涉及自己，于是鼓动明武宗对朝臣加以惩治，借以泄愤和立威。很快，从宫中传出了皇帝圣旨，对大臣们加以责备，大意是：朕身体微恙，你们不闻不问，不知道问安关心，却出位妄言，多方讪谤。

三月二十日，愤怒的明武宗对中下层官员下手了。他下令将兵部武选郎中黄巩、车驾员外郎陆震、考功员外郎夏良胜、礼部主事万潮、太常博士陈九川、医士徐鏊，押送镇抚司，严加拷问审讯。兵部郎中孙凤、吏部郎中张衍瑞、礼部郎中姜龙、翰林院修撰舒芬等一百零七人，全部在午门前罚跪，连跪五天，每天自卯至酉（早上五点至晚上七点），中午让各部门的上级官员将他们领回去吃饭。官校还要时常巡视，等到刑罚足期再行报告。明武宗的意思非常明确：此前你们不是伏阙请愿吗？现在朕就让你们接着跪。

第二天，内阁首辅杨廷和赶紧出来为百余官员求情，称黄巩、孙凤等人出位妄言，其罪不能逃避，但是他们本心无他，而六部各司官属尽数罚跪，已经没法办理文书，出现政务阻滞，请皇帝容矜他们的狂直，曲赐宽宥。奏章没能成功地报上去，自然也没能免除百官的惩罚。

其间，金吾卫都指挥佥事张英本来不在受罚的范围内，但是他自己跪在端门外。卫士不明所以，问他怎么回事？他说，皇帝如果南巡，京师百万人则无所依靠，而且自己必将随驾外出，届时一定会因突发变故而战死，与其死在外边不如死在此时此地。说罢，他从怀中掏出匕首，割向自己胸口，血流满地。旁边的卫士赶紧夺下匕首，将其押入监狱，拟以妄言罪斩首。明武宗更加愤怒，下诏杖刑八十，将其活活打死。对于其死谏的做法，闻者无不悲哀。

三月二十二日，皇帝的震怒和严惩并没有令廷臣畏缩，反而激起了更多人心中的正义感。参与黄巩等六人案情审理的大理寺官员周叙等人，心里都赞同黄巩等人的做法，同样想要皇帝停止南巡，所以在量刑时尽量从宽处理。明武宗知道后怒火更盛，惩罚的力度反而更进一步，下令将周叙等十人下锦衣卫审讯，不久下旨让他们与黄巩、陆震、夏良胜、万潮、陈九川、徐鏊六人全部在午门前罚跪五天，而且都要戴着手铐脚镣。

屈辱性的惩罚，没有让人退缩，反而更多人挺身而出。行人司司副徐廷瓒等二十人奏陈不可南巡十事，工部主事林大辂等三人明明知道诸臣留驾得罪，但是良知不允许自己沉默避祸，依然犯颜上疏。明武宗骂徐廷瓒、林大辂"持逞强辞，触颜冒犯"，将众人下锦衣卫镇抚司严加掠治,并禁止今后各项人员泛言抗塞,违者重治不贷。随后又将徐廷瓒、林大辂等人戴着手铐脚镣罚跪午门五日。他们每天早晚戴着刑具上下朝时,俨然就是囚犯一般,路人看见了都偷偷地掉眼泪。

事情没有结束,罚跪不足以消除明武宗的怒气。三月二十五日,明武宗下旨在午门台阶下杖打舒芬等一百零七人,每人三十板子。兵部郎中孙凤及刑部郎中陆俸、吏部郎中张衍瑞、礼部郎中姜龙、翰林院修撰舒芬是倡首者,因而将他们外调重用,吏部并科道等官不得推举录用,其余官员各自夺俸六月。三十板子,说多不多,说少不少,其中有很大的操作空间,轻者休养即可康复,重者可以要人性命。江彬怀恨在心,暗中使用手段,故意让人重重地打。当天,整天风雨不停,天色昏暗,哭号之声响彻皇宫。百余官员纷纷被抬回家中,往往到家后还几度昏厥,刑部主事刘校、照磨刘旺不幸死于杖刑。

四月十五日,明武宗再次下令在午门前杖打兵部武选郎中黄巩等三十九人,手段变本加厉,场景触目惊心,惨剧接连而至。兵部武选郎中黄巩、车驾员外郎陆震、吏部员外郎夏良胜、礼部主事万潮、太常博士陈九川、大理寺寺正周叙、工部主事林大辂、行人司司副余廷瓒、太医院医士徐鳌，各被杖五十。黄巩、陆震、夏良胜、万潮、陈九川，被罢黜为民。周叙、林大辂、徐廷瓒，被降三级外补。徐鳌被发配到瘴疠偏远地区。其余连名具疏的三十名官员，各被杖四十，降二级。陆震、徐廷瓒和工部主事何遵、大理寺评事林公黼，以及行人詹轼、孟阳、刘概、李绍贤、李惠等，总共十一人，惨死在杖下。周叙降为永嘉县丞，林大辂为夷陵州判官，工部主事蒋山卿为南京前府都事，行人陶滋、巴思明、李锡、顾可久、邓显麒、王翰、熊荣、杨秦、王懋、黄国用、李儼、潘锐、刘黼、张岳为两京国子监学正，寺正金罍为太常寺典簿，寺副孟廷柯、张士镐、郝凤升、傅尚文、评事姚汝皋为两京户部、刑部、都察院照磨，寺副郭五常为通政司知事。

为阻止明武宗南巡一事，朝廷官员前仆后继、冒死抗谏，付出了十余人的生命，附加百余人遭受体罚和一众朝臣仕途受阻的沉重代价。但是，中国的文人风骨曾如日月高悬于朗朗乾坤，中国的文人气节曾似江河飞奔于万古千秋。明知不可为而为之，就是因为他们有先天下之忧而忧、后天下之乐而乐的政治抱负，有忠君爱国的情怀和情系黎民的情操。鲁迅先生曾说："我们从古以来，就有埋头苦干的人，有拼命硬干的人，有为民请命的人，有舍身求法的人。……虽是等于为帝王将相作家谱的所谓'正史'，也往往掩不住他们的光耀，这就是中国的脊梁。"在绝对的皇权面前，文人风骨自有分量。最终，在一个个铁骨铮铮的诤臣面前，明武宗不再提南巡之事，车驾不复出矣。

南征：武宗皇帝的完败

宁王朱宸濠反叛整整一个月后，朝廷才得到消息。而这个迟到的消息，竟然成全了明武宗南巡的愿望，只不过换成了南征的名义罢了。

六月十四日，朱宸濠在南昌举事。七月十三日，南京守备参赞等官将朱宸濠反叛的消息报送至京师。明武宗朱厚照知道后，令兵部集和廷臣议处。大臣们的意见是命将讨伐，同时敕南和伯方寿祥、都御史王阳明、秦金、李充嗣、丛兰各督兵马，分驻江西、湖广、镇江、瓜洲、仪真等处做好防务，王阳明仍兼巡抚江西地方。南京兵部尚书乔宇等，将得到的朱宸濠檄文，送呈朝廷，建议"叛贼词语凶悖，罪大恶极，实国法之所必诛，伏望速发京边官军兼程进剿，无致滋蔓"。可笑的是，此时吏部尚书陆完还说"濠素贤，恐未必反"。其实他心里知道，一旦宁王败亡，自己肯定会受到牵连,此时还在梦想着天下无事。

明武宗真实想法是要亲自率兵出征,于是驳回了兵部的奏请,降旨御驾亲征。内阁首辅杨廷和等人极力劝阻,奏称如果皇帝亲征,会让朱宸濠认为其罪在不赦而拼死抵抗,既有脱罪求生的考虑,又有觊觎非分之想,如此则有不可测的意外之患。而且,皇帝因无太子,御驾亲征,则京师无人居守,恐怕中原的起义军蜂拥而起,北方的蒙古会乘虚而入。

明武宗此前就想要南巡,被群臣劝阻,心里早就极为不爽。如今天上掉下来一个冠冕堂皇的借口,自然不会听从杨廷和的意见。同时,明武宗渴望效仿太祖、成祖那样东征西讨,做个马背上的皇帝。自从巡视宣府等地后,明武宗的心更加放飞了,岂能放过如此建功立业、巡玩南方的绝佳时机。而且,他身边的许泰、江彬等人,更是想借此建立功劳、巩固宠信、捞取好处,因此极力鼓动明武宗亲征。很快,圣旨传了下来,明武宗亲统六师奉天征讨,安边伯朱泰(许泰)领兵为前哨赴南京,太监张忠、左都督朱晖领兵赴江西捣其巢穴,暂令王守仁兼领江西巡抚。

当天,明武宗又下了一道圣旨:宁王宸濠悖逆天道,谋为不法,杀巡抚等官,烧毁府县,荼毒生灵,传闻已至湖口,将犯南京,即令总督军务威武大将军总兵官后军都督府太师镇国公朱寿,亲统各镇边兵征剿。明武宗显然还是念念不忘自己朱寿的身份,再次不顾朝臣曾经激烈的反对,下旨命朱寿统兵征讨。

朝廷以朱宸濠谋反向全国发布削其封爵属籍诏书。诏书列举了宁王罪行,"天性凶恶,自作不靖,诬陷郡王,淫乱宗女,打死无罪平人不下千数,强夺官民田产动以万计",特别是他"妄窥大位,聚集群盗,招纳叛亡,私造战船,擅置军器,造谋作孽",据此明武宗"祇告天地宗庙,革其封爵,削其属籍,亲统六师,正名讨罪,除首恶宸濠及同谋有名逆贼不赦外,其余胁从之徒尽行宽释,占夺田地悉还本主",诏示天下咸闻知。

朝臣得知明武宗要御驾亲征,兵部尚书王琼、给事中汪玄锡、御史吴阊、监察御史陈察等众多大臣,纷纷上疏劝阻。他们列举了很多理由:如居守无人京师虚弱,万一朱宸濠在京师尚有同谋怎么办;北方入侵和农民起义,都要有所预防,现在各地奏报几无虚日,如果发生紧急情况必须要很快做出决断;现在皇帝应该做的就是反思以往的失误,下罪己诏,揭发讨伐的大义,即使前方战事失败也不会有损皇帝的威严;皇帝还没有立皇储,容易被人乘虚而入;皇帝用镇国公大将军朱寿的身份出征,名分反而在亲王之下，实在是不成体统；等等。明武宗非常生气，接连训斥大臣们，"今后敢犯颜奏扰者，朕必以大法处之不宥""再有犯颜来奏者，必治以极刑不宥"。话说得已经不能再狠了，表明了明武宗不顾一切南征的决心。

明武宗亲征的消息传遍大江南北。据说，南京兵部尚书乔宇将此消息告知了王阳明。王阳明又做了一件出人意料的决定，他在八月十七日特意上《请止亲征疏》，疏内他提出将于九月十一日亲自押解宁王等人犯赴阙，皇帝不必率军南征。这是一个极其大胆的决定，他公然忤逆皇帝的意志，幻想着通过一己之力用献俘阻止不必要的南征。事实上，半个月后王阳明在未得旨意允许的情况下，已毅然押送宁王北上。

八月二十二日，明武宗率领大军浩浩荡荡离开京师，御驾南征。内阁首辅杨廷和没有随驾亲征，因为在南巡和南征两件事情上，他始终与明武宗唱反调。而且，明武宗让他起草南征的敕谕，他不肯起草。明武宗让他安排别人起草，他便安排南京吏部尚书刘春。明武宗不满意，批评他偏袒本乡人。杨廷和于是上疏请求致仕，明武宗不允许，他索性就称病不上朝。明武宗在他称病期间宣布南征，并在安排南征人员时特意让杨廷和留京居守，令另两位内阁大臣梁储、蒋冕随行，多少有些警告杨廷和的意思。

关于南征，明武宗还做了几个重要决定：一是自己当大将军，以总督军务威武大将军总兵官后军都督府太师镇国公朱寿的名义统领大军南征，命安边伯朱泰为副将军充先锋。朱泰，就是许泰。二是派遣太监张永率一千兵马，提督赞画机密重务，兼核勘宸濠反逆事情，以及查核宫眷库藏。三是任命平虏伯江彬提督东厂锦衣卫。江彬具疏请辞，但是明武宗不同意。当时张锐掌管东厂，钱宁掌管锦衣卫，而江彬兼两人之任，自是中外大权皆归于江彬。四是加强北京城和皇城防卫。皇城四门，遣内外大臣各一人，关防出入，以遏奸宄。都城正阳等九门，选派他信任的团营内外坐营并文职官各一人、官军一千人，分番防守，以备不虞。都城九门、皇城四门、卢沟桥、居庸关等处，遣将增兵加强防备，要求出入盘诘务必倍加谨慎。

八月二十六日，明武宗到达涿州。此时，王阳明的《擒获宸濠捷音疏》送到了明武宗的面前。明武宗或许有过片刻的犹豫，或许根本就没有，而且他身边的太监张忠、张永和都督江彬、许泰都想率兵平叛立功，因此他们仍旧决意继续南征。王阳明的奏章怎么办？老办法，压下来，根本没有交给六部议处。

八月二十七日，明武宗行军至保定府，驻军下来。八月二十九日，内阁首辅杨廷和看到了王阳明的奏疏。他向明武宗进言，将宁王被擒归功于皇帝，"皇上御驾亲征，圣武昭布，神威远震，旬日之内，江西逆贼遂已成擒，余党解散。皇上睿谋妙算，委任得人，以致成功之速。"随后他步入正题，奏报宣府等地遭到游牧民族侵扰，请求"将所调南征军马挈回本镇防守"，同时委婉规劝罢南征，"仍乞圣明审度进止，或专命亲信重臣前去江西，会都御史王守仁，将生擒斩首逆贼名伙，及逆党家口财产，逐一查处停当，奏请定夺。如此则陛下既有以全内安外攘之至计，又有以南征北伐之全功，实宗社万万年无疆之福也"。然而杨廷和的谏言，丝毫没有阻止明武宗前行的脚步。

在保定，明武宗玩得不亦乐乎。在保定府精心准备的宴会上，巡抚都御史伍符与巡按御史、管粮主事都在侧侍宴。酒席间，明武宗饶有兴趣地跟伍符讲，早就听说他酒量很大，要跟他斗酒。伍符自然不敢推辞，两人玩起"藏阄之戏"。所谓藏阄之戏，据说早在魏晋时期就有了，唐朝时很是风靡，当时称为"藏钩"，在敦煌文书中还有描绘游戏的场面。辽代宫中喜欢玩藏阄之戏，一般是在宴饮时行酒用。契丹

九、南巡与南征

人面向南,汉官面向北,分列成两队行阄。如果皇帝意外得阄,臣下会向皇帝进酒,皇帝与众人共饮。明清时期,藏阄之戏依然盛行。大概的玩法是将参与的人分为两拨,一方藏阄(如玉钩或玉扳指等)在手,可以在不同人之间转移隐藏,有的人故意装作战战兢兢的样子,另一方根据他们的神情来猜,以猜中与否定输赢。这种游戏两个人也可以玩,猜阄在左右哪只手。伍符偶然地猜对了,明武宗有些不高兴,故意将手中的阄扔到地上。伍符捡起阄,受罚喝了好几瓢酒,喝多了躺在地上,这才令明武宗又高兴起来,看着伍符的样子哈哈大笑。

九月七日,明武宗到了山东临清,忽然不走了,一住就是五天。临清的主要官员全程陪同,也许是仓促间没有做足接待准备,宴请的时候明武宗发现餐食有些简陋,笑着说:"为什么如此慢待朕啊?"临清的官员都吓坏了,不知道如何是好。但是明武宗只是说说而已,并没有怪罪处罚当地的官员。到了第六日,南征的内外官员忽然发现明武宗不见了,没有一个人知道皇帝去哪了,可是把这些官员都吓坏了。他们赶紧派人四面寻找,好在不久有几个人在回京的路上找到了明武宗。

原来明武宗有一个心爱的女人,人称刘娘娘。她是太原晋王府乐工杨腾的妻子，正德十二年（1517）明武宗游幸山西太原得到了刘氏，喜其色艺俱佳，带回豹房，深得宠幸，号称夫人，大家都称她为刘娘娘。此次南征临行前，刘氏赠给明武宗一个簪子作为信物。明武宗骑马过卢沟桥时不小心丢失了，派人彻彻底底找了好几天也没有找到。明武宗到了临清，驻跸不走，就是派人回京去接刘氏前来。但是刘氏因为没有看到信物，不肯前来。明武宗于是在早上乘坐一艘小船回京亲自接刘氏，到了通州张家湾接上她后才一同返回临清。半路上，明武宗一行遇到了湖广参议林文缵，登上其舟，强行夺林之爱妾而去。

明武宗带着刘娘娘走走停停，看看转转，仿佛不是亲征而是郊游一般。十一月初六，大军才到达徐州。十一月十一日，明武宗乘坐龙舟从徐州顺流而下。十一月十五日，到达淮安清江浦，明武宗临幸了监仓太监张阳的府邸。自从南征以来，明武宗有了一个格外突出的爱好，那就是钓鱼。但是他钓鱼与其他人还有一点不同，就是钓到的渔获都会赐给地方官员。皇帝钦赐渔获是何等荣耀，但是受到赏赐的人都要各献金帛作为谢礼。

清江浦地近洪泽湖，水面广阔，鱼多肥美，明武宗钓鱼的兴致非常高，整整一天都在垂钓。邻近清江浦的南京、山东、淮安等处的文武官员，都要迎送车驾，汇聚在清江浦。由于官员过多，他们都是身着戎装，徒步行走，看不出贵贱高低。江彬不时传召官员，打着皇帝的名号，向他们大肆征索，有时候会提出很过分的要求。旗牌官对州县的官员，简直就像是对待奴隶一般，随意呼来喝去。通判胡琮因为恐惧竟然上吊自杀了。南京守备成国公朱辅，是明成祖朱棣的股肱之臣、"靖难"名将，也是东平王朱能的后人，朱能曾在东昌之战中救过朱棣的命。然而朱辅见到江彬要跪拜，不让起身都不敢站起来。漕运总兵官、镇远侯顾仕隆，为人清白有操守，看不惯江彬行为，稍有抗拒不屈，竟被江彬多次羞辱。江彬派遣官校四出，跑到附近居民家中，假传圣旨索鹰犬珍宝古器，翻箱倒柜，大肆搜刮，偶有怨言就打砸其家，淮安附近方圆三四百里没有能幸免之人。

十一月二十七，明武宗忽然下旨，命将钱宁羁押在临清。钱宁是宁王朱宸濠在刘瑾之后重金攀附的最重要的人。但是，钱宁对此隐藏极深，明武宗并不知情。八月明武宗筹划南征时候，原本要留钱宁在京居守。钱宁担心自己离开皇帝身边，会有人揭发他私通宁王的事，因此恳请随驾扈从。不知道什么原因，明武宗迟迟没有答应，这让钱宁焦躁不安。眼见着圣驾率军已经出了正阳门，钱宁认为已无缘扈从，哪知道他忽然接到圣旨让他随驾，只能感叹君心难测。江彬素来与钱宁争宠，到了临清，钱宁被留在当地，安排管理皇店事务。皇店，是明武宗发明的又一个新鲜玩意儿。他在全国多地开设了店铺，由自己信任的人管理，从中获取高额的商业利润。江彬趁机向明武宗揭发了钱宁私通宁王的情状，朱厚照大怒，他一直就怀疑这个狡诈的奴仆，没有想到此人竟敢如此大胆。此时行军队伍正准备渡过淮河，他当即命令拘禁钱宁，同时秘密遣人到京师抓捕其妻子及家人，得到玉带二千五百束，黄金十余万两，白银三千箱，胡椒数千石，其他珍玩财货不可胜计。不过明武宗没有立即杀掉钱宁，而是随后与宁王朱宸濠一并处置。

十二月初一，明武宗来到了江南扬州府。此前，太监吴经先到扬州，看中了一座富丽的民居，便强行征用，改作提督府，准备用作皇帝驻跸之地。吴经以皇帝的名义，在扬州搜罗选送少女和寡妇。老百姓人心惶惶，不少人听到消息后连夜将女儿嫁了出去，有的趁夜争着逃出城，官府无法禁止。扬州知府蒋瑶直接找到吴经，恳请他免除选女。吴经大怒，指责蒋瑶一个小官竟如此大胆，你不要脑袋了吗？蒋瑶不为所动，平静地告诉吴经，如果我这个小官忤逆了皇帝的意思，自己知道一定会死，但是百姓是朝廷的百姓，如果激起民变，将来所有的责任都要你吴经承担。

吴经不听，暗中派人打探扬州城内寡妇和妓女情况，半夜派遣骑兵数人打开城门，大呼圣驾至，让大街上燃起烛火，亮如白昼。此时吴经带着人闯入民居索女，不开门的就毁墙破门而入，强行抢人，被抢者无一能逃脱，扬州城内哭声一片。吴经将掳来的女人，分送到尼姑庵关押，有两个贞烈女子绝食而死，其他女子，有的家里拿来重金赎回，没有钱的就被关入提督府。十二月十八日，明武宗在扬州城检阅被强掳来的女子。扬州的抚按官员为皇帝精心准备了丰盛的宴席，但是明武宗推掉了，要他们折算成金银进献。蒋瑶，字粹卿，归安（今浙江省湖州市）人。弘治十二年（1499）进士，与王阳明、唐寅同年参加会试。明武宗南巡，他为扬州知府，只是供给饮食用具而已，没有奉上任何财物，也没有打点皇帝身边人。江彬想要强夺民居为威武副将军府，蒋瑶坚决不同意，江彬就把他关在一间空房子里，试图给他一个下马威，并威胁要用御赐的铜瓜杀他，蒋瑶丝毫不惧。明武宗钓到一条大鱼，戏言价值五百金。江彬为讨皇帝欢心，让蒋瑶出钱买鱼。蒋瑶两袖清风，哪里有那么多钱,就怀揣着妻子的发簪耳环和好一点的衣服,对皇帝坦白相告,府库里没有钱,自己只有这些东西。明武宗听后笑了笑,没有说什么就打发了他回去。

明武宗听说扬州有琼花,据说就是当年隋炀帝下扬州要看的琼花,下令进献。蒋瑶回禀,自从宋徽宗、宋钦宗被掳后,此花已绝,今无以献。明武宗又

蒋瑶画像

令进献特产，蒋瑶说扬州无所产。明武宗有些不高兴，质问他，苎白布不是扬州所产吗？蒋瑶没想到皇帝连苎白布都要，不得已只好献上五百匹。后来，明武宗回程，蒋瑶扈从至宝应，太监邱得用铁链将他锁起来，好几天后才释放，并让他随驾直至临清。后来扬州人感谢蒋瑶庇护，争着出资为其建祠，由此名声大振。蒋瑶在嘉靖朝官至工部尚书，以老致仕。他一生清贫，回乡后僻处陋巷，与友人结文酒社，徜徉山间，卒年八十九岁。

十二月十九日，明武宗终于离开扬州，到了仪真（今仪征）。他巡幸所到地方，下了一道令人瞠目结舌的圣旨：民间禁止养猪。因为国姓"朱"，与猪同音，听之不雅，处之不敬。富裕的家庭不敢妄杀，纷纷将猪赶到水里，贫困的民众舍不得丢掉，只能硬着头皮将饲养的猪全部屠杀。这一年春节，仪真人家在祭祀的时候没有猪作为祭品，只能用羊代替。此后，朝臣不断地上奏，请求明武宗收回皇命，笔墨官司打了很长一段时间。

十二月二十三日，明武宗在仪真的新闸钓鱼，看到浩渺烟波的长江，甚为震撼，命江彬主持祭祀。

十二月二十四日，明武宗临幸了当地富户黄昌本家，兴致勃勃地选看太监张雄及守备马炅送来的女人，挑选了一多半，命人把她们送到御舟中。

十二月二十六日，明武宗经过四个多月的御驾亲征，终于来到了明朝的陪都南京。南京，六朝古都，是明朝太祖朱元璋的发迹之地，是大明王朝的龙兴之地，是成祖朱棣夺取皇位的风水宝地。也许由于这个原因，明武宗在南京突然收敛起贪玩的个性和胡闹的行为，重新做回了一个合格的皇帝。临近新年，朝廷要有很多仪式要举行，特别是皇帝，必须亲自参加主持一些重要的活动。这一次，明武宗踏踏实实在南京住了下来，老老实实承担起皇帝应尽的职责，诣紫金山拜谒明太祖朱元璋孝陵等。因为皇帝的驾临，陪都南京在这一年春节显得格外热闹。短暂的祥和之后，如何处理宁王朱宸濠的问题摆到了这位年轻皇帝的面前。

十、北上献俘

都御史王守仁，以宸濠及诸从逆者，将亲献捷于上。至杭州，上遣太监张永邀之，令复还江西。

——《明武宗实录》卷一百七十八，
正德十四年九月

彻底平定叛乱后的一段时间，王阳明同其他人一样，品味着胜利带来的喜悦。一介书生平定藩王叛乱，乃是一件极其了不起的事情。王阳明的声望日隆，费宏撰写《水龙吟·贺提督王公伯安克平逆贼》以赠：

天生俊杰非凡，为时肯袖擎天手？胸藏兵甲，贼闻破胆，知名最旧，羽扇轻麾，逆巢忽破，遂擒乱首，非丹心许国，雄才盖世，当机会，能然否。

北望每依南斗，捷书驰，夜同清昼。力扶社稷，此功岂比，寻常奔走。造阁图形，磨崖勒颂。临江酾酒，贺帮家有此忠臣孝子，如南山寿。

起句即是"天生俊杰非凡，为时肯袖擎天手"，更是赞其"丹心许国，雄才盖世"，正因如此，当救国的机会来临时，才能立下"力扶社稷"之功劳。费宷作长文以祝贺，文中称赞其"行高而心独古，才大而用不穷"，平定叛乱是"事可方之古人，功实盖于天下"。如此的贺信、贺诗纷纷而来，官场、文坛和百姓，都在传颂着王阳明的功绩。许多青年才俊慕名来到南昌向王阳明求学问道。

一次献俘

九月十一日，当首辅杨廷和等朝廷大员苦苦劝谏明武宗南征无果之时，王阳明已经带领抚州知府陈槐等人从南昌出发，押送宁王朱宸濠等囚犯，浩浩荡荡北上，准备向皇帝献俘。身在官场、熟悉规矩的王阳明，明明知道还没有得到朝廷旨意准许，为什么要自作主张急于献俘呢?

他在《案行浙江按察司交割逆犯暂留养病》中讲:"又因宸濠连日不食,虑恐物故,无以献俘奏凯,彰朝廷讨贼之义,兼之合省内外,人情汹汹,或生他变,当具本题知,于九月十一日启行,将宸濠及逆党宫眷解赴军门。"

原因之一是朱宸濠连日不食,担心他出意外,届时无法向朝廷交差;原因之二是当时江西境内并不太平,恐怕夜长梦多,发生意外。当然,这些都是写在公文中的场面话,至于是不是王阳明执意献俘的真正原因,还很难据此确定。

此时,由于路途遥远,他还未收到皇帝的批文。虽然献俘并不是朝廷意图,但是王阳明在八月奏折中已经明确报告给皇帝和朝廷,属于履行了程序,况且他身为江西巡抚有便宜行事的职权。而且,正德朝初年,张永、杨一清平定宁夏朱寘鐇叛乱后便回京献俘,可见此事有先例。

袁州推官陈铬,是负责看守朱宸濠的官员。朱宸濠被俘后就由其看管,他参与了北上献俘的全过程。即使王阳明在后来不得不中途退出,陈铬一直负责看管囚犯,直到陪同明武宗押送朱宸濠至北京通州。2017 年在广东肇庆高要区发现了陈铬的墓表和墓志碑石，记载了其生平，特别是献俘的过程，有一定的史料价值。

据专家研究，陈辂，字以载，号东岩，广东肇庆府高要县（今高要区）水坑人，弘治十七年（1504）中举，后屡试不第，于正德十二年（1517）选授江西袁州府推官，嘉靖四年（1525）乞休还乡，家居十五年，七十一岁去世。此次献俘的整个过程危机四伏、苦难重重，不是一件轻松的差事，他虽然出色地完成了任务，却没有因此受到表彰，在做了九年推官后黯然离开官场。

押送朱宸濠是件艰难而有挑战性的任务。朱宸濠作为世袭王爵，骄纵奢侈，如今成为阶下之囚，骤然间心态失衡，如果觉得受到侮辱就要自尽。对其关押宽松，又担心他逃脱。而且此事是整个大明王朝的焦点，上至皇帝，下至百姓都关注着事态的发展，稍有闪失就是天大的事。

在选择押送之人时颇费周折，后来大家一致推举陈辂，得到合适人选，王阳明也很高兴。陈辂在押送囚犯的过程中，"乃千方慰藉，释其惊疑，而出则严扃镮縢，夜不交睫"。严扃是指紧闭门户，镮指锁，縢指约束。陈辂一面要耐心安抚朱宸濠，不让他情绪激动，一面又要严加防范，出行时要关紧牢车，扣紧车锁,晚上还要睁大眼睛看守,防止出现任何意外。

经过精心安排后,献俘队伍正式出发。按照《王阳明全集》中的说法是九月十一日出发献俘,按照《明武宗实录》的说法是九月十六日出发,按照陈铭墓志铭的说法是"九月十三日领宸濠等登舟,十四日启行"。三种记载略有出入,难以考证。

关于献俘路线,王阳明的想法是赴北京直接献俘给皇帝。他在《案行江西按察司停止献俘呈》中讲,亲自带领适量官兵,按照原定日期,直接走水路,解赴京师。令人费解的是,他没有选择最为快捷的路线,即向北由九江直入长江奔南京,而是向西经过信江转赴浙江,准备由杭州入大运河赴北京。

出发不久,事情又急剧变化。献俘队伍经过南昌西的安仁,九月十八日到达贵溪,九月二十五日到达广信。此时,出现了突发情况。据王阳明《案行江西按察司停止献俘呈》可知,提督军务御马监太监张忠差人前来索囚。原来是明武宗收到了王阳明的《江西捷音疏》,知道他将于九月十一日出发献俘,赶紧命张忠与总兵官左都督许泰前来江西阻止。

当时张忠与许泰尚在路上,因此先差人行文江西按察司,毫不留情地批评王阳明献俘举动,"当此新乱之余,正宜留心抚绥地方,听候勘明解京,良由不知前因，固执一见，辄要自行获解，私请回师"。同时，张忠指责朱宸濠等妃嫔都是宗藩眷属，王阳明等外官押解恐有不便。他告江西抚按等官，自己正奉旨在来江西的路上，要求"遵照钧帖内事理，备行巡抚都御史王等将已获贼犯留彼，听候明旨钦遵施行"。公文到达南昌之际，王阳明已经出发，因此原文是让其原地待命、听候命令。张忠的人立即追赶王阳明，让其按照张忠指示押送囚犯返回南昌。

难题摆在了王阳明的面前，是前进还是后退？张忠和许泰，都是正德皇帝身边的近臣红人，很多人巴结都够不上，更不用说忤逆他们的意思。而且，他们最大的资本就是挟天子之威，寻常之人岂敢违背圣意。但是，王阳明作为政治家，不得不考虑他们为什么执着于将朱宸濠留在南昌？他们强硬态度的背后，有什么不可告人的秘密？宁王朱宸濠留在南昌，会发生怎样的后果？王阳明虽然暂时还不了解全部情况，但是直觉告诉他，事情远没有表面看起来那么简单。根据陈辂的墓志铭，王阳明对此持怀疑态度，不愿意将朱宸濠等交给张忠。

同行的抚州知府陈槐，与王阳明出现意见分歧。他认为应该将囚犯交给张忠，然后同他们一同赴阙献俘，擒贼之功虽在江西官员，但都是朝廷威命所致。

王阳明没有采纳，陈槐只好请费宏帮助规劝。

费宏是原来的内阁大臣，威望极高，因为朱宸濠的陷害被迫乞休家居，他恰巧就是江西广信府铅山县人。陈槐前往他的家中拜访并说明来意。据陈槐《闻见漫录》载，费宏赞同他的意见，并应其请求同族弟费寀前往驻地祝贺和劝说。具体如何规劝，并不清楚，只是王阳明经过深思熟虑还是决定北上献俘。

王阳明在撰写《案行江西按察司停止献俘呈》中显示，他明确拒绝返回南昌。文中对几件事做了回应和解释：此前飞报朝廷献俘事，不算私自行动；宗藩眷属，早已安排江西各王府的伴当太监守卫，保证不存在嫌疑；张忠、许泰到江西的职责，主要是安抚百姓，"必能大加抚谕安辑，以仰布朝廷怀惠小民之仁"；自己"纵使复回省城，亦安能少效一筹，不过往返道途，违误奏过程期，有损无益"，因此会继续前行献俘。我们可以相信，王阳明久历仕途，一定知道违抗张忠的命令意味着什么，但同时他一定知道自己必须这样做。事实上，后来张忠、许泰向明武宗诬告王阳明，确实给他带来了很多麻烦，而王阳明的坚持确实有着必须坚持的理由和意义，因为明武宗及其宠佞正在酝酿一场闹剧。

九月二十六日，献俘队伍过玉山县。随后，过今天衢州常山县的草萍驿,已入浙江省界。此时,王阳明听传言明武宗已经到了徐州、淮安附近,赶紧乘夜速发,希望尽早向皇帝献俘。在草萍驿,他做了两首诗,照录于下:

其一
一战功成未足奇,亲征消息尚堪危。
边烽西北方传警,民力东南已尽疲。
万里秋风嘶甲马,千山斜日度旌旗。
小臣何尔驱驰急?欲请回銮罢六师。

其二
千里风尘一剑当,万山秋色送归航。
堂垂双白虚频疏,门已三过有底忙。
羽檄西来秋黯黯,关河北望夜苍苍。
自嗟力尽螳螂臂,此日回天在庙堂。

读了两首诗,我们心中豁然开朗,更加理解和钦佩王阳明此前所做的艰难选择。从第一首诗中,我们想要的答案几乎都在里面。王阳明为何宁愿得罪皇帝和张忠、许泰之流,还有同袍费宏和陈槐,也要尽快献俘,而不等武宗南征,是因为王阳明对于明武宗南征的态度与朝臣是一致的,内心里并不赞同。至于其中缘由，乃是担心北方游牧民族的入侵，以及东南民生凋敝，不堪圣驾惊扰。他甘冒风险一路押送朱宸濠急行，就是希望明武宗能罢六师、罢南征。当然，从第二首诗的意境可以看出，王阳明内心是孤苦的，充满心酸，大概已经预感到自己的行为是螳臂当车，终将无能为力。明知不可为而为之，是自我要求、敢于担当、勇于牺牲的至高境界。

王阳明经开化等地，十月初七到达浙江杭州。此时，他意外得知明武宗派遣的太监张永正在杭州。张永是奉明武宗命经杭州赴江西核勘朱宸濠反逆事情，以及查核宫眷库藏，就是来审问朱宸濠和核实其财产的。

张永可是大有来头，不但是明武宗的绝对亲信，本身还很有威望。他是河北保定新城人，很早就被调入东宫侍奉太子朱厚照。朱厚照即位后，张永深受器重，是宫中"八虎"之一，但是他与刘瑾互不服气，两人曾经动过手，可以说张永是少数敢和刘瑾硬碰硬的人，最后还是明武宗出面去调解他们的矛盾。他颇有勇力，弓马娴熟，武艺高强，掌握十二团营和神机营。正德初年，安化王朱寘鐇叛乱，张永与杨一清率军平叛。两人话语投机，成为好朋友。在杨一清的鼓动和谋划下，张永利用献俘的机会，趁机将刘瑾谋反的情况告诉了明武宗,并一举铲除了权监刘瑾。

王阳明可能素知张永为人,清楚他与张忠之流大不相同,遂做出了一个重要决定——与张永面谈。还有一种说法,张永与王华、王阳明父子是旧相识,早在京师为官之时就已熟悉,可见王阳明是认可张永德行人品的。

十月初九,两人在杭州见面了,至于具体情况,多种史料记载不一,而且差别很大。杨一清为张永写的墓志铭,是被较多学者采用的资料。据说,王阳明只身来到张永驻地,径直坐到张永的床榻之上。张永很是诧异,不明白王阳明到底是什么意思。王阳明向张永宣讲忠义大义,还稍稍提及他的阴事。张永最终信服了王阳明的所作所为,王阳明便将宁王朱宸濠交给了张永。

王阳明与张永在杭州见面时到底说了什么,也许是只有他们自己才能知道的秘密。毕竟在谈话中他们会涉及明武宗、朱宸濠以及其他较为核心和敏感的话题,法不入六耳,是不能让其他人知道详情的。但是,从后续事情发展来看,这次谈话起到了非常重要的作用,改变了事情发展的态势,至少在几个方面两人达成了一致和默契。一是王阳明不再坚持北上献俘,而是将朱宸濠等重要人犯交给张永,由其押送回南昌；二是张永理解了王阳明在献俘以及平叛整个事件上的做法，虽不能说是完全信服，但是达到了基本上认可的程度，后来在张忠、许泰诬陷王阳明时，张永多次在明武宗面前为王阳明辩解，发挥了重要作用。总之，王阳明在杭州会面张永，争取到了一位非常重要的盟友。

此时，王阳明还得到一个重要消息：不允许王阳明献俘并要求他押送宁王回南昌的决策背后，酝酿着一个巨大的阴谋。其实，大家都知道明武宗早已得知宁王被俘的消息，选择秘而不宣，就是要以此为借口南巡而已。众所周知，如果宁王被俘，明武宗南征就失去了正当理由。王阳明北上献俘，就是破坏了明武宗南征江南的美梦。因此，张忠等人要强留宁王朱宸濠在南方，便宜明武宗继续以南征名义巡视江南。更令人匪夷所思的是，他们强令王阳明将宁王押回南昌，竟然是要放掉朱宸濠。他们认为，宁王早已成了瓮中之鳖，毫无反抗之力，届时明武宗以亲征的名义擒获宁王，这样不但可以畅游梦寐以求的江南，更会以亲征平叛、擒拿宁王而青史留名、流芳万代，成为与明太祖朱元璋、明成祖朱棣一样文治武功皆备的不世之帝王。

二次献俘

太监张永押送宁王等人返回江西南昌,陈铬随行。王阳明没有跟着回南昌,而是选择在杭州西湖净慈寺养病,同时静观局势变化。十月下旬,王阳明突然从杭州出发,启程赴行在(皇帝巡幸所居之地称为行在)迎驾。此时,明武宗正陪着刘娘娘在山东等地流连。此段历史较为模糊,显然迎驾并不是奉旨而行,多半是王阳明自己的想法。至于王阳明为何动身前往,或许与张忠、许泰等人在明武宗耳畔构陷有关。王阳明拒绝了索要并送还宁王的要求,张忠、许泰怀恨在心,向明武宗进谗言,诬陷王阳明勾结宁王。他们污蔑王阳明明知宁王反叛还不想平叛,是在伍文定再三要求下才勉强举事。王阳明纵容部下,将宁王府钱财珠宝洗劫一空,并放火烧毁王府。王阳明或许是听到了此类风声,要到明武宗面前自证清白。

王阳明经苏州,过无锡,至镇江。其间,他没有急于赶路,而是边走边访友,作诗留序,可见情绪尚佳。在镇江,王阳明至待隐园拜访了当朝名士杨一清。杨一清虽然致仕隐居,却是当代名臣,随后在嘉靖朝重新受到启用,官至内阁首辅,历史上称其为

"出将入相，文德武功"，堪称名相。而且，杨一清与太监张永关系极为密切，可以说是达到一荣俱荣、一损俱损的程度。王阳明拜望杨一清，既可以向前辈咨询请教，又可以巩固与张永的关系。杨一清具体跟王阳明谈了什么不得而知，但是有一种说法是，他劝王阳明不要面圣而是返回江西。不知道是杨一清洞察世事，还是纯属巧合，十一月上旬江彬派人来到镇江，阻止王阳明赴行在觐见明武宗。王阳明只好掉头返回。后来明武宗来到镇江，在杨一清家中待了两昼夜，与之饮酒畅谈。据说，明武宗听从了杨一清的劝谏，放弃了去浙江、江西游玩的愿望，也放弃了放捉宁王的想法，选择直抵南京。

十一月中旬，王阳明回到了南昌。此时的南昌，已经是另一番模样。张忠、许泰率领数万大军，早已驻扎在南昌。按照《明史》记载，威武副将军许泰和监军张忠到南昌后，借口广索宁王党羽，致使许多士民受到诬陷，甚至被误杀被拷问的混乱局面超过了宁王叛乱的程度。他们大肆搜刮民财，超过了百万之巨。张忠、许泰刚到南昌城，伍文定出迎。他们不由分说就将其绑缚起来，气得伍文定大骂："我不顾及家人宗族的安危，冒险为国家平定了宁王的叛乱，有什么罪？你们都是天子的心腹，屈辱忠臣义士，竟然为逆贼报仇，按法当斩。"张忠不由分说，将伍文定椎打倒地。他们抓捕了平乱功臣伍文定，"窘辱备至"，目的是从他嘴里套出王阳明私通宁王朱宸濠的供词。

王阳明到南昌后，他们嫉妒、衔恨王阳明的功劳，千方百计排挤他，故意放纵官军呼名谩骂。王阳明不为所动，一面安抚南昌城内百姓，一面体恤优待官军，生病的予以药品，病故的予以棺材，官军都被他的仁爱所感动，此后再无顶撞忤逆。张忠、许泰向王阳明敲诈钱物，气势汹汹地质问他，宁王府富甲天下，现在财物都在哪里？王阳明告诉他们，宁王朱宸濠以前用重金疏通京师要人，约为其内应，有簿册可以查勘。张忠、许泰听到有簿册就不敢再说些什么了，因为他们以前都拿过宁王朱宸濠的好处，生怕王阳明将他们的事情说出来。

十一月二十日，农历的冬至，南方有些地区有祭祖的习俗。当日，南昌的百姓家家户户上坟。因为刚刚经历了宁王之乱，很多家庭都受到了影响，因此痛哭的声音此起彼伏、不绝于耳。北方来的官军已经离乡很久，听到哭声无不想念家乡亲人，产生了思归的情绪。

张忠等人安排了鸿门宴，准备了酒食，要宴请王阳明。他们想要借机羞辱王阳明，故意让他坐在侧席。王阳明瞧在眼里顿时心知肚明，于是佯装糊涂，不待他人安排，径直坐到上席，还伸手示意张忠等人就座。张忠等人面露不悦，说话间有讥讽之意。王阳明没有争吵，而是在言谈间，向他们晓谕礼仪规矩。因为，以王阳明的职务、威望，居中而坐是正常的，落座侧席则是不符合礼数。张忠等人都明白其中的规矩，只是故意而为，因此二人哑口无言。事实上，王阳明并非刻意争一个座次，主要是担心自己一旦示弱，恐将受到张忠等人的节制，如此则江西大势都要听人安排，难免要处处被动。

对于刚才的受挫，张忠、许泰不甘心，接着又出一计。他们是军人，精于骑射，提出校场比试射箭，想着用自己之长来打压王阳明。如果王阳明同意，就要他在校场出丑，如果不同意就达到了挫其锐气的效果。只是，他们没有想到的是，王阳明虽然勉强，却还是答应了，不得已接过弓箭。张忠、许泰笑呵呵地站在旁边，等着看笑话。王阳明不紧不慢射出第一箭，正中靶心，官军一片欢呼，张忠、许泰相互对视，流露出惊讶的表情。王阳明接着射出第二箭，仍中靶心，官军又是一片欢呼，张忠、许泰满脸难以置信。王阳明射出第三箭，还是稳稳射中靶心，官军欢呼雀跃，响起啧啧赞叹之声，张忠、许泰则颓然长叹，在王阳明面前再次败下阵来，不由得有了撤兵的想法。从此，王阳明作为一名儒帅，有了三箭退军的美谈。

十二月二十六日，明武宗到达南京。江彬、张忠、许泰进谗言，诬陷王阳明手握重兵，军马拥护，深得民心，将来必反。据杨一清所写张永的墓志铭记载，张永至南京面见明武宗，称王阳明忠心，而且有大功劳，不应该掩藏。他在陪明武宗下棋时，见皇帝派遣校尉前往江西，不禁问道是何公差？明武宗告之要逮捕王阳明。张忠表示不解，明武宗说逮捕他是因为听说王阳明曾私通朱宸濠。张永说太好了，明武宗很吃惊，问他为什么这样说。张永答："逮捕谋反的人，难道不是很好吗？"他沉吟后接着说："不过，恐怕这不是真的。当年王阳明曾因上疏刘瑾而遭到刑罚，但他没有改变说法。请问陛下左右之人，关于私通朱宸濠的事，有能与其对质之人吗？"于是明武宗逐个询问身边近臣，都不敢对质，因此抓捕之事就此罢休。江彬等人见未能如愿，换了一个说法，跪请明武宗召王阳明前来，如果他不敢来就说明心中有鬼，谋反必真。明武宗采纳了这个建议，降旨命王阳明来留都南京觐见。其实，这条记载很可疑，因为从更加权威的史料来看，张忠此时仍在江西南昌。据《明武宗实录》载，正德十五年（1520）正月，随从的大学士梁储、蒋冕奏言，"今正月已过半矣，伏望皇上亟命将士促装，俟太监张永等押解宸濠等至日即班师，庶几不误二月之期。不报"。由此看来，张永要押送朱宸濠由南昌至南京，当时并不在明武宗身边。

王阳明暂时摆脱了被逮捕的危机，但是平定叛乱的功绩尚未得到朝廷的认可。十一月间，南京六科给事中孙懋、十三道御史吴铠等奏言，为王阳明等人请功。朱宸濠之变中都御史王守仁身先将士，擒获元恶。此前其献俘至浙江，太监张永截留，要亲自覆审，因此王守仁引疾乞休。王守仁仰仗天威，削平叛乱，厥功甚伟，请皇上鉴其忠勤，尽快定下功赏。奏报被江彬等人扣留，不报。

正德十五年正月，王阳明第二次赴朝阙献俘。只是由于各种史料记载或是缺失，或是矛盾，令事件扑朔迷离。一说正月初一朝廷使者到，王阳明与之同行献俘；一说明武宗下诏召见，未随同献俘队伍行走；一说正月上旬，王阳明到了芜湖。陈辂墓志铭记载，正德十四年十月二十九日，陈辂陪同张永将朱宸濠押送回南昌。正德十五年正月二十二日，陈辂押送宸濠等先行赴南京行在献俘。"是日，朱宸濠悲号，绝不食饮，公多方宽解。二十九日，舟至马当山乃食。

公喜，广娱以珍馐。经历长江，虑防益密。二月初九日至大胜关，风浪猛恶；三月二十日移泊中新河。"结合前引《明武宗实录》中所述说，正月过半张忠尚未到南京，由此看来王阳明未随着献俘队伍前行的可能性更大。

据《阳明先生年谱》载，王阳明正月初八日即到了芜湖，距离南京已是不远。但是，江彬、张忠见王阳明奉诏而来，又改变了想法，不想让他见到明武宗，否则他们的计谋就要失败，而且所作所为难免暴露。因此，他们派人将王阳明阻拦在芜湖，不让他到南京去。此时王阳明心急如焚，处境很是危险。前行遇阻，江彬等人还会继续构陷于明武宗；后退无路，明武宗不明真相，见不到王阳明就会认为他私通宁王，因而不敢赴阙。如此焦急地等待，简直是度日如年，可是一等就是半个月。

王阳明逐渐明白，江彬等人使用了手段，是不会让自己见到明武宗的，无奈之下，他既不前进又不后退，索性到旁边的九华山游览静坐。九华山是"中国佛教四大名山"之一，素有"东南第一山"之称，相传为地藏菩萨的道场。王阳明游芙蓉阁、无相寺，登莲花峰、天台峰，沿途多有诗作问世，每日还会在草庵中静坐修身。据说，王阳明的身后不时有陌生人的身影浮现，没有人知道他们是什么人、有什么目的。猜测他们是明武宗派来的密探，暗中观察王阳明的一举一动。后来，他们回去向皇帝禀报，说："王守仁学道之人也，召之即至，安得反乎？"

正月二十六日，王阳明收到旨意，令其与总兵各官解囚至留都（南京）。行至芜湖，复得旨命他回到江西抚定军民，不让他随献俘队伍去南京。试想，王阳明是指挥平定朱宸濠谋逆之乱的统帅，是旷世奇功的首要之人，在献俘这样重大仪式上怎能不出现他的身影呢？他缺席如此重大的仪式真是令人匪夷所思。那么，为何王阳明再次无法觐见呢？一说仍是江彬等

王阳明书法真迹《铜陵观铁船歌》卷（局部），现藏故宫博物院

人嫉妒其功，从中动了手脚；一说是除了江彬、张忠等人阻止，明武宗本人亦不愿面见。王阳明心有不甘，据说在船上默默坐了一夜，观江水拍岸，听汩汩有声。最后，他心中坚信，"皆圣意有在，无他足虑也"。次日，王阳明带着惆怅返回江西。

故宫博物院收藏了一幅王阳明书法真迹，名为《铜陵观铁船歌》卷，纸本，行书，纵 31.5 厘米，横 771.8 厘米。其后署款"阳明山人书于铜陵舟次，时正德庚辰春分献俘还自南都"，钤印"阳明山人王伯安印"。正德庚辰，就是正德十五年。可知此卷乃是王阳明返程途中，路经铜陵下船游览观景时

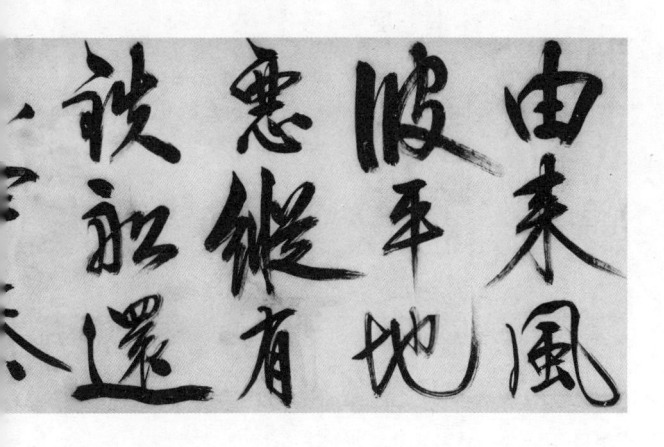

所书。当日,他来到铜陵县东的铜官五松山,在山上鸟瞰,湖田中果有铁船模样的东西隐没其间。相传晋朝浔阳太守张宽身故之后成为神,一日傍晚乘坐铁船顺江而下,来到铜官山时被人看见,铁船于是沉入水中,但是船首船尾露了出来,后来成了当地的景观。王阳明回到船上,写下了铜陵观铁船歌,后来抄录寄给友人。诗文真切,书法苍劲,可见王阳明内心之起伏感慨人生道路之艰辛。如果有机会观其书、读其诗,结合人物的历史际遇,更能体会王阳明当时心境。

> 青山滚滚如奔涛,铁船何处来停桡。
> 人间刳木宁有此,疑是仙人之所操。
> 仙人一去已千载,山头日日长风号。
> 船头出土尚仿佛,后冈有石云船艄。
> 我行过此费忖度,昔人用心无已忉。
> 由来风波平地恶,纵有铁船还未牢。
> 秦鞭驱之不能动,羿力何所施其篙。
> 我欲乘之访蓬岛,雷师鼓舵虹为缫。
> 弱流万里不胜芥,复恐驾此成徒劳。
> 世路难行每如此,独立斜阳首重搔。

十一、时人不识凌云木

> 王守仁以簿籍连及者众,令焚之。永所发者,仅百之一二云。
>
> ——《明武宗实录》卷一百九十三,
> 正德十五年十一月

正德十五年(1520)二月初六,朱宸濠被押送到南京,船停泊在长江之上。陈镕的墓志铭,为我们提供了一个了解朱宸濠被解送情况的机会。正月二十九日,陈镕押送囚犯到达江西彭泽县马当山。朱宸濠自启程后,就闹起了脾气,整日不吃东西。这可难坏了陈镕。马上就要向明武宗献俘,朱宸濠要是饿死了或是出了什么意外,那还得了。一路上他好言劝解,低声恳求,连哄带骗,用尽了办法。也许是饿得久了,到了马当山,朱宸濠开始吃东西了,陈镕悬着的心才算放了下来,采购制作珍馐美食送给朱宸濠。同时,陈辂外松内紧，对朱宸濠的看守更加严格。献俘队伍顺长江而下，二月初九至大胜关。大胜关，就在南京城的边上，原名大城港，1360年朱元璋在此击败了陈友谅数十万军队，于是改名大胜港，是南京江防要塞和中转港口。船队停于此，风浪猛恶，陈辂一直提心吊胆。

朱宸濠的命运会如何？似乎所有人都能猜到结果。但是，众多的相关人员的命运如何？则是没有一个人能说得清楚，明武宗、王阳明、伍文定、费宏等人的命运，甚至是大明的江山，都在扑朔迷离中莫知前途。然而，所有故事都应该有结局。只是，平定宁王叛乱的事情基本告一段落的时候，王阳明以及平叛的功臣们，迟迟没有等到应有的褒奖，甚至没得到公允的结论。

是非颠倒古多有

正德十五年二月。

明武宗在留都南京。至于在此期间他做了什么，史料中记载不多。此时离开北京已近半年，宁王朱宸濠早已被俘，朝臣们希望皇帝早归正位回到北京。兵科都给事中汪玄锡上奏了一篇有意思的奏报，称宣府报告看见尘土飞扬有四十余里,万余名蒙古骑兵向东而去,听说已经有人将明朝的虚实、道路的险夷告密于蒙古,去年冬天还抓到探听皇帝南征消息的奸细,现在看宣府警讯可知,蒙古想要入侵的消息是可信的,万一乘我天朝不备而突袭深入京师,后果难以设想,请求皇帝尽快返京以防备外族入侵。有意思的地方在于,汪玄锡的奏报内容虽然看似敏感,但究其实并无确凿实证,只是道听途说而已。当然,我们能理解,这更多的是反映了大臣们希望借助警讯催促皇帝早回北京。

内阁首辅杨廷和仍不断地以衰病乞求致仕,明武宗依旧没有同意,安慰其"忠诚体国,德望兼隆,值今四方事殷,谋猷赞画,劳绩弘多,朝廷切倚毗,岂可累引疾求退,宜照旧供职,以副朕怀,慎勿固辞"。除了肯定他的勤勉外,实际上也批评了他多次乞休的做法。

王阳明回到南昌后,面对战乱带来的破坏,他致力于维持江西地方秩序,继续推行十家牌法。在安仁县和余干县等地,数千家人户躲到东乡县的山泽之间,逃避政府的管理和纳粮当差的义务。王阳明令抚州府同知陆俸督办东乡县知县黄堂、安仁县知县汪济民、余干县知县马津等人,亲自到各村沿门编办,推选知礼法者清楚讲解十家牌法,限在一月之内革心向化,若过限不改则不再隐忍姑息。十家牌法,是王阳明创造的乡村管理方法,主要内容是每十家为一牌,牌上注明各家的丁口、籍贯、职业,轮流巡查。一家隐匿盗贼,其余九家连坐。如有人口变动,须向官府申报。十家牌法使保甲制度逐渐走向成熟和完善。

王阳明的朋友时刻关心着他的情况,复杂的政局让一些人担心他的安危。此时,他收到了方献夫的来信,明确地规劝他功成身退。方献夫,字叔贤,广东南海人。他二十岁就高中进士,正德朝授礼部主事、吏部员外郎。正德六年王阳明经过龙场悟道后几经变动,被召入京任吏部验封司主事,此时方献夫为吏部验封司员外郎。他职位虽高于王阳明,但是接触日久,便折服于其学问人品,遂拜师于王阳明,随后告病回乡隐居读书达十年之久。王阳明曾将《朱子晚年定论》《传习录》等寄送给方献夫。

乡居的方献夫关心政局,关心王阳明的情况,因此才致信劝退(方献夫《西樵遗稿》)。他在信中说,他向来自江西的人询问先生近况,得知"形容癯瘦,鬓发多白,此尤所切念,宜加以调养,赤松之托,此正其时。古人云:'功成身退,天之道。'幸谛视之"。王阳明任事操劳,身心俱疲,身体每况愈下,这令方献夫很担忧,因此他以"赤松之托",劝慰王阳明适时归隐。西汉开国功臣张良为刘邦夺取天下,建立汉朝立下奇功伟业,建国后被封为留侯,但他不恋权位,晚年随赤松子云游四海。在此,"赤松之托"比喻不恋爵禄,辞官隐退。方献夫出于关心的角度,所以如此直白地建议老师尽早乞休,归隐田园。方献夫本人在嘉靖朝再度出仕,参与"大礼议"讨论,受到嘉靖帝赏识,后官至吏部尚书、太子太保、武英殿大学士。

王阳明没有立即请辞,因为请辞也是一种态度,而此时很多事情还没有结论,仍在扑朔迷离中。但是他更加低调谨慎,非常注意约束自己在浙江的家人。他在《又与克彰太叔》书信中称:"家中凡百安心,不宜为人摇惑,但当严缉家众,扫除门庭,清静俭朴以自守,谦虚卑下以待人,尽其在我而已,此外无庸虑也。"

王克彰,号石川,王阳明的族叔祖,受嘱托代为管理族中大小事务,监督照顾后辈学业。同时,他还甘心屈就王阳明弟子之列,虚心向其求学论道,所谓"听讲就弟子列,退坐私室行家人礼",二人亦师亦友亦亲,相互砥砺扶持。王阳明非常敬重王克彰,常有家书往来,如《与克彰太叔书》《又与克彰太叔》等。

朱宸濠此时被押送到南京，已成阶下之囚。他的生死之外还关系着许多人的生死。他怀有异志不是一日二日，拉拢贿赂的京内外官员不在少数。明武宗自然要弄清楚朝廷上下、皇宫内外谁是可信可靠的，谁是吃里爬外的；满朝文武自然心惊胆战，生怕与朱宸濠扯上关系。明武宗在正月十五，命令自己最相信的人——张永、张忠、许泰和刘晖共同审问朱宸濠，而且"要见始末、来历、根由"，礼科左给事中祝续、兵科左给事中齐之鸾、监察御史章纶与许孟和从军记功。据说，当时朱宸濠骄傲之态尚存，凶狠之性犹在，还在肆无忌惮指责明武宗，说的话很是狂妄无礼。他还对审问他的四人说，"有恩报恩，有仇报仇"，真不知道他对谁有恩、跟谁有仇。更多时候，他整日闭嘴不言，拒绝吐露任何信息。

此前，安庆知府张文锦曾奏称，朱宸濠的部将吴十三等人招供"倒被两京一二人误赚了我事"等语；王阳明曾奏称，朱宸濠说过"我是正宗枝，有娘娘密旨来取我""被人哄了我了"。明武宗对于朱宸濠等人的话很重视，要彻查两京里到底谁与其勾连不清。二月，张永等人审问时，朱宸濠对上述内容完全否认。但是，当张忠等人想要牵连王阳明之时，他却从来没有承认过。某次他提到了王阳明"独尝遣冀元亨论学"，冀元亨是王阳明的学生。张忠等人如获至宝，以为终于得到了王阳明的把柄，迫不及待地将冀元亨捉拿严加拷问，试图从他口中得到想要的答案。朱宸濠没有直接提到王阳明，是因为王阳明自从入赣之后确实没有与宁王有越界的交往，而且他从始至终都很尊重并认可王阳明的学问人品和才识能力。

正德十五年三月。

大学士杨廷和催促明武宗尽早班师回朝。他在奏折中请求皇帝，在朱宸濠解到南京之日即班师回京，并列举了三月要皇帝主持的大事，如考察天下朝觐官员、举行殿试钦点状元等，特别是会试录取的三百名贡士一直等着殿试，而且南征至今八月有余，积压下来的各衙门题奏不下五六百本，其中多有紧急重务。他甚至将明宣宗请出来举例说明，当年明宣宗亲征汉王朱高煦往返不出一月之间，因此伏望明武宗能尽快回銮，以安社稷。礼部尚书毛澄、六科给事中邢寰、十三道御史唐符等，纷纷上疏谏归。但是，明武宗毫不理会，依然驻留南京，没有回京的迹象。

江西巡按御史唐龙，奏请启用大学士费宏。他奏言，当年朱宸濠请求恢复护卫之时，大学士费宏是少有的洞悉其奸谋并努力阻止的人。因此朱宸濠恨之切齿，暗中加以中伤。不久，费宏与其弟编修费寀被罢归乡居，朝野都觉得惋惜。费宏无罪而去，而朱宸濠欲置之死地，派人在归途中放火烧其乘坐的船，又洗劫其家、挖掘其先人坟墓。费宏因为忠国忠君，竟然承受了如此惨烈的祸端。如今，朱宸濠因为叛逆失败被擒，而费宏还未获昭。同时，费寀的才能亦足以留在朝廷，因此请皇帝尽快起用费宏兄弟，如此对待旧臣才是朝廷的忠厚之道。明武宗看后没有表态，只是将其奏章下发相关衙门阅知。

其实，在平定宁王叛乱之后，王阳明在《擒获宸濠捷音疏》中列举了平叛有功人员名单。他原本列上了费宏名字，但是费宏本人坚辞。后来御史谢源、伍希儒上疏奏表费宏功劳，恳请恢复其官职。此后，官员们奏请起用费宏的声音接连不断。

王阳明上《乞宽免税粮急救民困以弭灾变疏》，奏称江西省去年遭遇干旱，又遭遇兵乱，人民愁叹，将及流难，恳请明武宗将正德十四、十五两年该省应纳钱粮悉行宽免，南昌、南康、九江等府残破尤甚，请更加宽待，使得当地渐回喘息、修复生理。王阳明此前就奏请过减税，朝廷一直没有准许。此次他再请蠲免江西一省之粮税，称减免的粮税不过四十万石，而避免掉的祸变损失可能高达数百万石，实天下之大幸、宗社之福。王阳明自责求归，自称"上不能会计征敛以足国用，下不能建谋设策以济民穷，徒痛哭流涕，一言小民疾苦之状，惟陛下速将臣等黜归田里"。

正德十五年四月。

明武宗在南京。扈从的大学士梁储、蒋冕奏言，朱宸濠解至南京两月余，现在天气炎热，不时暴风大作，看押人犯的船只有倾覆的危险，加上暑气湿重，人犯有病亡的危险。京师尚有科举殿试未举行，官员朝觐考察未进行，各衙门很多政务未处理，而且传闻西北边境有侵扰，京师附近出现起义军，都是应当深虑的事情。他们官居少保、少傅高位，徒冒扈从之名，实际上尸位素餐，误国之罪不容赦，请求皇帝将他们削夺官职、罢归田里。其实梁储、蒋冕还是变着样请明武宗"申命诸将振旅还京，则人心悦而天意得矣"。十三道御史蒋亨等同样奏请，结果依旧是"不报"。

王阳明上《乞宽免税粮急救民困以弭灾变疏》后，朝廷派遣南京户部郎中东汉来南昌清查江西钱粮。这位东汉，不是朝代名称，而是明代的一位廉吏，字希节，别号渭川，东升之孙，东思忠三子，华州（今渭南）人，弘治十一年（1498）举人，官至盐运使。此次他到江西查粮,六月办理完成,查得逋欠的钱粮五百万石,获明武宗降旨免除,解决了多年沉积的弊病。当时江西有众多文人作诗称颂东汉,伍文定曾写诗为其送行:

> 江右京储逋负多,渭川衔命拙催科。
> 九重新主来恩诏,四海遗黎动笑歌。
> 晓日西山行色丽,清风南浦颂声和。
> 攀留无计聊杯酒,目送离舟绝逝波。

正德十五年五月。

明武宗仍在南京。大学士杨廷和再次奏言,按照规定,进京朝觐的官员在正月皇帝考察领取敕命后,要尽快回到任职所在地,如今他们在京恭候圣驾已经有半年之久了。道路远的官员,离开任所已经有一年的时间;道路近的官员,离开任所也有六七个月了。如此,则任所地方的公务全都受到影响,政务废弛、钱粮稽误、狱讼繁兴、盗贼日生,出了很多情况。杨廷和请求皇帝尽早完结朱宸濠事,允许在京朝觐官员回原任管事。结果,奏疏没有上报。

随行大学士梁储、蒋冕奏言,当前要处理八件大事,包括应当深虑者一事、应当亟行者五事、应当速处者二事。当深虑者是指，朱宸濠以及其党羽、子女、财帛到南京日久，关押的船只久泊江上，还未抓获的奸细可能往来窥伺、潜蓄异图，而且夏季多暴风，万一奸细因风纵火、趁机劫夺，仓促之间恐出意外；所当亟行的五件事是指，每年的郊祀大礼已延至五月，太皇太后祭礼尚未进行，殿试传胪尚未举行，朝觐官员久住京师尚未回任，各衙门ाप批公务尚未处分；所当速处二件事是指，水路自仪真北至张家湾伺候的人夫不下数十万，陆路自江浦至北直隶和南京城内伺候的人夫数量也很多，不但妨废农务，而且因饥饿疾病死亡的人口日多，请明武宗降明旨确定行期，避免人夫苦苦等待，此外官马日渐耗损，草料不足一月之用，为了救急只好放马郊外，但郊外的产业秧苗都要受到踩践。他们请求明武宗亟召内外随驾官员，速议回銮。奏折报上去了，明武宗没有采纳。

王阳明在端午节同民众一道，观看了赛龙舟。五月十五日，王阳明上《计处地方疏》，是为解决朱宸濠侵占田产事。此前，朱宸濠通过强占、贱买、抄收等手段，夺取了众多民间田地、山塘、房屋等，南昌府官廨受战火损坏也不少。王阳明会同巡按江西监察御史唐龙，在事变平定后核查造册，准备令布政使司等相关部门将田地、山塘、房屋等从实履行、查勘明白,若真是占夺百姓者,物归原主,官员的住所可以酌量改建成衙门,没有受到影响的田地、山塘、房屋依时估价,收回来的钱先拨补南昌、新建二县,以及支付淮安的军饷的折银粮米,还有羡余的话,再收入布政使司的官库。王阳明也表示,此事虽系地方事务,但是事关重大,未敢擅便,因此请旨皇帝定夺。

当月,江西遭受了特大水灾,王阳明上疏自劾。自春入夏,江西雨水连绵,江湖涨溢,经月不退,赣州、吉安、临江、瑞州、广信、抚州、南昌、九江、南康等沿江诸府,都遭遇特大洪水。"江西诸郡大水,千里为壑,舟行于闾巷,民栖于木杪,室庐漂荡,烟火断绝",老人都说是数十年所未见的大雨。王阳明心情悲愤,在奏疏中自陈己过,揽罪于身,列了四条大罪,疏请"别选贤能,代臣巡抚。即以臣为显戮,彰大罚于天下……削其禄秩,黜还田里,以为人臣不职之戒"。王阳明将洪水之灾完全归结为自己的错,显然是超过了应负的职责。但是,他想去职回乡的意愿,可能确是真实流露。

正德十五年六月。

明武宗仍在南京。安静了半年的明武宗,有一天忽然不见踪影。护卫在傍晚发现找不到皇帝了,太监等近侍也都不知道皇帝在哪里。皇宫内外、南京城内外找遍了，弄得满城风雨、惊扰四方。过了许久，大家才知道皇帝跑到牛首山游玩，晚上还住下了。据牛首山景区官网介绍，牛首山位于南京市南郊风景区江宁区境内，因山顶突出的双峰相对峙恰似牛头双角而得名，民间又称为牛头山。东晋宰相王导曾欲劝谏初创政权的晋元帝司马睿，打消在皇宫外兴建象征皇权的双阙的念头，于是请晋元帝乘舆出宣阳门，南眺牛首。只见两峰对峙，十分壮观，他趁机劝喻元帝："此天阙也，岂烦改作！"于是这座山也得名"天阙山"。牛首山自然风光秀美，素有"春牛首"之美誉；文化底蕴深厚，乃岳飞抗金之地，郑和长眠之所；佛禅文化源远流长，乃中国禅宗牛头一系牛头禅宗的开教处与发祥地。

这个月还发生了一件大事，南京锦衣卫有重囚犯越狱，竟然一直没有抓捕到。随行大学士梁储、蒋冕赶紧奏言，在监的重囚尚且都能逃逸，现在朱宸濠及其党羽被关押在江面船舶上，而且奸细尚多，万一出现意外情况，皇帝栉风沐雨、涉江越湖而来，岂不是徒劳无益。最后，还是那句话"伏望早回銮舆，以消未形之患"。结果依旧，还是"不报"。

王阳明在六月上旬从南昌启程，赴南赣地方。沿途,他在新淦县游石屋山、石溪寺,章口游玉笥山、大秀宫,吉安游青原山,与友人相聚、诗歌相和。在吉安,王阳明做了一件有风险、有胆量的事——他为故友、朱宸濠的军师刘养正葬母。刘养正是吉安人,与王阳明素有交情。在朱宸濠反叛前,刘养正因母亲去世未葬,到赣南找王阳明写墓志铭。实际上这只是一个借口,他暗中邀请王阳明参与朱宸濠举事。王阳明自然不能同意,刘养正悻悻而归。朱宸濠发动叛乱后,刘养正成为其军师,后战败被俘,死于军中。此次王阳明路过吉安,朝廷尚在调查其所谓与朱宸濠私通之事,但是他凛然无所惧,请有司葬刘养正之母,并亲自撰文以奠:"嗟嗟!刘生子吉,母死不葬,爰及干戈;一念之差,遂至于此,呜呼哀哉!今吾葬子之母,聊以慰子之魂。盖君臣之义,虽不得私于子之身,而朋友之情,犹得以尽于子之母也,呜呼哀哉!"

六月下旬,王阳明到赣州,在校场检阅士卒、操练阵法,同时兴举社学、发展教育。王阳明听到传闻,江彬在遣人打探他的行踪。据说,许泰向江彬进谗言,说王阳明要起兵清君侧,"提督(江彬)亦不免"。来人先到南昌,随后追到赣州。知情人请王阳明回南昌,王阳明不以为意,坦言此前在省城权臣气焰嚣张、祸在眼前，自己尚且泰然处之，现在自己解散了队伍，放下了政务，只与朋友讲学论道，教授孩子们诗歌，还有什么好怀疑的？纵有祸患，亦畏避不得。雷要打，随他打来，有什么好忧惧的？

可以发现，此时王阳明的心态和处事方式发生了一些明显的变化。正是在这段时间，王阳明在致良知学说方面取得了重大进展，形成了阳明心学重要内容之一——致良知理论。在赣州，许多人慕名来向王阳明问学。王阳明便在赣州安心研究，教授弟子学问。

正德十五年七月，秋天来了。

明武宗仍在南京。大学士梁储、蒋冕依旧奏请皇帝班师回京，南京六科给事中卫道、十三道御史龚大有等亦请归，皆不报。然而，明武宗身上发生了一件怪事。有一天，明武宗正在房间里，突然从上面掉下来一个东西，定睛一看，好像是猪头，还是绿色的。明武宗被吓得不轻。另外，关押抢来的妇女的房间里，墙壁上冒出了很多像头颅一样的东西。这两件事传遍了大街小巷，大学士梁储等都有所听闻。

七月十七日，王阳明不得不呈上《重上江西捷音疏》。其实，在正德十四年七月三十日，王阳明在平定朱宸濠之乱后，已经上过了《擒获宸濠捷音疏》。

如今，按照大将军（指朱寿，即明武宗）要求重上，里面自然有故事。明武宗在南京一直没有安排献俘，因为张忠、许泰等人想要参与献俘，冒领功勋，太监张永力持不可。南征大军刚出京师，王阳明就已经擒获朱宸濠，而且北上献俘的事很多人都知道，怎么能公开抢夺别人的功劳？最后，他们想到了一个变通的办法，即以大将军钧帖名义让王阳明重上捷音，如此就能做到掩人耳目。

王阳明只好在《重上江西捷音疏》中，将平叛经过做了节略，在文中加入了朱寿等人的功绩："间蒙钦差总督军务威武大将军总兵官后军都督府太师镇国公朱钧帖，钦奉制敕，内开：'一遇有警，务要互相传报，彼此通知，设伏剿捕，务俾地方宁靖，军民安堵'……又蒙钦差总督军门发遣太监张永前到江西查勘宸濠反叛事情，安边伯朱泰，太监张忠，左都督朱晖，各领兵亦到南京、江西征剿。续蒙钦差总督军务威武大将军总兵官后军都督府太师镇国公朱统率六师，奉天征讨，及统提督等官司礼监太监魏彬，平虏伯朱彬等，并督理粮饷兵部左侍郎等官王宪等，亦各继至南京"。王阳明在奏疏中加入了朱寿、张永、许泰、张忠等人名字后，平定朱宸濠叛乱就有了他们的功劳。明武宗看到《重上江西捷音疏》，心愿得偿，才开始考虑献俘和班师之事。

正德十五年八月。

明武宗在南京。首辅杨廷和基本保持着每月一谏的节奏，因此这个月依旧上了一封劝归的奏章。明武宗依旧没有表态要回京，但是这次不一样，他回复了篇幅极长的敕书，说了一大堆杨廷和的好话。《明武宗实录》记载，他回顾了杨廷和历年功绩，表示自己对老师格外信任，登基后立即委以重任，"擢居内阁，累进保傅，遂冠三孤，地处深严，职司密勿"，盛赞其"盛名清节，终始弗渝，伟绩殊勋，舆论推服，朕心嘉悦"，因此"兹特降敕褒谕，仍令兼支大学士俸，赐宴礼部，给诰命赏赉，以示优崇"，同时勉励"赞襄庶务，登于至治，斯不负上天眷佑之隆，朝廷倚毗之重"。

这时王阳明正与友人游赣州郊区的通天岩，研讨学问，相互砥砺。但是，他心中另有牵挂。是月，王阳明上《咨六部伸理冀元亨》。他的学生受到朱宸濠案牵连，现被关押在南京备受拷问。王阳明在文中将自己派遣冀元亨入宁王府意图和经过进行了详细陈述，"本职因使本生乘机往见宸濠，冀得因事纳规，开陈大义，沮其邪谋；如其不可劝喻，亦因得以审

江西赣州通天岩

察动静,知其叛逆迟速之机,庶可密为御备",更指出朱宸濠是"挟仇妄指",目的是"辄肆诋诬,谓与同谋,将以泄其仇愤",希望六部能体察内情、分辨真伪。

王阳明的内心是煎熬的,平定叛乱未得到任何形式的官方肯定,反而受到了很多猜忌和排挤,甚至是有意陷害和诬告,况且追随他平叛的功臣们没有得到褒奖封赏,忠君爱国的冀元亨甚至身陷囹圄、备受拷打,这一切都仿佛带血的皮鞭正无情地抽打在自己的身上。

王阳明内心沉重,难以平静。二十八日,他梦见西晋忠臣郭璞托梦,痛述自己受到的委屈和陷害。王阳明醒后,作文《纪梦》作诗以记之。郭璞,字景纯,河东郡闻喜县(今山西闻喜)人,两晋时期著名文学家、训诂学家。郭璞博学多识,占卜之术非常灵验,名冠一时。他于永嘉之乱时避乱南下,与王隐共同纂修《晋史》。后来,他成为大将军王敦的记室参军,王敦要谋反,让郭璞占卜,郭璞有意阻止其反叛,就告诉他起兵不会成功,而且还会因此送命,王敦怒而将其杀害。

王阳明在《纪梦》中感慨,"今距景纯若干年矣,非有实恶深冤郁结而未暴,宁有数千载之下尚怀愤不平若是者耶"。其实,郭璞托梦,不正是王阳明内心郁结所致吗?学生冀元亨蒙冤,自己平叛反被疑,心中委屈向谁诉说?或许只有千年前的郭璞能理解他当前的心境。

举目山河徒叹非

经过漫长的等待,闰八月初八,明武宗终于在南京举行了受俘仪式。受俘,是古代社会的一种礼仪。

在战争取得胜利后,将所获俘虏献与宗庙社稷,皇帝接受战俘。朝臣们曾经多次建议,按照礼制在北京举行仪式,但是明武宗简化了形式,在南京大校场对朱宸濠以及同党和家属数十人,举行了简单的受俘仪式。受俘仪式的举行,宣示着明武宗南征胜利结束,回銮北京的条件已经成熟。

闰八月十二日,明武宗终于旋跸。当天晚上他登上龙舟,率领大军兵发龙江,浩浩荡荡北归。行前(闰八月初七)他特意到明孝陵祭拜了朱元璋,正如来时祭拜一样,看得出他对老祖宗非常敬畏。十六日,明武宗到达仪真,心情还不错,次日在江口钓鱼。十八日到瓜洲,还跑到一家农户中避雨。十九日,渡江登金山游玩,随后到镇江登门看望致仕大学士杨一清,两人谈得很尽兴。《明武宗实录》记载,第二天明武宗再次到杨一清家中,还到其书房中座谈。他命杨一清拣选书籍进呈,饶有兴趣地翻看,并指着《文献通考》说是好书。杨一清回答:"有事实,有议论,诚如圣谕。"明武宗问有几册?回答有六十册。再问"世间书更有多于此者否?"杨一清说《册府元龟》更多,有二百零二册,随后还都取来给皇帝御览。第三天,明武宗在杨一清家赴宴饮酒,江南少女献上了美妙的歌舞,明武宗心情大悦,御笔题写了

明孝陵

十首诗赐给杨一清。他让杨一清当场写诗进呈，看后还亲笔改了几个字。可以看出，明武宗很是看重杨一清，前前后后一共五次临幸杨一清府邸。

八月二十五日，明武宗从镇江出发，二十八日到扬州，仍住在总督府。九月初六，到宝应。宝应的西南是景色秀丽的范光湖，明武宗南征来程就曾到此垂钓，此次回程再次前去钓鱼。次日，明武宗到淮安，都御史丛兰、总兵官顾仕隆，特意制作进献了贺功金牌、花红彩帐。明武宗身着戎装，骑着高头大马，威风凛凛地入城。经过山阳县学时，他突发兴致，下马走进了县学，在廊庑驻足观看墙壁上的肖像，随后进入教官的房间，出来时还拿走了《资治通鉴》等书。九月初九，重阳佳节，明武宗驻跸淮安，陪王伴驾的人纷纷向皇帝进献菊花，其实这些都是他们责令百姓筹办的，因此城中纷扰不已。九月十二日，明武宗到清江浦，住在太监张阳的府邸。

九月十五日，是改变明朝历史的一天。明武宗在清江浦住了三天，忽然又想钓鱼了，于是来到了运河西岸的一个积水池，自己划了一条小舟在湖面上钓鱼。不知具体是什么情况，小船忽然翻了，明武宗掉到了水里。旁边的人都吓坏了，争先跳入水里将皇帝救了上来。想必是明武宗受到了惊吓，在水里呛了水，而且时值深秋，气温较低，致使他着凉了。自此以后，明武宗染病在身，一蹶不振，直到去世。当时的明武宗刚刚三十岁，正值壮年，稍感风寒本应无大恙，但是过度不自律的生活，早已掏空了他的身体，犹如强弩之末势不能穿鲁缟，人竟已经到了日薄西山之境地。

落水后的明武宗显然加快了行军的速度，不再四处游玩。九月二十二日，明武宗到达山东东昌。十月初六，到达天津。十月二十六日，回到了通州。在天津至通州这段时间，前后一共用了二十天，估计明武宗没有急于赶路，而是在考虑到京师后的一些重大安排，如朱宸濠如何处理？朝廷里，甚至是身边私通朱宸濠的官员、太监如何处理？或许是他已经感觉到身体很难恢复，不得不做最坏打算。

据说，明武宗到山东临清时，从京师召来的太医吴杰风尘仆仆地赶到。明武宗见到他，脱口而出："你怎么不早点来给我看病啊！"看来他已经很担忧自己的病情了。吴杰看过之后，回复了"皇上万寿无恙"这样的吉祥话。出来后，皇帝身边人跟出来问结果，吴杰低声告诉熟悉的太监，皇帝的病情很严重，恐怕只能坚持到回京。江彬向他询问病情，吴杰没有告诉他实情，只是说很快就会恢复。

正当所有人在京师翘首以盼圣驾回銮的时候，明武宗做了一个非常令人意外的决定——在通州长期驻扎了下来。要知道通州距离北京城近在咫尺，为什么明武宗不愿意进北京呢？

对此，史书上没有明确的记载。专家们猜测主要有几个原因：一是明武宗南征离开京师已经长达一年零两个月，京师内情况如何，他并不知根知底；二是朱宸濠与朝廷官员、内宫侍从关系密切，贿赂过很多人，因此他对京师内的大臣、宦官并不完全信任；三是明武宗身体未能康复，让大臣、百姓看到他病弱的

十一、时人不识凌云木

样子，可能是一件危险的事情。而陪同南征的官员侍从都是自己精心挑选的，是完全可以信赖的人，因此驻扎在通州会更加安全。等他处理好棘手的事情，稳定大局后再入城，是更加稳妥的办法。这一阶段，通州因为皇帝的驻跸，暂时成了大明王朝的权力中心。

相对于明武宗的将信将疑，京师内更是提心吊胆。《明武宗实录》记载，明武宗刚到通州不久，兵部尚书王琼便前往迎驾。《明武宗实录》直接定性"琼亦与宸濠交通者"，称当时京师哄传有旨意要捉拿王琼和陆完，这两家听到风声后，每天在夜里将财物偷偷运到邻居朋友家中。明武宗返回京师，王琼急忙假借公务名义到通州，暗中向江彬求救。在江彬的帮助下，王琼成功脱险，后来还借机取代了吏部尚书陆完的位置。

从已有的材料和以往的表现看，王琼私通朱宸濠恐难成立，接受过朱宸濠给的好处或许是存在的，因为朱宸濠十余年间曾大肆向朝廷大臣贿赂，人数之多难以想象，绝非个别朝臣接受馈赠。重要的是，王琼从未主动为朱宸濠在复卫、承嗣等事情上牟利，而且在防止其反叛而预先安排王阳明镇抚南赣、加强南京及周边防卫方面贡献极大。《明武宗实录》在毫无根据的情况下如此记载王琼，真是令人匪夷所思。王琼此次化险为夷，跟他此前与江彬等人关系密切大有关系。而陆完在豹房交好者为钱宁，在朱宸濠事发后钱宁已经被捕，陆完自然失去了翻身的机会。

明武宗到达通州十天后，十一月初三，他开始动手清理依附朱宸濠的官员。首先被抓捕的是吏部尚书陆完，被押送到了通州。陆完在任江西按察使时，就与朱宸濠熟识交好。离开江西担任其他职务时，朱宸濠经常予以大方的馈赠。朱宸濠乞求恢复护卫，陆完以兵部尚书的身份为之出谋划策，游说内阁，最终促成此事。任吏部尚书时，朱宸濠以书信告知自己想要升职或罢黜的人，陆完都配合办理。陆完还经常对外宣传朱宸濠贤良，秘密告诉赴江西任职的官员不要忤逆朱宸濠。当朱宸濠反叛消息传到京师，他还说宁王不会反，一定是误传。太监张永在江西搜到了宁王的簿籍，里面记载了陆完平时与之交通的事情，立即奏报给皇帝。随后明武宗在通州下旨抓捕陆完及其家人，查封了其府邸。

可惜明武宗没有来得及处死陆完就驾崩了，嘉靖帝继位后将陆完下法司审讯。法司复奏陆完"交外藩而遗金不却，处护卫而执奏不坚，当斩"。陆完哀乞不已，嘉靖帝宽宥其死罪，谪戍福建靖海卫。他的妻子被释放时，九十余岁高龄的母亲已经死在了狱中。

据说陆完曾经梦见自己到了一座山前,山的名字是"大武"。等他到达戍所时,旁边有座山正是"大武",不由得哀叹:"吾戍已久定,何所逃乎!"嘉靖五年(1526),陆完去世,终年六十九岁。

同日,明武宗还逮捕了一批攀附朱宸濠的人,主要有太监商忠、杜裕,少监卢明、秦用、赵秀,锦衣卫都指挥薛玺,指挥陈喜,监察御史张鳌山,河南右布政使林正茂等,将他们全部下锦衣卫狱。他们涉及两个重要人物,分别是司礼太监张雄、东厂太监张锐,两人是明武宗的身边红人,手里的权势较大。朱宸濠想要结交内官,通常是通过伶人臧贤贿赂张锐,通过太监商忠、卢明贿赂张雄。朱宸濠在他们两人身上不计成本,花费数以万计,因此凡有所求,张雄和张锐都尽力促成。卢明、秦用、赵秀,都是在文书房办事,朱宸濠给他们以厚贿来探听朝廷的消息。朱宸濠曾让太监黎安告发淮王朱祐楑,而且杖杀其长史庄典以搜罗证据,薛玺奉旨前往调查,将事情压了下去,为朱宸濠和黎安隐瞒情况,获得了千两白银作为酬谢。陈喜贪财,家里人放高利债,朱宸濠的使者到京师贿赂官员,遇到钱不足时就从他家里借贷。太监杜裕负责守宣武门,受贿为朱宸濠的使者出入提供方便。张鳌山还是诸生的时候,朱宸濠召见过他,并很欣赏他，此后经常馈赠联系。林正茂任江西按察使时与镇守太监许满，都曾接受朱宸濠的厚赠。商忠等人被捕入狱，其家属亦被关押，其中杜裕不久死在狱中。后经法司审讯后奏请，商忠、卢明、秦用、赵秀、薛玺、陈喜等都论斩，张鳌山、林正茂革职，嘉靖帝准许。十一月初四，通州行在传出旨意，将司礼监太监萧敬、李英调离原职，也是因为他们曾与朱宸濠交通，不过二人都没有被捉拿入狱。此外，明武宗对京内外官员陆陆续续做了一些调整。

伶人臧贤早在正德十四年八月，宁王朱宸濠事发不久就被处置。臧贤出身音乐世家，本人颇解音律，能作小词，为明武宗所宠信，曾经御赐一品官服。因为时常在皇帝身边，京内外大臣争先恐后巴结臧贤，用奇珍异宝贿赂他。宁王朱宸濠派遣使者送给他极其丰厚的金银财宝，同时通过他行贿于太监萧敬、尚书陆完、都督钱宁等，结为内应，并将禁中动静密报于宁王府。这一切更加坚定了宁王朱宸濠谋反的决心。等到宁王朱宸濠发动叛乱，明武宗下令逮捕了臧贤等人，将其发配到广西驯象卫，籍没其家。钱宁担心臧贤会供出他与宁王朱宸濠的勾连，因此买通杀手在通州张家湾扮作强盗将其灭口。

钱宁灭口臧贤，但是明武宗还是对他有所怀疑。

在皇帝御驾亲征最后一刻，明武宗才下谕旨带上忐忑不安的钱宁同行。原本以为重获皇帝信任的钱宁，随驾至山东地界，却被宿敌江彬设计困住。江彬先是向明武宗进言，令钱宁停止随军，留在山东打理皇店事宜。江彬阻止了钱宁陪王伴驾，利用这个机会他在明武宗面前将钱宁私通宁王朱宸濠的事情讲了出来。其实明武宗对钱宁已经有所怀疑，听到江彬的话后当即命人逮捕关押了钱宁，同时籍没其家，搜出大量金银财宝。明武宗在世时，没有进一步处置钱宁。明世宗即位后，在朝臣的奏言下，于正德十六年（1521）五月将钱宁正法。

据说，当初王阳明率兵攻克南昌城后，得到了朱宸濠的簿籍，里面记载了平日馈送朝廷上下的详细记录，受贿者的名字几乎遍布于朝廷内外，多者累计有数万之巨，少者亦不下数千。李士实曾经质疑宁王花费太多了，朱宸濠笑了，得意地告诉他："此为我寄之库耳！"意思是，这跟放在仓库里是一样的，以后夺取了天下，那还不都是自己的吗？王守仁得到簿籍后，因为牵连太多的人，就下令烧掉了大部分。后来张永得到并揭发出来的，只是很小的一部分，可以说是仅百之一二而已。

十一月二十六日，兵部左侍郎、兼左佥都御史王宪等人奏言，为参与平定朱宸濠叛乱以及遇难的人请功，对勾结朱宸濠的人降罪。他列举了几乎所有重要的人员，包括随驾的内阁学士和近臣，还有直接参与平叛的王阳明等人，名单如下："随驾太监魏彬等，内阁大学士梁储等，朱彬、张永、张忠、朱泰、朱晖，及都督朱周、朱琮、白玉、宋赟，太监于经、刘祥、朱政、王镐等，锦衣指挥张玺、张伦，都御史王守仁，知府升按察使等官伍文定、邢珣等，都指挥佥事余恩、李楫等，守备升参将杨锐，知府升少卿张文锦，南京守备太监等官黄伟、乔宇等，操江南和伯等官方寿祥、刘玉等，纪功科道等官祝续等，御史谢源等，巡抚苏松侍郎李充嗣，漕运镇远侯顾仕隆，都御史臧凤，巡抚都御史丛兰、刘达、伍符、王翊、管河都御史龚弘，都御史秦金、许廷光，太仆寺卿等官汪举、毛珵等，巡按御史孙漳等，功各有差，俱宜升赏。参政王纶等，都指挥马骥等，御史王金等，副使曹雷等，罪各有差，俱宜究问。故都御史孙燧、副使许逵，死于乱，俱宜褒奖。"

王宪首先称颂的是皇帝，即威武大将军总兵官后军都督府太师镇国公朱寿，以所遵奉的圣旨都有案可查为由，称其"总督亲征，指授方略，以致元恶就擒，真万世纬绩。且军令严明，惟在吊民伐罪，所至秋毫无扰"。明武宗命"各赐敕奖励,赍奏人各如例升赏,有功官员军民人等,令兵部即会议以闻"。自去年八月王阳明平定朱宸濠叛乱奏章送到朝廷,至今下旨议处奖罚,已经过了一年有半的时间。

十一月二十日,京城内官员突然接到太监魏彬传来旨意,令五府、六部、都察院、通政司、大理寺、鸿胪寺、锦衣卫、六科、十三道,每衙门只留佐贰官一员在京,其余人并内阁、皇亲、公侯、驸马、伯,俱赴通州行在。如此一来,京师各衙门只留了一名副职,其余人都集合到了通州。其实,皇帝久居通州,又抓捕了一众官员,京师内早已谣言满天飞,更是传言江彬要搞政变。此时,尽将满朝大臣召赴通州,京师出现了令人恐惧的氛围。

大臣们到通州后,才明白皇帝的意图,原来明武宗要在通州议处朱宸濠等人罪状和处置方案。但是,内阁首辅杨廷和等人与明武宗的想法并不一致。十一月二十二日,大学士杨廷和、毛纪向皇帝进言,明朝开国以来,凡是商议重大罪行都在内廷举行,就是古代"庙议"的意思;处决重犯一定在市内聚集之处,就是古代在市集行刑和昭示众人的意思。此乃不易之法、历来成规,建国一百五十余年都不敢更改。而且,陛下亲征之日,曾经祭告天地、宗庙、社稷,凯旋还京之日难道不再祭告吗？众多大臣恭请圣驾到京之时先行祭告，再议罪状，论功行赏，昭告天下，如此举行大礼，以彰国是。明武宗没有采纳，仍旧命令大臣和权贵召开会议，研究朱宸濠等人罪行。

十二月初五，朱宸濠在通州北被赐死，其亲属十人自尽。先是，明武宗召集皇亲、公侯、驸马、伯、内阁、府部大臣、科道官俱至通州，众议朱宸濠罪，上其罪状，奏请宸濠大逆不道，宜正典刑，反叛亲属斩首，已死者同罪。明武宗最后决定，朱宸濠等人得罪祖宗，其不敢赦免，但念在宗枝情分，从轻处罚，悉令自尽，焚尸弃灰。当初明武宗从南京返回，一路上令朱宸濠的船与御舟衔尾而行，戒备森严，防范非常。驻扎通州时，对身边人说一定要尽快判决朱宸濠。群臣议请按照当年明宣宗处置朱高煦的先例，祭告天地、宗庙，敕天下诸王议其罪，然后再将其正法，这样才合乎事体。明武宗不满意，让他们再三研究商议。群臣没能改变皇帝的意图，明武宗就是要尽快了断此事。有传言说是江彬想要蛊惑明武宗北上巡幸，但此说不足为信，最主要原因可能还是明武宗自感身体难以坚持，一定要尽早解决朱宸濠事。朱宸濠及其亲属子弟等人的妃妾，没有被处死，暂时安排关押在通州，第二年三月俱送安徽凤阳高墙安置。

专家根据新出土的《陈辂墓表墓志》研究认为，十二月初五处置的圣旨已经下达，要将朱宸濠等押赴通州抽分厂听候圣旨。太监张永等忧虑朱宸濠不愿意动身，向陈辂寻求办法。陈辂巧妙地向宁王朱宸濠提出，现在居住的周宅有些窄狭，想要移居到玉虚观。朱宸濠没有怀疑，欣然答应。可是到达地方后，朱宸濠敏锐地注意到周围布防了大量军队，马匹排列整齐，已经预感到不妙，惊惧号哭。随后宜春王等人到达，宁王朱宸濠被请下车。兵士从两边押着朱宸濠，与宜春王等人全部用青布幛蒙面，全部押到厂台下。太监们左右排列，令朱宸濠下跪听旨。朱宸濠妄想抵抗，被打一瓜槌才跪下。太监宣读圣旨，诸人被赐自尽。宁王朱宸濠刚起来叫屈，就被侍卫拖下东厅，用黄绢吊起，顷刻气绝身亡。然后侍卫用锦褥经被包裹其尸体，放入荆条编织的棺材，扛至厂西边的空地上，焚烧成灰后抛撒到水里。宜春王等十人的处置方式，与宁王朱宸濠相同。

十二月初十，明武宗处置了朱宸濠后，终于起驾还京。是日，文武百官在正阳门外的正阳桥南，列队恭迎圣驾。被俘的叛乱人员及其家属数千人，被安排跪在皇帝经过的辇道东西两侧。陆完、钱宁等人被剥光了衣服，裸着身体反绑，头上悬挂着白旗，上面书写姓名，游街示众。死掉的反叛者，悬首于竿，悬挂白旗，长达数里。明武宗身着戎装，骑马在正阳门下阅视良久，才进入紫禁城。俘虏从东安门进，过大内而出，远远望去白茫茫一片。观者无不惊讶，都认为不美观、不吉祥。

十二月十三日，明武宗亲自主持祭天大礼。南郊大祀天地，是封建王朝最重要的礼制，而且必须是皇帝亲自完成，别人不能替代，因为只有天子才能与天地沟通交流。此前杨廷和等人多次上疏请皇帝回京，最重要一件事就是要完成祭祀大礼。明武宗拖着病体举行了南郊大祀，此时发生了揪心的一幕。在进行初献时，明武宗病体难以支撑，竟然倒地呕血，以至于不能完成全部礼仪，只能被搀扶回斋宫。皇帝在斋宫住了一晚上。第二天回宫，他勉强到奉先殿，待文武群臣行礼后，下旨免去宴会。此前在通州时，明武宗后背和双耳曾出现发红的症状，久久才散去。立春，明武宗没有上朝，顺天府官员照常在奉天门进春。太监魏彬传旨，"朕体未平，暂免朝参，各衙门俱安心办事"。文武群臣纷纷前往左顺门向皇帝问安，明武宗则温和地与他们对答。

正德十六年（1521）的春节，明武宗强忍病痛，到奉先殿、奉慈殿祭拜祖先，到皇太后宫给母亲行礼。御奉天殿，接受文武群臣以及周边王国朝廷使节的庆贺礼。面对皇帝的病情，大臣们非常担心。因为皇帝住在豹房，首辅杨廷和等人难以靠近，对于皇帝病情、起居、饮食不了解，只得上疏奏请调理诸事项，加以提醒："窃惟治病犹易，调理最难，必加十陪（倍）之功，乃收万全之效。伏望皇上勉进药饵，调节食饮，慎重起居，早遂康复，以膺万万年隆长之福，天下幸甚。"

不久，司礼监太监谕旨内阁，令其拟旨选召精通医药的人。看来，明武宗对自己的病情十分担心，对于太医的医术已经不信任。杨廷和等人却有不同的想法，回奏"天下名医皆聚于太医院，又选其尤（优）者入御药房，但当专任而信用之，自收万全之效。又何待诸草泽未试之人"。也许杨廷和既担心江湖医士不可信，又担心下旨选医引起全国震动进而发生意外。其实还有一种解释，明武宗的病情加剧，还引起朝廷的另一个担忧，那就是储君问题。明武宗一直没有子嗣，而且不顾大臣谏言，迟迟不指定继承人，眼见身体每况愈下，再不明确继承人将会造成国本不稳。南京监察御史董云汉知道冒犯天颜，还是直谏"于宗室近属中择其长且贤者处之禁中"，就是请皇帝确立储君。明武宗不知道是讳疾忌医还是不愿直面问题，没有任何回应。《明史·杨廷和传》记载,杨廷和猜到明武宗自知难以康复,已经开始考虑皇位继承人选了。因为皇帝既没有子嗣,又无兄弟,因此要内阁考虑选立近亲藩王。杨廷和没有照办,表示将以伦序来选择,实际上杨廷和已然对于未来新君有所考虑。

正德十六年三月十三日晚上,明武宗病情突然加重。当时,只有太监陈敬、苏进二人在左右。明武帝对他们说:"朕的病应该治不好了。你们与张锐,可召司礼监官过来,以朕意转达皇太后。天下之事,重要的与内阁辅臣商议处理。之前的事都是由朕而误,不是你们众人所能参与的。"说完没有多久,明武宗就驾崩了。一代历史上罕见的特立独行的皇帝,年仅三十一岁离世而去,留下是非功过任由后人评说。

十二、直待凌云始道高

> 命封王守仁新建伯,奉天翊卫推诚宣力守正文臣,特进光禄大夫、柱国,兼南京兵部尚书,参赞机务,岁支禄米一千石,给三代诰券,子孙世袭,遣行人赍敕慰谕,仍赏银一百两、纻丝四表里,赐宴南京光禄寺。
>
> ——《明世宗实录》卷八,正德十六年十一月

明武宗生前解决掉了野心勃勃的宁王朱宸濠,去掉了朝野最大的麻烦。但是,皇帝龙驭宾天,明王朝局势依然扑朔迷离。最为棘手的有两件事——皇位继承人的选择和权臣江彬的处置。明武宗风流成性,却一生没有子嗣,又无兄弟,皇储之位久悬未定。正直大臣数年来交章奏请册立皇储,甚至在明武宗病重时仍触犯天威,一再奏请,但是明武宗从未准许过,至

死之时仍无安排。皇位空悬，动摇根本。同时，权臣江彬本是边将，受到明武宗青睐，平步青云，权势滔天，而且手握重兵，甚至在京城驻扎了大量边军，民间早有其欲造反的谣言。如今明武宗撒手而去，江彬如何考虑，无人知晓。两道难题，就这样突然间摆在了明王朝的面前。

谁都没有想到的是，两道难题很快就被悄无声息地破解了。吕端大事不糊涂，此人就是明武宗的生母张太后。张太后平时好像是不声不响，在关键时刻却能力挽狂澜，真是令人钦佩。正德十六年三月十四日，张太后首先命人将儿子的遗体从豹房搬回紫禁城，然后宣布了皇帝遗诏，命叔父兴献王的长子朱厚熜嗣皇帝位。遗诏虽然以正德皇帝名义发布，但显然是张太后的手笔，而且行动迅速、处置果断，看来在正德皇帝生前已有未雨绸缪的考虑。为了履行必要手续，张太后命内阁杨廷和等人商议嗣君人选，内阁自然别无二选。随后，张太后下懿旨，命司礼监太监谷大用、内阁梁储等人，迎朱厚熜来京，一应事务待新君定夺。新君到京至少要四十天，权力出现真空，而京城内有众多边军成为不稳定因素。为此，张太后指示内阁发出命令，各边军和保定官军还镇，加强皇城四门、京城九门防卫，锦衣卫巡逻京城。四天

明世宗朱厚熜画像

后,即三月十八日,张太后下达了逮捕江彬的懿旨。这天,命江彬到坤宁宫参加修缮完工的典礼,准备在仪式结束后抓捕江彬。但是太监张锐悄悄泄露了消息,江彬急忙外逃,刚跑到北安门,即被守卫和追捕的人当场擒获。两道难题就此破解(另一说是杨廷和主导,故称其为救时宰相),大明王朝平静地迎来了充满期待的朱厚熜的嘉靖时代。

受 阻

经过二十多天的长途跋涉,朱厚熜从湖广安陆来到北京。但是,他没有立即进入京城,而是在近郊暂住。其中的主要原因,是要商议确定很多有关新君嗣位的礼仪。内阁送来礼部拟定的嗣位议程,朱厚熜明确表示不满意,将奏稿打回,要求重新拟定。那么,新君和内阁的意见不一致,问题出在哪里?最主要的原因是新君不满意内阁要他以明武宗皇子的身份由东华门入并继承皇位的安排。内阁在此事上并没有轻易改变立场,而是坚持原来的意见。双方僵持不下,最后朱厚熜抛开内阁,自己命人制定议程,光明正大地以皇储身份由大明门入,登皇帝位。所有人都没有想到,年仅十五岁的朱厚熜竟然如此有主见,在尚未登基之前就已经显露出鲜明的性格和对权力的掌控能力,这也为后来"大礼议"之争埋下了伏笔。

正德十六年四月二十二日,朱厚熜举行登基大典即皇帝位,改下一年为嘉靖元年。由此,占据皇位四十六年的嘉靖帝登上了明朝的权力顶峰。新君即位后首先要稳定政局,充分信任和重视发挥内阁杨廷和等人的作用,同时又要体现出万物更新的气象,立即对武宗朝的弊端进行了彻底的清理。他向天下颁布了即位诏书,条款竟然有八十多条,绝大多数都是调整武宗的弊政,大明王朝为之一新。

四月二十五日,在江西的王阳明得到一个久违的好消息,朝廷录早前抚定赣州叛乱的军功,荫其子王正宪锦衣副千户。虽然平朱宸濠之乱的事情还没有定论,但这是一个好的兆头,相较于武宗朝怀疑、不理的态度,这明显是一个积极、温暖的信号。

五月初二,嘉靖帝下达了召王阳明入京的旨意。据说嘉靖帝在为藩王之时,就听说了王阳明平定朱宸濠的功绩,因此登基后立即宣召王阳明入京受封。据《明世宗实录》记载,旨意内容如下:"王守仁擒斩乱贼,平定地方,朕莅政之初,方将论功行赏,所请不允。其敕守仁来京。"在武宗朝,王阳明祖母病故,父亲王华病弱，虽然赣州与绍兴距离很近，但是职责所在，未能离职返乡，因此他曾多次上疏朝廷请求暂归家乡省亲，均未能如愿。嘉靖帝的旨意，正面肯定了王阳明平定叛乱之功，明确要论功行赏，表明了新君的态度；表示莅政之初，不允回乡省亲，颇有重用之意，特别是命王阳明入京，更是留下了无限的想象空间。

大略相同的时间段，在武宗朝受到不公正待遇的名臣纷纷被嘉靖帝重新起用。兵科左给事中徐之鸾等纪功江西，称费宏"谋国尽心，而案亦未闻大过，不宜终弃"。四月二十五日，嘉靖帝召居乡的阁老费宏"照旧入阁办事"，赐给蟒衣、玉带，又将先前在返乡途中在船上被烧毁的财物如数赐给。费宏之弟费寀同时被召回，官复原职翰林编修。费寀不久升为南京礼部右侍郎。休致的福建莆田林俊（七十岁），被起用为工部尚书，后改刑部尚书。他们都是因为在反对或者平定宁王朱宸濠叛乱中建有功劳，受到新君的奖励。随着一批有名望、正直的大臣被相继召回朝廷，新朝政治局面焕然一新。

六月十六日，王阳明收到了嘉靖帝敕书："以尔昔能剿平乱贼，安靖地方，朝廷新政之初，特兹召用。敕至，尔可驰驿来京，毋或稽迟。钦此。"敕书明白无误地提到了"特兹召用",嘉靖帝想要重用王阳明的意思已经很清楚。想那林俊七十高龄犹在征召之列,王阳明刚刚五十岁,正在壮年,又有平朱宸濠的不世之功,创设心学早已名满天下,朝野上下看好其仕途的大有人在。六月二十日,王阳明从赣州出发,踏上了赴京面见新君的路途。

经抚州、广信、兰溪等地,王阳明于七月来到了钱塘。钱塘是一个特别的地方,一则离久别的家乡绍兴很近,二则第一次献俘到钱塘遇到了太监张永,此次入京则又在钱塘出现了意外情况。很多史料对此事的记载很模糊,大体情况是王阳明在钱塘突然接到消息,命他不再入京。那么,其中出现了什么变故导致了如此情况呢?史料中没有明确的记载。钱德洪在《阳明先生年谱》中解释为,"辅臣阻之,潜讽科道建言,以为朝廷新政,武宗国丧,资费浩繁,不宜行宴赏之事"。比较合理的说法是,首辅杨廷和暗中阻止王阳明入京面君。

杨廷和为何阻止王阳明呢?原因大概有几点:一是杨廷和忌惮王阳明威望,担心他日后威胁到自己的地位。王阳明在军功、贤名等方面都是名满天下,杨廷和自然深感压力。二是王阳明与吏部尚书王琼相善,而杨廷和与王琼不合,王阳明巡抚南赣,就是时为兵部尚书的王琼推荐，且王阳明平乱后归功王琼，也令杨廷和甚为不满。三是学术之争，杨廷和是朝野正统程朱理学的拥护者，而王阳明则倡导心学，两人在很多观点上存在分歧，或者是截然相反。

除了杨廷和，据说内阁费宏、尚书乔宇等廷臣多忌其功，都有阻止其入京的想法。我们试想，以王阳明的资历和功绩，入京后皇帝会如何安排他的职位，显然是杨廷和、费宏、乔宇等人会担心的问题。王阳明如果到京任职，大略只有六部尚书甚至是内阁的位置比较合适，如此一来就直接威胁到了上面三人的位置。

据说，乔宇同王阳明关系还很不错。乔宇，字希大，号白岩山人，山西太原府乐平县人，与王云凤、王琼并称"晋中三杰"。成化二十年（1484）进士，历户部左侍郎、右侍郎，拜南京礼部尚书。正德十年（1515），乔宇任南京兵部尚书，参赞军务。宁王朱宸濠反，计划攻取南京。乔宇加强了南京防备，抓捕潜伏在城内的内应三百余人并斩首。后来，因为在平定朱宸濠之乱中的功劳，升吏部尚书。

新君初立，朝代更迭，正是权力重新分配之际，更是权力倾轧缠斗之时。内阁是朝廷权力的中心，也是斗争的中心。内阁首辅是杨廷和，此外还有梁储、蒋冕、毛纪。四月，嘉靖帝登基后召费宏照旧入阁办事，因为他在正德朝已经入阁。五月，梁储乞请致仕，嘉靖帝予以批准，随后升吏部左侍郎袁宗皋为礼部尚书兼文渊阁大学士，进入内阁参赞机务。

这个任命很有意思，属于破格提拔。正常情况下，吏部尚书王琼等六部尚书应该是更佳人选，何况王琼还有平定叛乱功劳。问题是，四月，大学士梁储和吏部尚书王琼都受到了弹劾。六科给事中张九叙等，劾奏大学士梁储结附权奸、持禄固宠，弹劾吏部尚书王琼滥鬻将官、依阿权幸，同时被参的还有巡抚顺天都御史刘达、户部尚书杨潭、兵部尚书王宪、工部尚书李镃、都察院左都御史陈金和王璟等一众人等。王琼、刘达受到的处分最重，嘉靖帝命将其下都察院鞫治。梁储此前刚刚乞休，被勉留辅政，次年还是辞官还乡了。杨潭、王宪、李镃、陈金、王璟等，先前已经自陈解官，休致返乡，不复追究。王琼恨极杨廷和，上疏弹劾杨廷和窃揽乾纲、事多专擅，擢其子杨慎为状元，改其弟杨廷仪为吏部侍郎，越级提拔，徇私乡党，不宜久居密勿，请罢之以清政本。嘉靖帝极力维护杨廷和，称赞其"孤忠硕德，朕素所简知"，批评王琼"既被论劾，乃不畏公议，摭拾妄奏，非人臣礼，下所司知之"。

十一月，群臣议王琼结交钱宁、江彬等近侍，论罪当死。嘉靖帝同意群臣意见。王琼上疏自辩，言官史道、范永銮为之求情，嘉靖帝免其死罪，发配庄浪卫（今甘肃省永登县）充军。王琼以老病奏，不堪远戍，嘉靖元年正月改为发配绥德卫。嘉靖改元之际，内阁为杨廷和、蒋冕、毛纪、费宏、袁宗皋，乔宇主吏部，孙交主户部，毛澄主礼部，彭泽主兵部，林俊主刑部，赵璜主工部，金献民主都察院。

王阳明学生、朋友众多，可能知道了此时朝廷内部的事情，因此才能解释他接到入京的旨意后发生的两件颇为令人费解的事情。一是王阳明的入京路线，二是到钱塘后上疏便道省亲。

按照通常的思维，新君下旨"特兹召用"，要求"敕至，尔可驰驿来京，毋或稽迟"，王阳明应该是以最近路程、最快速度奔赴京城。最佳路线应该是由赣州赴南昌，经鄱阳湖到九江，入长江到南京再北上。但是王阳明没有选择这条路线，而是从经抚州、广信、兰溪等地，由赣入浙，于七月至钱塘。

在钱塘，王阳明没有急于北上，而是写了一封《乞便道归省疏》，请求去看望年迈多病的父亲王华，祭奠逝世的祖母。王阳明从正德十四年（1519）以来，曾四上归省之奏，恳乞暂归省视，均未获准许。

他在奏疏中自称取道钱塘，返乡只有一日路程。同时他深知此时提出省亲，冒了很大风险，嘉靖帝可能会非常不满，但是他"冒罪归省，亦情理之所必不容已者"。王阳明不能私自回乡省亲，必须得到嘉靖帝准许，"然不以之明请于朝而私窃行之，是欺君也；惧稽延之戮，而忍割情于所生，是忘父也"，"世固未有不孝于父而能忠于其君者也，故臣敢冒罪以请"。他希望嘉靖帝能"以孝为治，范围曲成，特宽稽命之诛，使臣得以少伸乌鸟之私"。

值得注意的是，此时王阳明还没有接到停止入京的旨意。我们理解，王阳明做出此举可能做好了失去难得的政治机遇的准备，同时是他遵从内心事亲至孝情感的感性行为，也是不愿介入朝廷权力纠纷的理性思考。

八月，朝廷升王阳明为南京兵部尚书。要知道南京虽为陪都，设置了六部等衙门官员，但是南京的官员基本上等同于一个闲差，没有什么实质职权。原本入京召用是重用的意思，而任职南京就是不用的意思，真是云泥之别。八月下旬，嘉靖帝同意他便道归省，王阳明得以回到阔别的家乡，随即开始了大段时间的丁忧和讲学生活。而朝廷几乎在同时期发生了"大礼议"之争，皇帝与大臣、大臣与大臣之间产生了根本性分歧和对立,更有左顺门案杖毙十六人,进而皇帝对于权力进行了新一轮洗牌,反对者包括杨廷和等人被清洗出朝廷,拥护者如张璁等人获得了重用。王阳明似乎早有先见之明,乡居期间虽然密切关注事态发展,但是从未正式发声,只是在家乡安心丁忧、专心授课。

受 勋

八月下旬,王阳明回到了绍兴,相比于政治上的不得意,回家的欣慰之情溢于言表。连年征战,特别是平定朱宸濠之乱,他耗费了太多的心血,身体每况愈下,"百战归来白发新,青山从此做闲人";北上面圣受阻,失去了大展宏图的机会,但是闲适的乡居生活更显得难能可贵,"归去休来归去休,千貂不换一羊裘";面对着熟悉的亲人和景物,内心终于获得了难得的轻松,隐居的田园生活实现了梦想,"种果移花新事业,茂林修竹旧风流"。

宁静的生活,让王阳明能够更多地将精力放在家族和学问上。因为王阳明取得平乱的事功,让他获得了更多的认可和追随。官场上的失意,反而让他得到了有志青年的敬仰和推重。因此,四方前来求学者络绎不绝,王学著名弟子多在此阶段进入师门。九月,王畿经人引荐前来受学,成为王阳明最得意的学生之一。他是明代历史上有名的思想家,学者称龙溪先生。

九月,王阳明回余姚扫墓,当地的钱德洪正是在此时前来受业入门。据他自己所说,以前就听过王阳明的讲学,早就想拜师学习,此时有了近距离观察的机会,不由得更加深深信服,于是带着两个侄儿钱大经、钱应扬和余姚士子郑寅、俞大本等前往受学。钱德洪后来成为明代中后期哲学家、思想家、教育家,与龙溪先生齐名,而且他整理了王阳明的主要著作,修订了王阳明的年谱,为阳明心学保存流传做出了重要贡献。余姚士子夏淳等七十四人,相约一同前来受学,王阳明在龙泉寺的中天阁升座开讲,讲授良知之学。

九月二十九日,王阳明在绍兴为父亲王华祝寿。亲朋咸集,场面温馨,王华有感而发,父子不相见已数年矣!自从王阳明赴南赣平寇,王华担忧其日夜操劳、疾患缠身,常常寝食难安。后来发生了朱宸濠叛乱,王华又担忧儿子死于乱世。王阳明侥幸平定叛乱,其后两年却遭到种种诬陷,王华深知其情况岌岌可危。王华感叹,所幸朝廷没有让王阳明蒙冤,还给予了穹官高爵。此时，王华仍不忘告诫王阳明"盛者衰之始，福者祸之基"，要"知足不辱，知止不殆"。在场闻者无不叹息，为父子深情所感动。王阳明沉浸在归乡温馨的氛围中，为弥补连年平乱而远离家人的遗憾，接连一个月都与乡党亲友聚会宴乐，畅享着人间真情的美好与快乐。

十一月初九，王阳明得到了姗姗来迟的褒奖，更像是一种官方的肯定和慰藉。嘉靖皇帝命追论江西平宸濠功。所谓追论，用词非常精准，是因为平宸濠事已经过去了两年有余，此前明武宗对于褒奖功臣的奏议一律不予理睬。评功的工作由兵部牵头，召集廷臣会议商讨。事实上，评定工作颇为复杂，不但要确定有功人员名单，还要区分名次，更要甄别真伪，要根据每个人的功绩情况建议给予封、拜、升、赏、赠、荫、恤、录或以功赎罪等多种褒奖形式。最终，嘉靖帝批准了兵部报呈的方案。据《明世宗实录》记载，完整的名单如下：

> 命封王守仁新建伯，奉天翊卫推诚宣力守正文臣，特进光禄大夫、柱国，兼南京兵部尚书，参赞机务，岁支禄米一千石，给三代诰券，子孙世袭，遣行人赍敕慰谕，仍赏银一百两、纻丝四

表里，赐宴南京光禄寺。

太监黄伟荫弟侄一人，世袭锦衣卫百户。

进尚书乔宇少保、李充嗣太子少保。

升佥都御史刘玉右副都御史，参将杨锐都督佥事，江西按察使原吉安府知府伍文定左副都御史，太仆少卿原安庆府知府张文锦本寺卿。锐、文定各荫子一人，世袭正千户。安庆卫指挥使崔文升三级，仍荫一子，世袭百户。大理寺丞张缙本寺右少卿，御史刘源清大理寺丞，萧淮、胡洁光禄寺少卿，知府戴德孺升三级。邢珣、徐琏，通判胡尧元，都指挥佥事余恩，各二级。御史伍希儒，同知林有禄，通判童琦、谈储、何景阳，推官王晫、徐文英，知县李楫、王诰，各一级。都御史丛兰、秦金、何天衢，御史叶忠、成英、毛伯温、杨材、李美，主事刘守绪，各俸二级。兵部司官及乡官王懋中等，见任者各俸一级，致仕闲住及知府陈槐等，指挥麻玺等，制敕房官刘荣等，与南京内外守备、各府部院寺堂上官、分布防守内外官，各赏银币有差。

御史张鳌山，复原职，致仕。谢源及祝续等考察调外者，吏部量加擢用。知县顾似、马津、王冕，及郎中丁贵等，俾查官资以闻。阵亡指挥刘辅赠都指挥，佥事张玺赠指挥同知，子孙各世袭，仍命有司致祭。死事参议黄宏赠太常寺少卿、主事马思聪赠光禄寺少卿，俱配食孙燧、许逵精忠祠。已故郎中东鲁、应恩，知县王天与，各赐银三十两，恤其家，天与寻赠光禄寺少卿，赐谕祭。

十二月十九日，朝廷遣人奉封新建伯的圣旨以及白银文绮，送到了绍兴王阳明府邸。文臣以武功受封伯爵，是非常难得的殊荣。湛甘泉等知名学者、同僚纷纷来信祝贺，"恭谂执事以大功显受休赉，儒者之效，斯文共庆，幸甚，幸甚"。

嘉靖元年（1522）正月初十，王阳明上《辞封爵普恩赏以彰国典疏》。通常来说，大臣得到皇帝的重要赏赐，首先要上疏辞谢，正如新君即位前都要再三辞让，要在王公大臣、耆老等再三劝进后才能登基，两者道理是一样的，是为了凸显谦逊的美德。叙平朱宸濠功的受褒奖诸臣中，除王阳明外，乔宇、刘玉、张缙等人都曾上疏辞谢升赏。然而，王阳明上疏辞封不单是例行做法，而是内有玄机。

王阳明在辞封疏中，首先简要回顾了事情经过，谦虚地表示"今又加以封爵之崇，臣惧功微赏重，无其实而冒其名,忧祸败之将及也",随后提出了辞让勋爵的四条"不敢"理由。第一条是宁谋旬月而败,乃是"上天之意,厌乱思治",因此不敢"叨天之功";第二条是杨廷和、王琼早觉宁谋、预先布置,因此不敢"掩人之善";第四条是平定宁谋,乃是职分所当,偶逢机会,幸而集事,而且近来老病,目眩耳聋,因此不敢"忘己之耻"。以上三条,大体都可以理解为官话,归功于上天和朝廷,推功于人,乃是自谦之词。但是,疏文中第三条才是奏疏的重点,而且篇幅大、语气重,可以说是王阳明对于朝廷未能公正地对待平叛官员,非常直白地表示了不满。

第三条为不敢"袭下之能",实际上是为参与平定叛乱的同僚争取赏赐名分。王阳明强调正是在"变之初起,势焰焜炽,人心疑惧退沮"的情况下,自伍文定、邢珣、徐琏、戴德孺诸人之外,又有知府陈槐、曾玙、胡尧元等,知县刘源清、马津、傅南乔、李美、李楫及杨材、王冕、顾佖、刘守绪、王轼等,乡官都御史王懋中,编修邹守益,御史张鳌山、伍希儒、谢源等,"首从义师"。他们"其间或摧锋陷阵,或遮邀伏击,或赞画谋议,监录经纪","咸有捐躯效死之忠,戮力勤王之绩"。问题在于,以上人员理应"同功一体",但是"今赏当其功者固已有之,然施不酬劳之人尚多也",即虽然有一些人已经获得封赏,但还有很多曾经出力立功的官员尚未得到奖赏。此外,他还列举了"选官雷济,已故义官萧禹,致仕县丞龙光,指挥高睿,千户王佐"等人的功绩,特别提到"举人冀元亨者,为臣劝说宁濠,反为奸党招陷,竟死狱中。以忠受祸,为贼报仇。抱冤赍恨,实由于臣。虽尽削臣职,移报元亨,亦无以赎此痛"。王阳明不能容忍仅自己加官晋爵,更不能接受不甚相关的人都受封受赏,而直接参与平叛、流血力战的江西官员多被遗漏的情况,所谓"乃今诸将士之赏尚多未称,而臣独蒙冒重爵",因此才有不敢"袭下之能"之说。这里有两个问题,令王阳明很是气愤。一是为什么多人被遗漏呢?查看王阳明《江西捷音疏》,对照朝廷褒奖名单,确实有多人未被赏赐。他在辞封疏中明白无误地指出问题所在——"今闻纪功文册,复为改造者多所删削",就是说被人为删削掉了王阳明奏功名单中的一些人。王阳明的奏章是直接向皇帝告了御状,讨要说法。那么,是谁删削功臣名单呢?普遍的看法是,内阁首辅杨廷和在平定功勋等次时起到了决定性作用,有意诋毁、削弱王阳明的功绩,因此故意删削了纪功册名单。二是立功之人，多人被降格使用。王阳明没有明说，但是心里一定不舒服。谢源是追随王阳明平叛的功臣，竟然被考察外调。吏部没有按照"量加擢用"办理，考察后谢源得到了"去职"的结果。其他平乱功臣，除了伍文定外大多仕途不畅，《明史》载"其他皆名示迁，而阴绌之，废斥无存者"。嘉靖元年（1522）三月，原抚州知府陈槐等人，被御史杨材弹劾逆濠之变时观望隐忍、偷生不死、怀二心也，被罢官为民。嘉靖二年（1523），邢珣、徐琏在大计中被认定不称职，随后只得致仕归隐。

其实，王阳明自己的情况同样坎坷。王阳明在辞封疏中提到，在平定宁王叛乱后，自己受到了无妄之灾，"既而谗言朋兴，几陷不测"。这种情况持续了两年多，直到明世宗登基才给予清白，"乃幸天启神圣，陛下龙飞，开臣于覆盆之下，而照之以日月"。两年来的心酸委屈，王阳明只能独自闷在心中，"臣之心事，未及自明。先帝登遐，无阶控吁"。要不是王阳明"名望素著，不能瑕玷"，不然早已在权臣的构陷下声名俱下，甚至会锒铛入狱。正因为如此复杂的环境，其父王华在寿辰之日，仍不忘告诫他"盛者衰之始，福者祸之基"，要"知足不辱，知止不殆"。如今情况虽有好转，但是仍不乐观。

据《明史·王阳明传》载，王阳明受封新建伯，后面还加了一句话，"然不予铁券，岁禄亦不给"。朝廷为稳定局面、安抚人心，封王阳明新建伯，但是仍有人暗中动手脚，按惯例应赐予的铁券和岁禄消失得无影无踪。此外，王阳明声望、事功卓尔不群，不断有人上疏请求王阳明能入阁办事，但是都石沉大海，王阳明在嘉靖初年的政坛几乎沉寂无闻。

二月十二日，王华已是七十七岁的老人，到了风烛残年的时候，而且多年来因为儿子王阳明的遭遇多有牵挂，耗费了很多精力，如今已感不适，家人围绕身边做最后的道别。此时，朝廷吏部的咨文刚好送来，因为王阳明征藩的功劳推恩进封王阳明上三代，即父亲王华、祖父竹轩公、曾祖父槐里公，皆为新建伯。王华听说了，催促儿子王阳明不要顾及自己，率领家人出门迎接，按照礼节程式接受封赏。等门外仪式履行完毕，王华瞑目而逝。王阳明命家人都暂时不要哭，给父亲换上了新冕服拖绅（礼服和绶带）以及其他饰物，然后才痛哭乃至昏厥。王华应该是含笑而逝的，因为在闭目前受到推恩进封，说明王阳明所做的一切得到了新君和朝廷的认可和肯定，他心里一定是欣慰的。

然而，王阳明有一件心事未了。六月，王阳明上《乞恩表扬先德疏》，为父亲致仕南京吏部尚书王华向朝廷乞葬祭赠谥。在古代社会，通常情况下重臣逝世，朝廷会根据死者生前的事迹，赠谥号给予总结性的评定，颇有"盖棺论定"的性质，也有褒奖的意味。二月王华病逝后，有司曾以其为大臣特为奏闻并请赠谥。然而，事下礼部商议时却被揪着王华当初为礼部侍郎时所谓的科场案暮夜受金事不放，拒绝给予赠谥。实际上，主导此事的是礼部尚书毛澄。王阳明强忍悲痛，上疏为父亲辩解："乃不意蒙此诬辱，臣又安能含羞饮泣，不为臣父一致其辩乎？"其实所谓科场案，向来不明，毛澄此时拿来说事，实乃有意为之。王阳明为父辩冤，为此与毛澄产生矛盾，然而此事终无下文。

七月十九日，对于王阳明的请辞封爵，朝廷没有同意："论功行赏，古今令典，诗书所载，具可考见。卿倡义督兵，剿除大患，尽忠报国，劳绩可嘉，特加封爵，以昭公义，宜勉承恩命，所辞不允。该部知道，钦此。""在衰经忧苦之中"的王阳明接到吏部咨文后，无奈哀叹："同事诸臣，延颈而待且三年矣！此而不言，谁复为之论列乎？均秉忠义之气，以赴国难，而功成行赏，惟吾一人当之，人将不食其余矣。"

十三、此心光明

> 时守仁以病笃乞骸骨，因举富自代，不候命即归。上怒其专擅，且疑有诈，谕吏部曰：守仁受国重托，故设漫辞求去，不候进止，非大臣事君之道。卿等不言，恐人皆效尤，有误国事。其亟具状以闻。无何，而守仁卒于南安。
>
> ——《明世宗实录》卷九十七，
> 嘉靖八年正月

正德十五年（1520）九月，明武宗已经起驾从南京返京，王阳明则自赣州返回南昌。十月的一天，王阳明府门前来了一个怪人。此人三四十岁年纪，穿着《礼经》记载的古装五常服，手里拿着笏板，自称"海滨生"，要求见王阳明。王阳明听到通报后，很是重视，亲自降阶相迎，请来人到礼宾亭相见。此人就是泰州王银，时年三十八岁，已经是泰州有名的学者。王银的身世是个传奇,原本世代为两淮灶丁,承担着煮水制盐的繁重工作。灶丁是当时的贱民,工作辛苦,地位低下。王银十一岁辍学,十四岁服役制盐,十九岁贩卖私盐。二十五岁时,王银到山东经商贩盐,途经曲阜进谒孔庙,感叹"夫子亦人也,我亦人也",触动感悟,放弃经商,矢志任道,自学成才。他回来后诵读《大学》《论语》等,但是识字不多,难以理解书中奥义,于是四处向人请教。他对很多经典都有自己的理解,经过数年苦读和感悟,开始在家乡进行讲学,逐渐小有名气。正德十五年,一次王银讲学时,被一位叫黄文刚的塾师听到,说他与王阳明所论颇为相似。王银既高兴又惊诧,竟有与自己学说相近的学者,遂决定到江西面见王阳明。

王阳明请王银上座,会面中学术思想激烈交锋,"相与究竟疑义,应答如响,声彻门外"。王阳明后来讲到致良知,王银深为叹服:"简易如截,予所不及。"于是当场拜服而师事之。晚上他回到馆舍,回想起当时情景,觉得还有不赞同的地方,后悔轻易拜师了。第二天,他再次找到王阳明,直白地告知对方自己拜师过于轻率,要求再与辩论。王阳明还是请其上座,反复论难,曲尽端委。最终,王银心悦诚服,再次下拜,执弟子礼。王银无疑是很有天赋、很有才华、很有学问的人，王阳明曾对门人说："吾擒宸濠，一无所动，今却为斯人动。"（董燧《王心斋先生年谱》）王阳明很欣赏他，改其名为王艮，字汝止。王艮后来成为泰州学派的开创者，也是王阳明最知名的学生之一。然而，在嘉靖朝，王艮因为其出格的穿着言行，为身处困境中的王阳明招惹了不少是非。

乡愿与狂者

嘉靖元年，五十一岁的王阳明居家丁忧，将更多精力放在治学与授徒之上。"时阳明公以外艰家居，四方学者日聚其门"，如著名学者湛若水前来吊唁海日翁王华之丧，并与王阳明讨论致良知学说。

门生王艮在王阳明丁忧期间前来问学。王阳明曾高度评价王艮，称其"此真学圣人者，疑即疑，信即信，一毫不苟，诸君莫及也"（董燧《王心斋先生年谱》）。但正是因为如此性情，王艮会做出一些出人意料的举动。一天，王艮对王阳明讲："千载绝学，天启吾师倡之，可使天下有不及闻此学乎？"他还问孔子当年周游天下时，乘坐的是什么车子。王阳明笑而不答。王艮回到泰州后，自己制作了一辆蒲轮车。蒲轮车是什么样的车子？我们不能确切地知道，史料中没有详细记载。据解释,蒲轮是古人乘坐的一种以蒲草裹轮的车子,车行动时震动较小。古时常用于封禅或迎接贤士,以示礼敬。他在蒲轮车(又称招摇车)上写下一段醒目而张扬的话:"天下一个,万物一体。入山林求会隐逸,过市井启发愚蒙。遵圣道,天地弗违;致良知,鬼神莫测。欲同天下人为善,无此招摇做不通。知我者其惟此行乎!罪我者其惟此行乎?"

王艮之所以制作蒲轮车,是因为他要做一件惊世骇俗的事情。他驾蒲轮车,带着两个仆人,大摇大摆直奔京师而去。关于此去京师的时间,学者有不同看法,有人认为是嘉靖元年,有人认为是嘉靖二年,有人认为赴京讲学有两次。明代学者、王阳明的门生黄直,在《祭王艮文》中明确提过"癸未之春,会试举场,兄忽北来,驾车彷徨",如此看来王艮北上讲学并引发轰动,应在嘉靖二年(癸未)春天。不过,尽管史料记载存在出入,但有一件事是相同的,王艮入京传道影响很大。据同时代人的文字记载,王艮驾着古制的车子,穿着古人的衣服,讲着标新立异的话语,"顾以先生言,多出独解,与传注异。且冠服车轮悉古制,咸目摄之","遂至京师,都人士聚观如堵",在京师引起了轰动。他就站在街头宣讲,因为行为怪异,引起人们的围观。他宣讲的对象,主要就是市井百姓，并不刻意面向读书人。

因为王艮北上讲学影响过大，引起了朝野侧目，王阳明和王门师兄弟亦颇为不满。黄直等人规劝王艮，"同志曰吁，此岂可长。再三劝谕，下车解装。共寓京邸，浩歌如常。我辈登科，兄乐未央"。王阳明门生欧阳德等人都在京师，皆劝王艮赶紧回去。王阳明知道后，写信给王艮的父亲王玒，让他遣人到京师找王艮回乡。王艮从京师离开后，到绍兴去见王阳明。董燧《王心斋先生年谱》载，王阳明因为王艮"意气太高，行事太奇"，想要稍稍压制教育，接连三天没有见他。一天，王阳明出来送客，王艮急忙跪伏于地，诚恳道歉"某知过矣"。王阳明没有理会，直接回到屋里。王艮跟随其后来到堂屋，高声喊道"仲尼不为已甚"。王阳明听到后，拱手作揖请王艮起身。在场的诸人，都很叹服王艮勇于改过。"仲尼不为已甚"，语出《孟子·离娄下》"仲尼不为已甚者"，意思是孔子不做太过分的事，后常用来劝人做事不要过火。

嘉靖元年九月，巡按江西监察御史程启充得到了早前朱宸濠与萧敬、陆完的私人书信，信中有一句话几乎要了王阳明的性命。朱宸濠当时急于除去江西巡抚孙燧，其中有一句关于替代者的内容，

"代者汤沐、梁辰俱可，王守仁亦好"。意思是，朱宸濠要除去碍眼的孙燧，代替者名单有汤沐、梁辰等人。朱宸濠末句说"王守仁亦好"，表明他不抵触王阳明。但是，此话只是朱宸濠个人的感受，与王阳明没有直接关联。程启充却像是捡到宝贝一样，据信极论萧敬、张锐等人罪，同时弹劾王阳明阴谋党恶、素与交通、贪天之功、谬获封爵四大罪状，奏请要追夺提究。程启充是如何得到朱宸濠私信的呢？原来，他巡查江西监狱时，湖口县知县章元梅献出了缴获来的朱宸濠奏本私书。

对于此事，户科给事中汪应轸上疏为王阳明辩护，申明其功绩，驳斥程启充不谙事体、不分功罪、沮抑忠义、妄行弹劾。主事陆澄亦为王阳明申辩。御史向信弹劾汪应轸与王阳明同府，陆澄是王阳明门生，党比欺罔，请正其罪。嘉靖帝命所司知之，自己则出面肯定了王阳明功劳，平息了此事："守仁一闻宸濠变，仗义兴兵，戡定大难，特加封爵，以酬大功，不必更议。"

虽然嘉靖帝做了定论，事情却远没有结束。有些人在攻讦王阳明结交朱宸濠方面吃了败仗，马上将枪口转向了与程朱理学分庭抗礼的阳明心学。十月二十三日，礼科给事中章侨上疏，奏请捍卫朱熹，禁革异学。他在奏疏中说："三代以下，论正学莫如朱熹，近有聪明才智足以号召天下者，倡异学之说，而士之好高务名者靡然宗之。大率取陆九渊之简便，惮朱熹为支离，及为文辞，务宗艰险。乞行天下，痛为禁革。"近来号召天下的聪明才智者是谁呢？自然直指王阳明。当时，河南道御史梁世骠，阐发了同样的观点。礼部奉命讨论他们的奏疏，以"二臣之言，深切时弊，有补风教"回奏嘉靖帝。皇帝认同了他们的观点，表示明朝开国以来"表章六经，颁降敕谕，正欲崇正学、迪正道、端士习、育真才，以成正大光明之业。百余年间，人材浑厚，文体纯雅。近年士习多诡异，文辞务艰险，所伤治化不浅。自今教人取士，一依程朱之言。不许妄为叛道不经之书，私自传刻，以误正学"。

十月三十日，王阳明上《再辞封爵普恩赏以彰国典疏》，自己请辞封爵，同时再为江西诸同事请功。他为他们有功未赏、反遭贬斥而鸣不平，"明军旅之赏，而阴以考课之意行于其间，人但见其赏未施而罚已及，功不录而罪有加，不能创奸警恶，而徒以阻忠义之气，快谗嫉之心"。嘉靖帝降旨："卿剿平祸乱，功在社稷。朝廷特加封爵，义不容辞。余下所司议行之。"朝廷依然是安抚王阳明，但对江西同事不闻不问的做法没有任何改变。王阳明则是退隐之心愈发坚定，在给户科给事中汪应轸的信中，除了致谢其上疏直言外，更是表达了归隐之志，"自去岁到家，即已买田筑室，为终老之计矣。遭丧以来，此意益坚，自是而后，惟山谷之不深，林壑之不邃是忧，一切人世事，当已不复与矣"。非常难得的是，王阳明亲手撰写的《再辞封爵普恩赏以彰国典疏》手稿，饱经战乱和时间磨砺，至今依然存世，且保存完好。手稿全篇以小行书书写而成，一气呵成，满纸心酸。

嘉靖二年二月，王阳明与众弟子因为受到的诽谤非议日益严重，在交谈中讲到了儒家文化中乡愿和狂者的重要话题。王阳明让门生邹守益、薛侃、黄宗明、马明衡、王艮等，都来谈谈受到排挤打压的缘故。门生们各抒己见，有人认为是其功业势位日隆，天下忌惮者日众；有人说是其心学日明，为那些支持宋儒学者所抵触；有人说其追随从学者日众，因而排斥阻碍者更加卖力诽谤。王阳明肯定了上面三种情况确实都是存在的，但是自己的想法大家还没有说到。在门生们的追问下，他继续阐述自己的观点："吾自南京已前，尚有乡愿意思。在今只信良知真是真非处，更无掩藏回护，才做得狂者。使天下尽说我行不掩言，吾亦只依良知行。"

从乡愿到狂者，王阳明朝着圣贤的方向更进一步，人生又入新境界。乡愿，是儒家体系中的概念，特指乡中貌似谨厚而实与流俗合污的伪善者。孔子在《论语·阳货》中讲"乡愿，德之贼也"。汉朝建安七子之一的徐幹《中论·考伪》："乡愿亦无杀人之罪，而仲尼恶之，何也？以其乱德也。""狂者"一词同样出于孔子，其言曰："不得中行而与之，必也狂狷乎！狂者进取，狷者有所不为也。"这是说，如果不能传道于具有中行之质的人，那么就一定要传于具有狂、狷之质的人。因为，狂者拥有一往无前的进取精神，狷者坚持有所不为的原则精神。

如何理解王阳明从乡愿到狂者的转变？王阳明自己做了解释。他说，乡愿就是以忠信廉洁取信于君子，同时以同流合污不得罪于小人。不是没有方法和举措来解决这个难题。探究内心，才知道忠信廉洁用来谄媚君子，同流合污用来谄媚小人，说明其心已经破坏了，所以不可能入尧舜之道。狂者则是志存古人，一切纷嚣俗染，都不足以累其心，真有如凤凰翔于千仞之意。对于狂人而言，只要能够控制内心的妄念、邪念，就具有了圣人的行为，反身而诚即是圣人了。因为狂人没有克念，所以做事情比较粗犷豪放，而且不会去掩饰自己的日常行为举止。因为不去掩饰自己的行为举止,所以他们的心还是好的,是可以修行和存养的。

弟子问道:为什么就断定乡愿之人是在欺瞒和献媚于世人呢?王阳明解释,从乡愿的人瞧不上狂狷之人就能看出来。狂狷的人是不会从流于世俗的,而孟子所讲的生在这个世上,就按照世俗标准来做人,只要大家说我好就行,这就是乡愿之人的志向。所以他们的所作所为,都是做表面功夫。三代以下,很多士人能在他们那个时代获得盛名的,不过是做到乡愿而已。如果深究他们所谓的忠信廉洁,或许连他们身边的妻子和孩子都不相信。即便真正百分之百做到乡愿,假装一辈子都是很难的,何况圣人之道!

弟子又问:狂狷的人,确实是孔子希望得到的人(即前文所提到的"不得中行而与之,必也狂狷乎!狂者进取,狷者有所不为也"),但孔子真正去传道,可没有传给琴张这类狂狷的人,而是传给了曾子,难道说曾子是狂狷的人?王阳明解释道:不是这样的,琴张之流,只不过是有狂者禀赋的人,虽然能有所得,但是终究这辈子做到狂也就到头了;而曾子,是一个具有中行禀赋的人,所以曾子能够悟圣人之道。一克念即圣人矣(再加以克念之功,狂者就能达到圣人的境界)。

孔子心目中有几种人，君子、狂者、狷者、乡愿。君子是孔子理想中的完美人格，是践行"中行"即中庸之道的人，但是能够成为君子的又有几人？狂者，虽然偏离"中行"，但是能敢于进取，这是孔子所欣赏的。狷者，虽然避世隐居，但是品德高洁，不会同流合污，孔子亦是认可的。唯有乡愿，却是孔子极力反对的，这带有更大的欺骗性，实则是与尧舜之道背道而驰的。

从当时的历史背景和处境来看，王阳明高度赞扬狂者胸次，是对宋明理学捍卫者打压的不屈与反抗，是对坚持心学信仰的坚持和维护。朱宸濠之变以前，他或许还有些乡愿的情景，难免会掩藏自己迎合世人，但经过宸濠之乱，他大悟致良知之理，信得良知真是真非，索性不再遮遮掩掩、畏首畏尾，做到狂者的胸次，就算天下人都质疑他也无所谓了。我们考察王阳明最后十年的经历，他为人处世多是遵从良知的感召，抒发内心的真意，维护心中的信仰，所作所为已经达到克念成圣的境界。

朝廷对阳明心学的压制更加明显。三月，是国家开科取士之时。参加会试的学子，在考场展开试卷，惊愕地发现该年的考题与众不同。明代每三年举行一次会试，分三场进行。第一场试四书义三道，经义四道；第二场试论一道，判语五条，诏、诰、表内选答一道；第三场试经史策五道，策论分量最重。嘉靖二年癸未科五道策论题目中，有两道题目与心学有关，暗中打击王阳明。其中一道为"宋儒大有功于吾道，朱子集大成于诸儒"，一道为"汉唐宋致朋党之原，诸君子论朋党之别"。

参加癸未科考试的阳明门生甚多，他们对于朝廷利用科举打压王阳明心学的做法，既吃惊又愤怒。徐珊看到策文，不禁感叹，我怎么能昧良心来附和朝廷的喜好呢？他做出了惊人之举，毅然放弃了多年来的苦读和眼前的仕途，不作答而出。听说的人都觉得惋惜，认为是宋代尹彦明之后的又一人。北宋尹焞，字彦明，曾参加礼部会试，当时主考官出的考题是"诛元祐诸臣议"，尹焞不答试题退出考场。徐珊的这种做法，王阳明后来听说了，"黯然不乐者久之"，众人都不理解其中的原因。徐珊回来后见到恩师并请教，王阳明依然未置一词。次日，徐珊明白恩师"不言之教"，是要使自己悟到其中道理。他刚开始见到策问题目时，愤然而不平，犯了心浮气躁的毛病；后来专心致志参悟致知之教，心平气和而良知自发。策文暗中牵连师门，完全可以在文章中阐明观点。因此，他意识到"嘻吁乎！吾过矣"。

王阳明的其他学生,与徐珊激进的做法不同,他们完成了会试。面对策问的刁难,欧阳德、王臣、魏良弼等人,没有过多考虑朝廷的喜好和后果,而是直接用阳明学说作答,阐发恩师的学术见解。结果很是出人意料,虽然策文题目很不友好,但是阳明门生有多人举进士。欧阳德、王臣、魏良弼都被录取,认识的人都说他们进退有命。此外,据学者统计,另有阳明门生近十人在癸未科进士及第。当然,王门一些重要人物,如钱德洪、王畿等人,在会试中落第。

　　王阳明对于策论阴辟其学说一事的看法出人意料。钱德洪会试下第,对于会试策文以及时事乖张,深有恨意。他回到绍兴见恩师。见面时,王阳明很是高兴地说:"圣学从兹大明矣。"钱德洪不解,问为什么说能极大地发扬光大。王阳明认为,自己的学说以前只是向弟子传授,怎么能告诉全天下的学子?由于今年会试策问的原因,即使是穷乡深谷,无不知道阳明心学。即使有人认为自己的学说不正确,天下也一定会有人寻求真正正确的道理。

入相与出将

　　嘉靖三年,明朝历史上最为有名的君臣之争——

史称"大礼议",迎来了最为激烈的交锋。从正德十六年迎立朱厚熜继承皇位开始,新君就与内廷首辅杨廷和为首的官员,在礼制上产生了一系列矛盾,直至不可调和。

明武宗朱厚照无子,朱厚熜是其堂弟,并不是亲兄弟,是以藩王小宗入继大统。内阁首辅杨廷和有拥立之功,原本计划按照宗法将朱厚熜归宗到明武宗支脉上。但是朱厚熜与杨廷和等人在几件事上产生了严重的分歧。

一是正德十六年四月,朱厚熜下诏令廷臣议其生父兴献王主祀及封号,大礼之议也是自此始。正德十六年七月,四十七岁的新科进士张璁上疏支持明世宗,认为明世宗即位是"继统而不继嗣",意思就是继承皇统而非继承皇嗣,朱厚熜不应该以孝宗过继来的儿子的身份继承皇位,而应该以武宗堂弟、藩王的身份继承皇位,所以应以亲生父亲为考,在北京别立兴献王庙。但是他独自一人,人微言轻,暂时不能改变局面。杨廷和等坚持让朱厚熜称伯父孝宗皇帝为皇考,希望他过继到孝宗一脉。二是朱厚熜坚持以皇太后之礼奉迎生母蒋妃入京,杨廷和反对无效后无奈让步。三是嘉靖三年正月,南京刑部主事桂萼上言,应称孝宗为皇伯考、武宗为皇兄、生父兴献帝为皇考。

明世宗召集群臣集议。

二月，杨廷和不赞同议礼结论，请求致仕，朱厚熜同意。七月，明世宗命去除"本生皇考恭穆献皇帝"中的"本生"二字，进一步提升父亲的地位。杨廷和的儿子杨慎与众臣共二百余人，集体跪在左顺门外，大呼太祖高皇帝、孝宗皇帝，放声大哭，以示反对和反抗。明世宗大怒，派锦衣卫将他们逮捕并下诏狱，四品以上夺俸，五品以下廷杖，受杖者一百八十多人，其中十七人死亡，另八人编伍充军。

九月，明世宗定称孝宗为"皇伯考"，昭圣太后张氏为"皇伯母"；称自己的父亲恭穆献皇帝为"皇考"，母亲章圣太后为"圣母"，"大礼议"结束。"大礼议"以嘉靖帝朱厚熜全面胜利而告终，再次说明了皇权高于一切的绝对统治力，有迎立之功的内阁及数百跪哭的廷臣在十八岁的少年天子面前脆弱如斯；政治局面发生了剧烈变化，皇权得以高度集中，卫礼派杨廷和、蒋冕、毛纪、汪俊、乔宇等人先后离去，议礼派张璁、桂萼、黄绾、黄宗明、方献夫、席书等人受到重用。

丁忧的王阳明不问世事，在正式场合完全没有介入"大礼议"之争。甚至有人询问关于此事的态度，他一直都没有明确表态。不过,王阳明在早期曾私下里流露过赞同议礼派的情感,但在后期就不再表露心思。在给弟子霍韬的信中,王阳明明确地说:"往岁曾辱'大礼议'见示,时方在哀疚,心善其说而不敢奉复。"如果我们换一个角度看待"大礼议",议礼派的主要成员或多或少都与王阳明关系密切,而卫礼派主要成员都是朱熹理学的拥护者。张璁提出"《记》曰:礼非从天降也,非从地出也,人情而已矣。故圣人缘人情以治礼",这与王阳明主张的道德良知基本价值观是相通的。当然,卫礼派中亦不乏王阳明门生,如门生邹守益上疏罢兴献帝称考入庙,被下诏狱,谪广德州判官。过绍兴时他拜见王阳明,受教一个月。王阳明有"如保赤子"之教,书孟子"居天下之广居"以为座右铭。

嘉靖四年,新旧势力交锋激烈,政坛已经发生了很大变化,内阁四人中杨廷和、蒋冕、毛纪先后离开,费宏成为首辅,石珤、贾咏、杨一清补充入阁。政坛动荡之际,不断有人举荐服阕理应起复的王阳明出仕。嘉靖三年四月,都御史吴廷举,御史石金、王木等纷纷引荐,不报。吏部荐王守仁提督三边军务,世宗不用。嘉靖四年二月,礼部尚书席书奏荐王守仁入阁,世宗不许。南京工部尚书吴廷举,再荐阳明暂掌南京都督府事，不用。致仕林俊上疏荐阳明，不用。嘉靖五年十一月，吏部尚书杨一清等荐王守仁任兵部尚书，不用。十二月，礼部尚书席书再荐，仍不用。嘉靖六年三月，召命北上入京亲领诰券谢恩，最终未果。当时杨一清入阁，费宏将罢，希望王阳明入阁的呼声很高，朝野均以为王阳明将有大用。

嘉靖六年五月，入阁未成的王阳明又被任命出征地方。嘉靖初年，广西田州土知府岑猛谋叛，在嘉靖五年被剿灭，但是余党卢苏、王受等复叛。面对广西的叛乱，朝廷亟须任命一名统帅前往率军平乱。王阳明最终成为合适的人选，朝廷下诏起用王阳明兼左都御史，总治两广、江西、湖广军务，征思恩、田州。以其资历能力担任此职绰绰有余，但是任命过程颇为曲折。嘉靖五年七月，兵部右侍郎张璁奏请设立西北总制之官，王阳明足以当之，嘉靖帝未允。此次东南战事吃紧，张璁再次举荐王阳明，并说服桂萼等人，王阳明终于获得任命。

然而，王阳明对此任命是抵触的。此时，王阳明已经五十六岁，此前连年征战身体早已透支，因此六月六日收到兵部送来的任命公文，他便上奏《辞免重任乞恩养病疏》。他在奏疏中坦言病体未愈，"顾臣病患久积，潮热痰嗽，日甚月深，每一发咳，必至顿绝,久始渐苏",又称赞巡抚都御史姚镆"平日素称老成慎重",应信任其贯穿始终,或是别选贤能,如胡世宁等往代其职。其实,他心里还有顾忌,因为"自正德十四年江西事平之后,身罹谗构,危疑汹汹,不保朝夕"。此时,门生兵部主事霍韬、少詹事方献夫受诏赴京修纂《明伦大典》,王阳明分别委托他们代为周旋,希望自己能够养疴林下、安享晚年。但是,王阳明的辞免没有被批准。七月,嘉靖帝下旨,"卿识敏才高,忠诚体国。两广多事,方借卿抚定,纾朕南顾之怀。镆已致仕,卿宜亟往节制诸司、调度军马、剿贼安民,其毋再诿,以负朕望",令人催促他前往上任。

嘉靖六年八月,王阳明将家中事务及年幼的儿子正聪交与魏廷豹,继子正宪交钱德洪、王畿照顾受学。王阳明的夫人诸氏在嘉靖四年去世,一生无嗣。因为不能生育,王阳明四十四岁时过继八岁的侄儿王正宪。诸氏过世后,王阳明娶侧室张氏,第二年老来得子,有了王正聪,此时继子王正宪已经十九岁。

嘉靖六年九月,王阳明启程赴两广。途中,他书寄王正宪,说"沿途皆平安,咳嗽尚未已,然亦不大作。广中事颇急,只得连夜速进"。年底,在南平会集诸将研究征讨思田方略,上疏谢恩并陈用兵计。平叛很是顺利，嘉靖七年正月，卢苏、王受率数万之众前来归降，思田平定。随后，王阳明处理善后事宜，分置土官。四月，发兵平定八寨、断藤峡。

"君子喻于义，小人喻于利。"平定叛乱出乎意料地顺利，但是给王阳明带来了新的危机。嘉靖七年六月，御史马津荐王阳明入京，遭到世宗切责。马津奏言："新建伯王守仁忠贞干济，在在有声，功高人忌，毁誉失实。请召置庙堂，以慰民望。"嘉靖帝以两广未宁，守仁方有重寄为由切责马津妄奏，但未深究。王阳明在两广再立军功，朝野交口称赞，马津举荐其入阁的想法很有代表性，因此难免得罪涉及利害的权贵。七月，锦衣卫都指挥聂能迁诬告王阳明用百万金银托黄绾贿赂张璁，由此得两广之任。黄绾被迫上奏章自辩，请求离职避嫌。嘉靖帝素知黄绾学行才识，王守仁功高隆望，显然是聂能迁捏词妄奏、伤害正类，命法司审实后将其谪戍。黄绾在"大礼议"中旗帜鲜明地支持过皇帝，深受嘉靖帝的赏识，得以提拔，此事明显是背后有人主使聂能迁诬告陷害，阴谋虽未得逞，但是王阳明入阁受阻，黄绾外调南京礼部右侍郎。时人多指桂萼是幕后主使之人，不无道理。

嘉靖七年九月，身心俱疲的王阳明抵达广州，身体每况愈下、难以支撑,十月,不得已上《乞恩暂容回籍就医养病疏》,称"臣时卧病床褥,已余一月"。王阳明当年在南赣为炎毒所侵,患上了咳嗽之疾,随着年龄增长病情愈发严重。其后丁忧乡居,稍就清凉,亲近医药,病症有所减轻,然而病症终不能除根,遇暑热就会严重复发。去年他奉命入两广,曾携熟悉的医生随军偕行,但是半途中医者因水土不服提前归去。因此到了两广后,他一方面不敢轻用医药,另一方面又因越往南,风土气候越难适应,炎毒益甚。如今已经遍身肿毒,喘嗽昼夜不息,甚至难以饮食,每日强吞稀粥数匙,稍多辄又呕吐。

王阳明乞恩养病的奏章上去后,迟迟没有回音。但是,病症不以朝廷旨意为准,日甚一日。十一月初一,王阳明病情已经极其严重,自觉难以康复,无奈上疏乞骸骨,举荐郧阳巡抚林富自代。同日,他做了一个大胆决定,不待朝廷下旨,径直离开广州归乡。我们要理解,五十七岁的王阳明功绩显著,又是政治上最为成熟的时候,结果十余年来因功受忌,深陷诬陷泥潭。而他不计较个人荣辱,不顾身患重病,只身赴险境平定叛乱,如今叛乱已经基本平定,而自身已是命在旦夕,只想落叶归根,是多么无奈、无助。十一月二十九日,一代宗师王阳明殒命于福建南安青

王阳明墓

龙铺。当时,南安推官、门生周积在侧,问先生有何遗言。过了很久,王阳明才睁开眼看着他,微哂道:"此心光明,亦复何言!"顷之,瞑目而逝。同时代著名学者湛若水在王阳明墓志铭中感叹,"公卒之日,两广、江西之民相与吊于途,曰:哲人其痿矣。士夫之知者相与语于朝曰:忠良其逝矣。四方同志者相与吊于家曰:斯文其丧矣"。

十四、身后之事

> 上意未解,曰:守仁擅离重任,甚非大臣事君之道。况其学术事功,多有可议。卿等仍会官详定是非及封拜宜否以闻,不得回护姑息。
>
> ——《明世宗实录》卷九十八,
> 嘉靖八年二月

嘉靖七年(1528)十二月初四日,王阳明灵柩从南安出发,沿途各州县士民远近遮道相送,哭声震天。灵柩抵达南昌时,巡按御史储良材等人请求暂时停灵于此,改岁而行,以便让当地士民充分表达哀悼之情。南昌是由王阳明解救于宁王叛乱之中的,于是在此停留了近一个月,军民吊唁不绝。嘉靖八年(1529)正月初一,灵柩再次出发回乡,当时连日逆风,舟不能行。有人在灵柩前祷告:南昌士民挽留先生,但是越中子弟门人来候久矣。不一会儿,风向就变成西风，舟行顺畅。二月初四，王阳明终于回到了故乡绍兴，每日吊唁者络绎不绝。殊不知，王阳明魂归故里之日，竟然是朝堂公然怪罪之时。

学　禁

嘉靖八年正月初八，王阳明乞骸骨的遗奏到京。嘉靖帝看到奏疏后，勃然大怒，一是怪其专擅，二是疑其有诈，谕吏部"守仁受国重托，故设漫辞求去。不候进止，非大臣事君之道"，命吏部具状以闻。此时，嘉靖帝尚不知道王阳明病逝的消息。另有一种说法是，黄绾在《阳明先生行状》中记载，实际上当时王阳明讣告已到，桂萼存心陷害，令该司匿而不报。

二月初二，吏部回奏："故新建伯王守仁因病笃离任，道死南安。方困剧时，不暇奏请，情固可原。愿从宽宥。"嘉靖帝对此不满意，说了几句话，句句要命。第一句是"守仁擅离重任，甚非大臣事君之道"，首先对其离职给出了定性判断；第二句是"况其学术事功，多有可议"，即对他的学问功绩提出异议；第三句是"卿等仍会官详定是非及封拜宜否以闻，不得回护姑息"，这就是要求吏部重新议定，不光是研判王阳明擅自离职一事，还要考虑以往的封爵赏赐是否合适，而且点明不得回护姑息，表明了皇帝的态度。

在吏部会议之前，兵科给事中周延借着世宗下诏求言的机会，上疏为王阳明正名，赞其平定朱宸濠叛乱，底平东南闽广八寨，指责"今陛下以一眚欲尽弃平生，非所以存国体而昭公论也"。世宗看到奏章后震怒，指责他妄言，"守仁功罪，朝廷自有定议。朋党妄言，本当论治，但念方求言之际，姑对品调外任"，随后将其谪太仓州判官。周延与王阳明素无交集，根本就谈不上朋党之说，而且皇帝下诏求言，周延上疏亦职责所在，将其外调的做法出人意料。内阁杨一清等人知道后"相顾骇愕"，原因是"周延一人诚不足惜"，但是引发的"以言为讳"更应警惕，否则"谁复肯为朝廷言者"。

二月初八，吏部尚书桂萼会集廷臣，议故新建伯王守仁功罪，做出了最终结论。"守仁事不师古，言不称师，欲立异以为名，则非朱熹格物致知之论。知众论之不与，则著朱熹晚年定论之书，号召门徒互相唱和。才美者乐其任意，或流于清谈；庸鄙者借其虚声，遂敢于放肆。传习转讹，悖谬日甚。其门人为之辩谤，至谓杖之不死，投之江不死，以上渎天听，几于无忌惮矣。若夫剿辇（輋）贼、擒除逆濠，据事论功,诚有可录。是以当陛下御极之初,即拜伯爵。虽出于杨廷和预为己地之私,亦缘有黄榜封侯拜伯之令。夫功过不相掩,今宜免夺封爵,以彰国家之大信,申禁邪说,以正天下之人心。"

如何处置王阳明是一件棘手的事情,毕竟此事广为关注。桂萼靠"大礼议"脱颖而出,《国朝献征录》称其"精悍猾隘,以学术经济自任,既受上特达之遇,遂直躬而行,无所顾忌"。可见此人精明、强悍、褊急而狭隘,内阁杨廷和、费宏等皆败于其手。他主持会议讨论王阳明功过得出的结论,首先摸准并满足了皇帝的喜好,在王阳明已故的情况下落井下石;其次结论主要攻击学问,因为功绩摆在那里,没有确凿证据难以颠覆,况且是嘉靖帝本人给予王阳明的封爵赏赐,属实不好翻案,而阳明心学才是朝廷真正担心之所在,因此才有功不掩过的说法,做出了免夺封爵、申禁邪说的处理。君臣之间,已有默契。前一日的二月初七,嘉靖帝已经命桂萼兼武英殿大学士,进入内阁办事。

嘉靖帝对于桂萼上奏的结论,给予了肯定:"卿等议是。守仁放言自肆,诋毁先儒,号召门徒,声附虚和,用诈任情,坏人心术。近年士子传习邪说,皆其倡导。至于宸濠之变,与伍文定移檄举兵,仗义讨贼，元恶就擒，功固可录，但兵无节制，奏捷夸张。近日掩袭寨夷，恩威倒置。所封伯爵，本当追夺，但系先朝信令，姑与终身。其殁后，恤典俱不准给。都察院仍榜谕天下，敢有踵袭邪说，果于非圣者，重治不饶。"如此一来，王阳明去世后恤典皆无，心学为邪说已成定论，宣布学禁于天下。古今中外无数事例，沉重地证明了一个简单的道理，新与旧的斗争是永远存在的。超前的思想在诞生之时往往不容于时，旧势力通常会采取超常规的方式予以无情地绞杀。只有经过岁月的磨砺和人心的抉择，历史才会给予新事物公正的结论，而付出惨痛代价的首倡者此时才会得到公允的肯定。

桂萼等人不光彩的做法，受到了同僚的鄙视和讨伐。六月，同时代著名思想家湛若水来京任礼部右侍郎。他是陈献章白沙心学传人，创立了甘泉学派，与王阳明齐名，有数千名弟子，长寿达九十五岁。湛若水曾亲赴绍兴祭奠王阳明并撰写祭文，高度评价其"武定文戡之才"。来到北京后，湛若水见到了桂萼，当面质问："外人皆云阳明之事乃公为之乎？"桂萼默然，算是承认了，但是他也没有因此作怒加祸于湛若水。湛若水在《阳明先生墓志铭》中曾有预见性地说了一句话："人众之胜天也，亦命也。百年之后，天定将不胜人矣乎？"对于此时王阳明受到诬陷、被革除恤典的情况，他认为只是暂时的，相信最终还会还其名誉清白。

七月，兵科给事中孙应奎上奏论内阁诸人："辅臣之任，必忠厚鲠亮、纯白坚定者乃足当之。今大学士杨一清虽练达国体，而雅性尚通，难以独任。张璁学博性偏，伤于自恃，犹饬厉功名，当抑其过而用之。至于桂萼以枭雄桀骜之资，作威福，纳财贿，阻抑气节，私比党与，势侵六官，气制言路，天下莫不怨愤。乞鉴别三臣贤否，以定用舍。"孙应奎对三人的评价，还是很有见地的。杨一清等三人受到批评，都要求离去。嘉靖帝慰留，谕旨桂萼要改正过失之处。同月，礼科给事中王準，劾大学士张璁所举通州参将陈璠、桂萼所举御医李梦鹤皆私人，宜罢黜，且乞戒张璁、桂萼勿私偏比，以息人言。张璁称疾乞休，嘉靖帝不准，命所司调查。礼部兵部回奏，李梦鹤是通过考试选拔的，陈璠是举荐的人才，都不是攀附关系的人。

八月，工科给事中陆粲再劾张璁、桂萼，奏称张璁、桂萼罔上行私、专权纳贿、擅作威福、报复恩仇。张璁虽然狠愎自用、执拗多私，但是其权术还很生疏，为害犹浅。桂萼外若宽迂、中实深刻，忮忍之毒一发于心，如蝮蛇猛兽，犯者必死。陆粲还列举了张璁、桂萼通过贿赂，帮助王琼重获起用、邵杰以养子袭爵，以及为乡人亲故和朋党谋权营利之事。嘉靖帝看过奏折，认可张璁、桂萼在"大礼议"上尽心救正的功绩，考虑到如今肆意妄为、负君忘义，亦不敢私，命张璁仍以本职回家深加省改，以图后用；桂萼革去散官及学士职衔，以尚书致仕。然而，仅仅到了十一月，桂萼就被重新召回朝廷入阁办事。

王阳明的门生故旧一直在努力恢复他的名誉和学说。詹事黄绾上奏《明是非定赏罚疏》，为王阳明辩护。他称"臣所以深知守仁者，以其功与其学。然功高而见忌，学古而人不识，此守仁所不容于世也"，并从四个方面论述其功之大者：平叛朱宸濠、江西赣南、田州思恩、两广八寨之功；从三个方面论述其学之要义：致良知、亲民、知行合一。他请求皇帝为王阳明给恤典、赠谥号、令世袭、开学禁，但是奏疏上去后，渺无音讯。

十月十一日，王阳明安葬在绍兴城南三十里处的高村洪溪，会葬者数千人。同月，王门子弟在料理丧事之后，在王艮等人号召下齐聚阳明书院，订立盟约，保护师门家人产业。之所以门弟子在恩师去世后，要联合起来保护其家人家产，主要是因为年幼的正聪和柔弱的张氏根本无力保护好自己和财产。黄侃在杭州城南天真山建祠堂，同门董沄等管理其事，邹守益等前后帮助管理，相互约定每年春秋两次会聚祭祀。同时，鉴于恩师病逝不及一载，"家众童仆不能遵守"约束，门人黄宗明定《处分家务题册》，在亲族尊长、按察司和绍兴知府见证下处分家务，亲子正聪与继子正宪分爨析产。鉴于正聪时年只有四岁，为防止"家众欺正聪年幼"，门人薛侃还制定了《同门轮年抚孤题单》，由两名门生扶助正聪家务，门生每年轮换，诸叔侄不得参与阻挠。朝廷之事难以一时间改变局面，尽力扶助恩师身后之事，更为迫切和现实。数年后，黄绾同家人商议后，将王正聪及其母张氏接到南京抚养，又将自己女儿许配给王正聪为妻，并因避皇帝名讳改其名为正亿。

复　爵

嘉靖朝共四十五年，王阳明受到了不公正的对待，名誉和待遇都没有恢复。隆庆朝伊始，明穆宗朱载垕即皇帝位，事情迎来了转机。薛侃、耿定向、辛自修、岑用宾等廷臣多次上疏为王阳明颂功，请求重新审议、恢复爵位等恩赐。明穆宗要求地方勘复王阳明的功绩情况，据实以报。隆庆元年（1567），少傅兼太子太傅吏部尚书杨博，奉旨移咨江西巡抚都御史任士凭，令其会同巡按御史苏朝宗，及浙江巡抚都御史赵孔昭、巡按御史王得春，查覆王阳明征藩实迹并得出结论，向朝廷回奏。

任士凭，是王阳明复爵的关键人物。他是山东平原县北任村人，当地任氏家族七世祖，当代著名学者任继愈是其后人。任士凭，字可依，号思亭。明嘉靖二十六年（1547）丁未科二甲进士，累官至南京刑部右侍郎。嘉靖四十五年（1566）闰十月，他由南京工部右侍郎改兵部右侍郎兼都察院右佥都御史巡抚江西。其间，受吏部委托复查王守仁封爵世袭一案。他非常重视此事，做了大量的核实工作，不但亲自查阅南昌府县的原始资料，而且亲身走访尚在世且了解情况的官员和当事人，认真还原四十多年前的真实情况，最终形成了《江西奏复封爵咨》，上报吏部。

任士凭在奏章中认为，宁王朱宸濠阴谋不轨，蓄养死士，召集盗贼，一旦举事，势焰熏灼。时任赣南都御史的王守仁，前往福建调查处理军事。正德十四年（1519）六月十五日，王守仁行至丰城，听到朱宸濠叛乱的消息，立即转到吉安，督率知府伍文定等调集军士、民兵、捕快，约会该府乡官王懋中等，发出讨贼檄文，公布宁王的罪状，要求各地起兵勤王。于是豪杰响应，人始思奋，士民知有所恃而壮胆，逆党知有所畏而落魂。王守仁非地方守官，也未接到皇帝讨逆叛贼的命令，此事是他主动见事而为，如果不是对朝廷无限忠诚，对叛贼有强烈的义愤，不顾个人荣辱，是不可能有此义举的。

任士凭认为，王守仁立下了莫大的功勋，诚可与开国的名臣功绩相媲美，"迨先帝登极，大公定典，论江西首功，封本爵为新建伯，给券世袭。此固报功之盛典，而江右咸称快焉。继因平蛮病故，朝议南宁之事，霍韬、黄绾诸臣奏疏甚明。竟扼于众忌，而天下咸称枉焉。迩者为开读事，科道等官疏欲复其世袭，此公道之在人心，不容泯也。昔开国文臣刘基以武功封诚意伯，停袭百余年。嘉靖初，特取其后裔世袭。夫本爵学贯天人，才兼文武，忠揭日月，功维社稷，恩庇生民，拟之刘诚意，不相伯仲"。他将王阳明与明初的刘伯温相提并论，认为二人功劳不相伯仲，境遇极其相似，直呼公道之在人心不容泯也。

任士凭如实奏报王守仁的功劳，至于恢复爵位应是题中自有之意，"斩获功次，具载于征功之册，而擒缚渠魁，甚明于交割之文。且奋身率众皆历历可据，仗义勤王之举，尚昭昭在人。先与后擒，乃豪党利己之诬，本不足辩。而其中原以此，终不能攻陷金陵以据者，要皆本爵至微之谋。……盖较之开国元勋，若非同事，而拟其奠安社稷，则于同功。但世袭之典事体重大，出自朝廷，非臣下所敢轻议"。

任士凭的《江西奏复封爵咨》于当年十一月行文到吏部。少傅兼太子太傅吏部尚书杨博，会同成国公朱希忠、户部尚书马森等官员集体会议研究。他们认可任士凭经过查访上奏的结论，同时参考浙江布政使司及绍兴府、余姚县查取王正亿确系王守仁应袭嫡长亲男的奏报，共同上报皇帝《会议复爵疏》和《再议世袭大典》。杨博等提出，王阳明勘定祸乱之功较之开国佐命时虽不同，拟之靖远威宁其绩尤伟，而且承认当时王阳明是为忌者所抑，导致大功未录，公议咸为不平，提出"委应补给诰券，容其子孙世袭，以彰与国咸休，永世无穷之报"。

隆庆元年四月，明穆宗诏追赠故新建伯南京兵部尚书王守仁为新建侯，谥文成，赐祭七坛。第二年五月，明穆宗诏令追录王阳明平宸濠功，令世袭伯爵。十月，明穆宗诏令新建伯王守仁男王正亿袭爵，岁给禄米千石。

明穆宗朱载垕在位六载，明神宗朱翊钧继位，此时王阳明的心学终于得到了朝廷的官方认可。据《明神宗实录》载,万历二年(1574)十二月朝廷给了王阳明很高的评价,获准从祀,"新建伯王守仁从祀孔子庙庭。守仁之学,以良知为宗,经文纬武,动有成绩。其疏犯中珰,绥化夷方。倡义勤王,芟群凶、夷大难,不动声色,功业昭昭,在人耳目。至其身膺患难,磨励沉思之久,忽若有悟,究极天人微妙,心性渊源与先圣相传宗旨无有差别,历来从祀诸贤无有出其右者"。然而,据专家考证,此条恐与事实不符。该资料为孤证,未见史料佐证、时人讨论和入祀的具体记载,显然不符合常情,结论难以成立。而且,首辅张居正对王阳明从祀持反对意见,显然,当时以他的威望和权力是很容易否决从祀的决定。因此,专家认为编写实录时将万历十二年(1584)资料误记在万历二年。

万历十二年,王阳明终于入孔庙从祀,标志着阳明心学正式得到官方的认可,他的学说和他对儒家经典的诠释变成了正统之学,可以用于各级科举考试的答题上。这件事的转机正是张居正的去世。御史詹事请以王阳明、陈献章从祀孔庙,万历皇帝让众臣"廷议"。经过朝廷上的反复争议,王阳明得以从祀,过程却是一波三折。参与"廷议"讨论的有三四十位大臣,观点很难一致。他们先后提出了六位大儒人选,包括胡居仁、陈献章、王守仁、吕柟、蔡清、罗伦。有反对王阳明的人提出，其诋毁朱子，自立门户，实为"禅"道；还有人认为爵位是酬一时之劳绩，从祀是立万世之楷模，不能以一时之事功，乱万世之盛典。主持者礼部尚书沈鲤单独上疏，采纳了不利于王阳明的观点和意见，认为王阳明所获支持甚少，因而疏请不予从祀。

而王阳明之终获从祀，直接原因则是未参加廷议的内阁首辅申时行，他特别向神宗皇帝申说请求。申时行针对部分人的误解，做了释疑和更正："守仁言致知出《大学》，良知出《孟子》。陈献章主静，沿宋儒周敦颐、程颢。且孝友出处如献章，气节文章功业如守仁，不可谓禅，诚宜崇祀。"王阳明最终从祀孔庙，被称为"先儒王子"，与薛瑄、胡居仁、陈献章并列，成为明代官方"钦定"的四位大儒之一。

实 录

如果历史爱好者有足够的毅力通读《明武宗实录》，那么他可能会感到吃惊，因为书中的王阳明不是我们现在熟悉的形象，简直可以说是另外一个人。历史学者已经注意到这个问题，专门写文章论述其中情景及原因。

《明太宗实录》张辅、杨士奇纂修,明抄本

  "实录"特指中国封建时代记载皇帝在位期间重要史实的资料性编年体史册。一般以所记皇帝的谥号或庙号为书名,如唐朝《顺宗实录》或明朝《太宗文皇帝实录》。另外,《明实录》《清实录》等,则是以某一王朝命名的各朝实录合刊本。最早有南朝梁周兴嗣纂《梁皇帝实录》,记梁武帝事;又有谢昊(一作吴)纂《梁皇帝实录》,记梁元帝事。自唐初以后,每一任皇帝死后,继嗣之君必敕史臣纂修实录,五代、宋、辽、金、元、明、清因之,沿为定制。至清末光绪朝止，历代实录共有一百一十余部，但绝大多数已佚。

明朝非常注重编纂历朝实录，各朝皆将修纂上朝实录列为重要事项。明代十六帝中，共修有十三朝实录，其中建文帝实录附于《明太祖实录》中、景泰帝实录附于《英宗实录》中，末代皇帝思宗崇祯朝因战乱无实录。

明朝形成了完整的编纂实录的制度，通常在新一代君主登基后，会很快由皇帝钦定监修、正副总裁及纂修诸臣，开始编辑上一代皇帝的实录。礼部会咨中外官署采辑史事，并派遣官吏、国子生等分赴各地访求前朝事迹，札送史馆。实录正式修成后，誊录正、副二本，正本藏之宫中内府，副本藏于内阁，底稿于正式进呈前焚于太液池东芭蕉园。

王阳明一生经历了成化、弘治、正德、嘉靖四朝，在《明实录》中则于孝宗、武宗、世宗、穆宗、神宗和熹宗六朝实录中有记载，当然孝宗、武宗、世宗三朝时王阳明在世，后三朝则为有关王阳明的少量记载。王阳明活动主要在武宗和世宗两朝，在实录中记载亦以此两朝为多。实录中的记载主要以事件为主，还包括谕旨、奏章等，记述了王阳明职务升迁、功绩事项、奏对应答等内容。因为实录作为资料具有权威性、系统性，我们可以简单地认为实录展示了人物最为重要的政治形象。

王阳明在实录中的形象，特别是在正德朝实录中（其主要事迹与功绩多在正德朝），与现实相比明显是割裂和反常的。平定宁王朱宸濠叛乱，是王阳明最重要的事功，然而实录关于此事的记载颇多玩味之处。例如，"庚辰，吉安知府伍文定及提督南赣汀漳军务都御史王守仁起兵讨宸濠。初，守仁奉命勘事福建，以宸濠生日将届，取道南昌贺之。会大风，舟不得前。至丰城，知县顾佖以发告，守仁大骇，遂弃官舟取小艇，潜迹还赣。时，宸濠与其伪国师刘养正，谋使人追之不及。文定闻守仁还，急以卒三百迓于峡江。至吉安，进曰：此贼虐无道，久失人心，其势必无所成。公素望重，且有兵权，愿留镇此城，号召各郡邑义勇，为进取图贼不难破也。守仁初不许，既而深然其言，乃下令各郡邑谕以大义"。

第一句，事关讨伐朱宸濠一事的定性，吉安知府伍文定排在了王阳明之前，后者似乎成了从属，这与事实明显不符。第二句阴讽王阳明为朱宸濠祝贺生日，然而此事毫无根据，实为猜测，况且事实是朱宸濠生日当日王阳明并未在场。如此重要史料以猜测来杜撰王阳明事迹，是令人难以想象的事情。后文

十四、身后之事

大段记载了伍文定的举事豪言,王阳明在其鼓动下才勉强举事,甚至还出现了犹豫动摇的情况,描述出来的仍是负面形象。

刘养正是朱宸濠的军师,实录中记载"养正少有词藻,号才子,试屡不偶,诡谈性理,以要名誉,士夫多为所欺。王守仁尤重之,曰此吾道学友也"。王阳明确实与刘养正认识,但交往仅限于学问方面,在宁王反叛之事上则是完全对立的。宁王叛乱失败,刘养正病故军中。还有记载说:"养正就擒后,犹冀守仁活之。守仁畏口,逼令引决,传首至京,妻子没为奴。"王阳明逼迫刘养正自杀,实为孤证,孤证也能写入实录?后来,王阳明事定返回赣州,朝廷猜忌仍在,但是他仍安葬了刘养正之母。试想,如果不是问心无愧,王阳明怎么会光明磊落地为其葬母。

再者,王阳明第一次献俘,在杭州遇到张永。《明实录》记载:"都御史王守仁,以宸濠及诸从逆者,将亲献捷于上。至杭州,上遣太监张永邀之,令复还江西。守仁执不可。时守仁携家而还,永乃潜遣人,逻其资重。守仁惧,乃以宸濠付永,且厚结焉,遂与俱还。"此处,明显暗示王阳明携带了巨额财物,甚至难免令人联想到宁王朱宸濠战败后消失的财产。实际上,按照其他史料的记载,王阳明偶然知道张永在杭州，主动到府上会见，介绍事情经过并借机阐明大义，在了解张永的态度后，才将宁王朱宸濠等人犯放心交与。而且，以通常的逻辑而言，王阳明怎么会将搜刮的赃款大张旗鼓地与人犯放在一起，明目张胆地携带在自己的身边？

类似记载在实录上尚有多处，据学者统计《明实录》与《阳明先生行状》中有关与王琼关系、平定朱宸濠叛乱、北上献俘、平定两广等事情，存在明显差异或是直接抵牾的，就有十多处，而且《明实录》这些记载全部在抹黑王阳明。仅凭编写者主观意见，将臆测之言堂而皇之地写入了最重要的官方正史之中，实在是令人匪夷所思。其实，不仅是王阳明，吏部尚书王琼也受到了同样的陷害。有学者研究，《明武宗实录》中王琼的奸诈形象正是曲笔与诬饰的结果。为了将王琼也塑造成这个形象，杨廷和主持修纂《明武宗实录》时对有关王琼的史料采取了四种处理方式，即记事隐功、隐匿功事、恶意贬损和有意诬陷。

《明武宗实录》是正德十六年六月始修，先以杨廷和、蒋冕为总裁，复以费宏、石珤为总裁，嘉靖四年（1525）六月修成。正德末、嘉靖初，正是政治动荡、君臣斗争之际。杨廷和长期执掌内阁，为内阁首辅，成为百官之长，在实录编纂过程中，在人员选拔和审稿、定稿上有很大的权力。蒋冕、毛纪及石珤等都由杨廷和所荐，具体修史人员的选留标准亦出于杨廷和之意。编纂人员按照吏、户、礼、兵等内容，以年月为序编排，后杂合成之，副总裁增删之，最后由总裁官润色定稿。因此，杨廷和等人对王阳明的态度，或多或少地决定了他在实录中的形象。

嘉靖元年，时任山西金都御史的前兵科给事中史道上疏弹劾杨廷和"势逼史官任意增减"。据明朝后期史学家王世贞在《史乘考误》中的考据，杨廷和与兵部尚书王琼矛盾很深，而王阳明是王琼赏识提拔的。王阳明平定宸濠之乱后，捷报上只说兵部调度有方，对内阁只字不提。同时，王阳明在军功事功上出类拔萃，官员间推荐其入阁的呼声此起彼伏。身在高位的杨廷和、费宏等人，自然心有所忌。另外，王阳明是心学倡导者，与杨廷和等人维护的程朱理学处于学说的对立面，因此思想上的差异也造成了彼此之间的隔阂。除了杨廷和，嘉靖帝对王阳明事功的态度也会影响到实录中的王阳明形象。

十五、致良知

> 尚书王守仁质本超凡,理由妙悟,学以致良知为本,独观性命之原教,以勤讲习为功,善发圣贤之旨。
>
> ——《明穆宗实录》卷九,
> 隆庆元年六月

治国先治吏,修身先正心。"王阳明的心学正是中国传统文化中的精华,也是增强中国人文化自信的切入点之一。"王阳明提倡的致良知,是阳明心学的核心要义,是经过朱宸濠之变所激发与检验的知行合一典范。

激发于朱宸濠之变

正德十四年(1519)六月十四日,宁王朱宸濠在江西突然发动叛乱,攻占南昌、九江等地,史称宸濠之乱。江西南赣巡抚王阳明号召临近各府县聚兵平叛,经过周密部署,率军于七月二十六日击败叛军,擒获朱宸濠等人。平定朱宸濠之变以及处理复杂的善后事宜,直接促成王阳明提出致良知学说。

王阳明阐发致良知学说的时间,学界历来说法不一。钱德洪《阳明先生年谱》明确正德十六年"是年先生始揭致良知之教"。张祥浩先生《王守仁评传》认为,"经过擒获宸濠和张、许之变以后,守仁的哲学思想也跃进到了一个新阶段,提出了致良知学说"。陈来先生《有无之境》指出,"致良知思想的明确提出始于哪一年,尚需进一步研究说明",他认为王阳明是正德十五年在赣州提出致良知。此外,还有一些学者对于致良知学说提出的时间、背景、内容、意义等多有阐述。因此,考察王阳明阐发致良知与宸濠之乱的关系,颇有意义。

王阳明龙场悟道后曾谈及良知。正德三年,王阳明龙场悟道,提出"心外无理"。但是,此后他仍在苦苦寻找更能阐述胸中所想的学说。正德七年十二月,王阳明出任南京太仆寺少卿,两年后升任南京鸿胪寺卿,在此期间已经提及良知,"见父自然知孝,见兄自然知弟,见孺子入井自然知恻隐,此便是良知不假外求"。黄绾在《阳明先生行状》中称，"甲戌升南京鸿胪寺卿，始专以良知之旨训学者"，亦为佐证。此时，王阳明虽然提出良知，但是尚未形成系统理论。

在朱宸濠叛乱前后，王阳明论述良知的频率明显变高。正德十四年四月，邹守益来赣州受学，王阳明提良知。邹守益的儿子邹德涵《文庄府君传》载："己卯，谒阳明王先生于虔……因告之曰：致知者，致吾之良知也。"八月，王阳明迅速平定朱宸濠叛乱，陈九川等来南昌问学。《传习录》载："己卯……先生兵务倥偬，乘隙讲授……故欲诚意则随意所在某事而格之，去其人欲而归于天理，则良知之在此事者无蔽而得致矣。此便是诚意的功夫。九川乃释然，破数年之疑。"费纬祹《圣宗集要》载："（阳明）诛宸濠后，居南昌，始揭致良知之学。"

正德十五年六月，陈九川再次到赣州求学。此时王阳明致良知之学日益成熟，"尔那一点良知，是尔自家的准则。尔意念着处，他是便知是，非便知非，更瞒他一些不得。尔只不要欺他，实实落落依着他做去，善便存，恶便去"。此时，致良知学说得到进一步阐发，将《大学》致知解释为致良知，并称："此'致知'二字，真是个千古圣传之秘；见到这里,百世以俟圣人而不惑!"八月,王阳明在赣州,向陈九川再授良知,指导其"只要在良知上着功夫"。九月,在南昌与霍韬"与辩论良知之学两日",教授夏良胜、万潮等学生"吾真见得良知人人所同,特学者未得启悟"。十月泰州王银(后改名王艮)前来问学,随后拜入师门。据《王心斋先生年谱》载:"时阳明文成讲良知之学于豫章,四方学者如云集。"由此可知,王阳明讲良知已在社会上产生了广泛影响。正德十五年底前,王阳明"良知为心之本体"、通过致良知功夫以复心之本体的学说,已经基本成型。

正德十六年正月,王阳明致邹守益书信中称自己"近来信得'致良知'三字,真圣门正法眼藏。往年尚疑未尽,今自多事以来,只此良知无不具足"。信中的"近来"显然并非近日,应是指正德十五年王阳明已经阐发致良知之学说。此后,王阳明论及良知与致良知变得更加系统,在社会上传扬得更广。

由上可知,王阳明在龙场悟道后,正德九年前后就已经提及良知。他巡抚江西南赣后,在与朱宸濠政治周旋的同时,也在思想层面上探寻处世的价值标准,推动了对良知的认识。随着平定朱宸濠叛乱及其后经历困境,王阳明在理解良知与致良知上取得了突破性进展，至正德十五年已经形成较完善的致良知思想体系，并已教授门生弟子。钱德洪正德十六年之说，或许与其在正德十六年九月始入王阳明师门有关。值得注意的是，王阳明阐发致良知学说，与龙场悟道的方式迥然不同。龙场悟道近似于厚积薄发的顿悟，致良知近似于循序渐进的渐悟。因此，阐发致良知是一个艰辛复杂的渐进过程，是一个反复启发的完善过程，是由良知到致良知的递进过程，很难简单地以正德十五年或正德十六年某个特定时间为产生的标志性节点，基本脉络大体上可以简单地概括为：萌芽于悟道之后，激发于宸濠之变，成熟于平叛之后，宣扬于嘉靖之初。

检验于朱宸濠之变

钱德洪曾经概括王阳明学术生涯的三个阶段，"师学静于阳明洞，得悟于龙场，大彻于征宁藩"。"大彻于征宁藩"，足见平定朱宸濠之变对于王阳明的学术具有巨大的影响和促进作用。而"大彻"主要是指阐发致良知，"辛巳以后，经宁藩之变，则独信良知，单头直入"。王阳明本人对致良知非常看重，强调"吾平生所学，只是致良知三字"。陈来先生认为"致良知是阳明心学的最后归宿，致良知说的提出，表现出他的思想在心学方向上的发展更加成熟，也使得格物及知行合一都发生了某种微妙的改变，与佛教智慧的结合也更加圆融，正是这些，使得阳明把他的全部思想概括为'致良知'"。

王阳明虽未解释如何"大彻于征宁藩"，但是我们简单梳理史实即可见，其自觉运用了致良知理论。正德十一年八月，王阳明任都察院左佥都御史巡抚南赣等处，实在是一个吃力不讨好的苦差事。此前一年之内，朝廷曾三度派遣官员任此职，结果不是因身体抱恙改任就是故意延误。第一任陈恪，任职四个月就离开了江西；第二任公勉仁，未赴任而改任；第三任文森，竟然托病拒不赴任。因为大家都知道南赣是一块"烫手山芋"，除了悍匪难剿，更有朱宸濠反迹日益显著，多有正直的官员被朱宸濠弹劾致仕或下狱。兵部尚书王琼警告文森若不去则永不叙用，文森以绝迹仕途为代价，置之不理。王阳明知道前途凶险难测，但仍毅然决然奔赴南赣。

王阳明到江西任职，朱宸濠亲自宴请，席间有暗示拉拢之意。王阳明婉言拒绝，同时予以规劝。朱宸濠叛乱后，王阳明奏报朝廷。在未得到朝廷委任情况下，他没有考虑自身处境，而是举起大旗，号召各地府县聚兵平叛。在他的感召和组织下，很快聚集了数万兵马，最终仅用四十三天就平定了叛乱。

明武宗在明知朱宸濠已被擒获的情况下，依然统帅大军南征，实则为游历江南。原本明武宗在正德十三年就曾想南巡，被朝廷大臣前仆后继劝谏，为此他杖杀十余人。此次南征为他提供了下江南游历的绝佳借口。王阳明北上献俘，就是要请皇帝回銮，免除江南人民苦役，明显与皇帝意愿相悖。王阳明被太监张忠等以各种借口阻止在半途，不给他面见皇帝的机会。王阳明甚至遭到了诬陷，说他与朱宸濠私通，其门生冀元亨为此被严刑逼供致死。

陈来先生深刻地指出："表明致良知的提出绝不是《孟子》与《大学》的简单结合，与他经历了复杂事变所获得的深刻的个人体验密切相关，是他自己的生存智慧的升华，是心灵经历艰苦磨炼发生的证悟。了解这一点，我们才能理解阳明对他自己关于致良知的发现的不厌其烦的惊叹和赞美。"

王阳明曾亲口解释致良知对于平定朱宸濠之变的影响。据王畿《读先师再报海日翁吉安起兵书序》记载，正德十四年九月，王阳明在杭州召诸生讲学，提到"我自用兵以来，致知格物之功愈觉精透"。众人都说兵革浩穰、日给不暇，不相信用兵能帮助参透。

王阳明讲到了其中的道理,"致知在于格物,正是对境应感,实用力处。平时执持忽缓,无甚查考,及其军旅酬酢,呼吸存亡,宗社安危,所系全体精神,只从一念入微处,自照自察,一些著不得防检,一毫容不得放纵,勿欺勿忘,触机神应,乃是良知妙用,以顺万物之自然,而我无与焉"。宁王朱宸濠叛乱,是明王朝当时最大的危机。因为事体重大,稍有差池,或有巨变。王阳明更加谨慎自查自省,触动神应,体会良知妙处。因此,他强调平叛的事功都是致良知所得,"今日虽成此事功,亦不过一时良知之应迹"。

致良知是经过宁王朱宸濠之变检验的修身良法。在赴江西巡抚南赣后的数年间,特别是平定宁王朱宸濠之变以及随后因功受疑遭诽时,王阳明遇到了种种艰险,但我们可以看到王阳明启发并运用致良知,在大是大非问题上表现出自觉和端正,在哲学思想层面有了飞跃式发展,在立功、立言、立德的境界达到了一个新的高度。钱德洪称其师王阳明"自经宸濠、忠、泰之变,益信良知真足以忘忧患,出生死"。王阳明自己深有感慨:"某于良知之说,从百死千难中得来,非是容易见得到此。"

致良知是修身良法

王阳明致良知学说,主要包括良知的本体论和致良知的修养方法。

良知的概念源于孟子提出良知良能,"人之所不学而能者,其良能也;所不虑而知者,其良知也",有如孩童爱亲敬兄的道德感情,是与生俱来的。王阳明认为良知是每个人都具有的、普遍存在的,是知是知非、知善知恶的内在道德评判和道德评价体系,是主观和客观的统一体。

良知被普遍理解为社会生活中经数千年积淀形成的道德规范,是中国优秀传统道德意识的集合体,发挥着调节人们行为和社会秩序的重要作用。良知是嵌入人们内心的道德尺度,具有普遍存在的意义。虽然良知属于唯心论,但是在现实生活中具有积极意义。特别是对于个人而言,良知论与修身是统一的、一致的,相辅相成,高度契合,良知论对个人修身起到可借鉴、可遵循的基础性作用。

良知论是修身的根基。个人修养,就要从传统文化的优秀思想中,吸收和借鉴修身养性以及治国理政的优秀养分。王阳明的良知论,以良知为本体论,以致良知为方法论,以知行合一为实践论,以经世致用为功能论，是富有人文精神的道德理想主义哲学。良知论以其丰富的内涵和深刻的哲理，为修养从中借鉴吸收提供了坚实的基础和丰厚的沃土。

良知论是修身的保障。良知论提倡扬善抑恶，认为人生下来就是有良知的，推崇"个个心中有仲尼"，所以人们应该不断地发现良知、实践良知。如果一个人没能做到有良知，是因为本心被私欲所蒙蔽，只有不断通过个人修养去除私欲，才能发现良知。社会上一些人违法犯纪，不正是私欲不断膨胀的结果吗？他们事后忏悔，希望有人能早一点提醒自己，其实在日常生活中不断自我正心诚意才是正途。良知论的意义在于，指引了一条道德、人格、修养的正确上升通道，不断努力破除"心中之贼"，去除私欲，推动道德素质和修养的同向发力、互相砥砺、协同提升。

良知论是修身的标尺。良知论提倡知是知非，《传习录》载："意则有是有非，能知得意之是与非者，则谓之良知。"每个人先天都有辨别是非的能力，"是非之心，知也，人皆有之。子无患其无知，惟患不肯知耳"。良知，是人内在的道德判断体系，是非观是核心内容。这是一种先天的、普遍的、恒在的道德意义上的详审精察能力，是修养的关键所在。良知在人性层面上就是明辨是非、区分善恶、辨析真假、去伪存真。

致良知是指拓展自己的良知，扩充自己的良知，把良知推动到日用伦理中去。实际上，致良知主要包括两个方面内容，一个是本体上逐步去除私心物欲的蒙蔽、恢复良知的过程，另一个就是将良知运用在日常工作生活中方方面面的过程。致良知，充分体现了王阳明知行合一的精神。要做到致良知，王阳明阐述了一系列修养方法，其中一些修养方法至今仍然具有借鉴作用。

正念头，端正内心。王阳明用"体用如一"解释格物诚意，格就是正，格物是正念头，即是诚意。"格者，正也。正其不正，以归于正也"。朱熹讲格物是探寻外界客观事物的规律，而王阳明则将格物阐述为端正内心的自我意识。每个人都有必要经常正念头，深入自己内心、灵魂最深处，深刻剖析、不断端正最深层次的自我意识。当然，正念头不是凭空和唯心，而是要深刻对照良知。

事上磨，敢于任事。王阳明强调良知要在具体事务上捶打磨炼。他的弟子曾经疑惑"静时亦觉得意思好，才遇事便不同"，王阳明告诉他"人须在事上磨，方立得住，方能静亦定，动亦定"。王阳明阐发致良知理论，正是在事上磨的明证。他在朱宸濠反叛前后,领悟到良知学说,并将其用在了平定叛乱以及复杂的后续事项处理之上,在其中反复验证和磨砺。正如他自己所感慨的"某于良知之说,从百死千难中得来,非是容易见得到此",因此成就其做到了立德、立功、立言,被誉为"真三不朽"。

不动心,坚守底线。王阳明认为,一个人只要不动心,不管是处于顺境还是逆境,都能应付自如。"依此良知,忍耐做去,不管人非笑,不管人毁谤,不管人荣辱,任他功夫有进有退,我只是这致良知的主宰不息,久久自然有得力处,一切外事亦自能不动。"在王阳明看来,如果心中有主宰,就可以从容自在、安然若定,无论遇到什么事情都可以坦然处之。

致良知是治世良方

钱穆先生认为,中国传统学术可分为两大纲,一是心性之学,一是治平之学。心性修养之学,是中国传统学术思想的本源和核心。中国古代官员有一个优良传统,他们非常注重心性修养,并将其提升到治国理政的高度,诚如王安石所言"修其心、治其身,而后可以为政于天下"。以中华优秀传统修身文化为文化基因，做到明大德、守公德、严私德。王阳明心学博大精深，致良知学说内涵丰富，并在朱宸濠之变前后亲身实践验证，为后世立下了光辉典范和传世经典。学习借鉴王阳明的致良知学说，正是传承优秀中华传统文化、加强心性修养的一个重要切入点，尤其是在治理国家方面有借鉴意义。

史学界有"明亡于崇祯，实亡于万历，始亡于嘉靖"的说法，但其实明武宗亦难逃其责。明思宗朱由检是最后一位大一统明朝的皇帝，崇祯十七年三月十九日（1644年4月25日）李自成攻破了紫禁城，朱由检于煤山自缢而死，同年四月清军入山海关，进而统一全境。朱由检固然是亡国之君，但是在大势之下他又能如何？

将大明王朝推向深渊之人是明神宗朱翊钧。《明史·神宗本纪》中提道："故论者谓明之亡，实亡于神宗，岂不谅欤。"万历十年（1582），张居正病逝后明神宗亲政。在清算张居正的影响后，明神宗竟然厌倦了国家政务，万历十四年（1586）后，他索性躲在后宫饮酒作乐，不再上朝接见大臣。长年不理朝政，导致党争日益严重。他发动了平定蒙古叛乱的宁夏之役、帮助朝鲜抵御日本丰臣秀吉入侵的朝鲜之役、平定苗疆土司叛变的播州之役，史称"万历三大征",还大肆增加百姓赋税、搜刮民脂民膏,造成了民力疲惫、哀鸿遍野。万历四十七年(1619),东北努尔哈赤部迅速崛起,逐渐形成难以抗拒的强大势力。他死后仅二十四年,明朝便彻底地灭亡了。

而明世宗朱厚熜早期尚能整顿朝政、减轻赋税,革除明武宗留下的诸多弊政,形成过"嘉靖新政"的局面,但是后期他迷信道教,宠信严嵩等佞臣,长期不理朝政,致使腐败丛生,"南倭北虏"骚扰频发。

明武宗朱厚照,惰政任性、宠佞去贤,种种行为都为他的继任者开了先河。他经常不上朝,不住紫禁城,另建豹房醉生梦死,北巡宣府乐不思蜀。尚武穷兵,诏边兵入京,日日操练,炮声惊动京师,率军北击蒙古小王子,南征宁王朱宸濠。同时他敛财无度,开设皇店,导致民不聊生,起义此起彼伏,京畿之地刘六、刘七者流纵横驰骋。他宠信宦官,排斥忠良,动辄杖刑谏言的大臣,致使嘉靖"大礼议"后少有群臣死谏的局面,朝廷风气为之而变。王阳明正是在这样的历史背景下,阐发阳明思想,提倡致良知之学。

致良知是一场社会思想改造。王阳明致良知学说不同于一般性的理论学说,而是一门实践性很强的学术思想。他突破了传统学说中圣贤只能是少数人的束缚，旗帜鲜明地提出了"人人可为圣人"的主张。他的思想认为每个人都能成为圣人，每个人也应该成为圣人。在此基础上，道德实践的主体就扩展到了社会中每一个人身上。不论是官员乡绅还是布衣百姓，不论是读过书的人还是没有受过教育的人，只要经过努力都能够成为圣人。王阳明心学论说简洁明白、直入人心，教化深入浅出、平易近人，也是这门学说的重要特征。他提出的良知，不是来自书本的知识，也不是源自生活的经验，而是出自每个人内心的先验性认知，这就让致良知学说有了广泛传播与遵循的坚实基础。"知是心之本体。心自然会知。见父自然知孝，见兄自然知弟，见孺子入井自然知恻隐，此便是良知，不假外求。"这就保障了人人具有成为圣人的先天条件，只要自己愿意不断提升自己的道德水准。当然，一个人是很难做到没有私心的，因此就要用致良知的方法，时时刻刻提高自己的修养，增强辨别善恶、是非的能力。如此去除自己的私欲，恢复天理，实践良知。心怀良知，努力做到致良知，社会良性发展则有了基础。

　　致良知是经世致用之学，治吏是重点环节。"国家之败，由官邪也；官之失德，宠赂章也。"王阳明深知，明朝官场积重难返，"为大臣者外托慎重老成之名,而内为固禄希宠之计;为左右者内挟交蟠蔽壅之资,而外肆招权纳贿之恶。习以成俗,互相为奸"。面对复杂诡异的政局,王阳明深究其中原因,意识到主要问题出在官吏身上,他说:"今夫天下之不治,由于士风之衰薄,而士风之衰薄,在于学术之不明。"提倡阳明心学,强调致良知,目的就是要去除"心中贼"。

他在《与杨仕德薛尚谦》中提出:"某向在横水,尝寄书仕德云:'破山中贼易,破心中贼难。'区区剪除鼠窃,何足为异。若诸贤扫荡心腹之寇,以收廓清之功,此诚大丈夫不世之伟绩。""心中贼",表现在过度或非分的诸如名、利、权、色此类的贪念、执念。王阳明给出"破"的方法是"复归初心":去除私心物欲遮蔽,使其良知显现光大,并通过"知行合一"达到致良知的境界。"身之主宰便是心",他用良知作为是非之心,作为一种道德准则与标准,让其成为匡正世事的良药正途。王阳明建立了以良知为核心的道德理想主义,对于官员的唯利是图、物欲横流、心术不正等弊端无疑是一剂良药。通过致良知的法门,彰显人人自具的良知,启发官吏的道德自觉,就可以从根本上澄清吏治,净化风俗。他又说:"世之君子惟务致其良知,则自能公是非,同好恶,视人犹己,视国犹家,而以天地万物为一体,求天下无治,不可得矣。"

王阳明以"为往圣继绝学,为万世开太平"的担当,终其一生志在唤醒世人良知。杜维明在《青年王阳明》中做出评价:"他既有思想创新,又能把新观念创造性地应用到军事谋略、社会组织、地方政府的治理上。在这两个方面都闪耀着灿烂光芒的儒学宗师,中国历史上唯有王阳明一人。"余英时在《宋明理学与政治文化》中认为,王阳明"是要通过唤醒每一个人的'良知'的方式,来达成'治天下'的目的。这可以说是儒家政治观念上一个划时代的转变,不妨称之为'觉民行道',与两千年来'得君行道'的方向恰恰相反,他的眼光不再投向上面的皇帝和朝廷,而是专注于下面的社会和平民……这是两千年来儒者所未到之境"。

主要参考论著

古 籍

《明宣宗实录》,台北:"中研院"历史语言研究所1962年校印本。
《明孝宗实录》,台北:"中研院"历史语言研究所1962年校印本。
《明武宗实录》,台北:"中研院"历史语言研究所1962年校印本。
《明世宗实录》,台北:"中研院"历史语言研究所1962年校印本。
《明穆宗实录》,台北:"中研院"历史语言研究所1962年校印本。
《大明会典》,扬州:广陵书社,2007年。
[明]董燧《王心斋先生年谱》,载《宋明理学家年谱》第十一册,北京:北京图书馆出版社,2005年。
[明]方献夫《西樵遗稿》,桂林:广西师范大学出版社,2014年。

[明］焦竑《国朝献征录》，上海：上海书店出版社，2023年。

[明］钱德洪《阳明先生年谱》，载《宋明理学家年谱》第十册，北京：北京图书馆出版社，2005年。

[明］谈迁《国榷》，杭州：浙江古籍出版社，2012年。

[明］王世贞《弇山堂别集》，上海：上海古籍出版社，2017年。

[明］王守仁《王阳明全集》，上海：上海古籍出版社，2011年。

[明］徐咸《西园杂记》，北京：中华书局，1985年。

[明］张瀚《松窗梦语》，北京：中华书局，1986年。

[清］谷应泰《明史纪事本末》，北京：中华书局，1977年。

[清］汪楫《崇祯长编》，"中研院"历史语言研究所1962年校印本。

[清］王士禛《池北偶谈》，北京：中华书局，2006年重印。

[清］张廷玉等《明史》，北京：中华书局，2021年第10次印刷。

专　著

陈来《有无之境》，北京：北京大学出版社，2006年。

杜维明《青年王阳明》，北京：生活·读书·新知三联书店，2013年。

费正忠《费宏年谱》，北京：线装书局，2010年。

束景南《王阳明年谱长编》，上海：上海古籍出版社，2017年。

余英时《宋明理学与政治文化》,桂林:广西师范大学出版社,2006年。

论文和文章

陈定荣、林友鹤《娄妃之父辩》,《江西师范大学学报(哲学社会科学版)》1991年第1期。

高希中《宁王府与明代江西南昌宁藩始末》,《南方文物》2015年第4期。

顾旭明《王阳明家族流源新说》,《绍兴文理学院学报》2010年第2期。

郝润华《李梦阳江西任官及其两次下狱的真相》,《南昌大学学报(人文社会科学学报)》2013年第1期。

何柳惠《明代闽中名臣马思聪生平、创作及影响》,《闽江学院学报》2019年第1期。

江凤兰《浅析宁王宸濠叛乱之原因及准备》,《江西教育学院学报》1997年第2期。

蓝东兴《明武宗评述》,《贵州师范大学学报(社会科学版)》1997年第1期。

廖峰《王阳明与冀元亨》,《贵州大学学报(社会科学版)》2015年第1期。

刘利平、姚锦鸿《明代袁州府推官陈辂墓表墓志考释》,《历史档案》2021年第2期。

买艳霞《唐寅豫章之行考辨》,《连云港师范高等专科学校学报》2011年第1期。

彭晓华《王守仁"通濠"辨》,《传承》2010 年第 1 期。

任昉《王守仁平定宁王宸濠叛乱三次献俘行迹考略》,《故宫博物院院刊》2012 年第 1 期。

若亚《明代诸王府规制述略》,《明史研究》第三辑,1993 年。

苏洪洋《明代嘉靖朝"平宸濠功"评定研究》,《濮阳职业技术学院学报》2012 年第 6 期。

滕妍、曹大伟《漫谈王守仁的军事成就》,《牡丹江师范学院学报(哲社版)》2009 年第 2 期。

滕新才《明武宗新论》,《四川师范大学学报》1989 年第 5 期。

田澍《杨廷和与大礼议》,《学习与探索》2011 年第 5 期。

田薇《论王阳明以"良知"为本的道德哲学》,《清华大学学报(哲学社会科学版)》2003 年第 1 期。

王公望《李梦阳生平考辨二题》,《兰州教育学院学报(社会科学版)》1997 年第 2 期。

王建中《杨廷和与明代正德嘉靖之际的政局》,《黑龙江社会科学》2005 年第 1 期。

王宇《合作、分歧、挽救:王阳明与议礼派的关系史》,《中山大学学报(社会科学版)》2009 年第 6 期。

文革红《严嵩与明代的权力斗争》,《黑河学刊》2003 年第 4 期。

吴长庚《试论费宏的思想与学术》,《安徽史学》2006 年第 5 期。

吴长庚《试论费宏政治生活二三事》,《中国历史文献研究会第 26 届年会论文集》,2005 年。

夏写时《朱权评传》,《戏曲艺术》1988 年第 1 期。

徐佳慧《李梦阳与郑岳关系考辨》,《兰州文理学院学报(社会科学版)》2021 年第 5 期。

许智范《江西明代藩王墓志综述》,《南方文物》1986 年第 1 期。

姚锦鸿《明代陈以载墓研究》,《客家文博》2021 年第 3 期。

张正明《明代重臣王琼》,《晋阳学刊》1997 年第 5 期。

曾繁琪《王守仁"致良知"的当代意义》,《文化学刊》2016 年第 10 期。

"满格"后记

> 现代生活
> 我们总在追求"满格"
> 手机信号、设备电量、汽车油表……
> 不满格的焦虑如影随形
> 焦虑源于对能量和信息的需求
> 就像古时农人渴望粮仓充实
> 这种需求,深植于我们的基因
> 然而,"满"只是瞬间
> 我们永远在追求的路上
> 不满恰是前进的动力
> 推动我们不断攀升

这套书名为"满格",是希望能为碎片化时间中的现代人快速"充电",使精神的电量趋于"满格"。据说好的充电器能够安全快充不伤机器,"满格"系列就是要做这样的超级快充,让字里行间跳跃着的人文精神和思想智慧能快速入心,永久贮于精神的气海,化作人生根柢的深湛内功。有人发下过"碎片时间,整本阅读"的宏愿,"满格"系列也是为这样想读但又挣扎着的朋友,提供一种出版服务模式。

三联有着储量丰富、品质优良的人文社科内容资源,我们从中甄选那些主题鲜明、视野宏阔、观点独到、论证扎实、篇幅适中、文笔优美的书不断地纳入"满格"系列,制作成精美的小开本口袋书,方便读者朋友们随身携带随时随地展开阅读。在装帧设计方面运筹画策,力求准确、鲜明、生动地表现内容,让书海中遨游的读者一眼便与"满格"结缘,让书的美与阅读的优雅浑然一体。

"满格"问世以来,承蒙读者朋友们的厚爱,在网络空间和现实生活中评点推介,耗去了无数鲜活的时间,扶着"满格"一路走来。初具口碑之际,读者中"下一本"的呼吁声频频传来。我们只有永不停歇地将"满格"系列做好,让送到每个人手中的每本书都带来一份美好一份希望。相信假以时日,"满格·历史人文""满格·哲学思辨""满格·文化生活""满格·《读书》拾锦""满格······"将像夏日健硕的爬山虎一样,爬满每一位爱书人的书架。

"满格"实非满格,是名满格,不满才是永恒的存在。鲁迅说,"多有不自满的人的种族,永远前进,永远有希望"。

丛书书目

"历史人文"系列

《三案始末》 温功义 著
《汴京残梦》 黄仁宇 著
《破贼:王阳明与朱宸濠之变》 李娜 许文继 著
《神仙意境》 梁归智 著
《何以中国:公元前2000年的中原图景》 许宏 著
《李白:漂泊天涯与愁心寄月》 〔韩〕金文京 著 庞娜 译
《美的历程》 李泽厚 著
《三国史话》 吕思勉 著
《朱元璋传》 吴晗 著
《中国娼妓史》 王书奴 著
《人杰:流亡与离异中的李清照》 庄秋水 著
《乱:1644年的帝王、诗人与传教士》 庄秋水 著
《征商:早期中国的历史、文化与信仰》 孙晓飞 著
《破局:状元张謇的七次选择》 庄秋水 著

"哲学思辨"系列

《斐多:柏拉图对话录之一》 杨绛 译注

《七宗罪:懒惰》 〔美〕温迪·瓦瑟斯坦著 章冉译
《七宗罪:贪吃》 〔美〕弗朗辛·珀丝著 李玉瑶译
《七宗罪:嫉妒》 〔美〕约瑟夫·艾本斯坦著 李玉瑶译

"文化生活"系列

《百变小红帽:一则童话中的性、道德及演变》 〔美〕凯瑟
　琳·奥兰丝汀著 杨淑智译
《摩诃婆罗多的故事》 〔印〕拉贾戈帕拉查理改写 唐季雍译
　金克木校
《幸福之路》 〔英〕伯特兰·罗素著 傅雷译

"《读书》拾锦"系列

《伊吕波闲话》 李长声著
《后文明,或者新文明》 韩少功著

············
更多精彩敬请期待